자연스러움이 정의다

＊일러두기
1. 이 책의 원고는 2010년부터 2023년까지 신문·잡지에 기고했던 칼럼을 일부 수정·보완한 것이다. 각 글의 끝에 게재된 날짜와 지면을 명시해 두었다.
2. 현재 시점에서 볼 때 사건이나 내용의 시의성(時宜性)이 다소 떨어지는 글이라도 필자의 생각이 두드러진 것은 살려 실었으므로 독자의 혜량을 바란다.
3. 자료 표기 : 단행본은 『 』, 글 제목이나 노래·영화 제목은 「 」, 신문·잡지 이름은 《 》, 기사 제목은 〈 〉으로 표시하였다.

자연스러움이 정의다

오원근 칼럼

고두미

머리말

 글쓰기는 자신을 살펴 떠오르는 생각과 느낌을 문자로 다듬어 밖으로 드러내는 것이다. 깨달음을 위한 '수행'도 기본적으로 자신을 살피는 데서 시작하는 것이니, 자신을 살펴야 하는 글쓰기도 어느 정도는 수행의 성격을 갖지 않을 수 없다. 솔직하고 진지한 글쓰기를 하다 보면 마구 흩어져 있던 삶이 정리되면서 조금은 평온해지는 것도 그 때문일 것이다. 그런데 이게 쉽지 않다. 글재주만 갖고 깨달음에 다다를 수는 없다. 끈질기게 살피고 또 살피는 삶이 바탕이 되지 않고는 좋은 글이 나올 수 없다.

 2009년 8월, 10여 년 해온 검사 일을 그만둘 무렵부터 신문에 칼럼을 쓰기 시작했다. 글재주는 물론 스스로 살피는 능력도 부족한 터라 좋은 글이 나오기 어려웠지만, 14년 가까이 지난 지금까지 여러 언론에 칼럼을 써 오고 있다. 미흡하더라도 내가 생각하는 가치를 여러 사람과 나누고 싶었다. 글을 쓰려면 '끈질기게' 살펴야 했고, 그런 과정을 통해 내 삶이 조금이나마 균형을 잡지 않았나 싶다.

 이 책은 그동안 쓴 칼럼을 모아 정리한 것이다. 주제를 크게 다섯 가지로 나누었는데, 모든 글의 바탕을 흐르는 핵심은 '자연스러움'이다. 자연스럽지 못하면 어색하고 정의롭지 못하다.

 1부는 '민주주의'에 대한 것이다. 민주주의의 가장 중요한 가치는 구성원들의 개성을 최대한 보장하고 서로 잘 어울려 살 수 있도록 하는 것이다. 모두가 민주주의를 외치지만 실질은 독재와 억압인 경우가 많다. 윤석열 정부도 법이라는 이름으로 세탁된 국가폭력으로 검찰 독재를 하고 있다. 그것이 가능한 것은 대다수 언론이 이른바 '기레기(기자 쓰레기)'로 공범 역할을 하고 있기 때문이다. 이런 현실을 돌아보고, 민주주의의 가치가 제대로 살아나도록 시민들이 할 수 있는 일을 생각해 보았다.

2부는 '법'을 주제로 삼았다. 법은 기본적으로 사회적 약자를 보호하기 위한 것이고, 법조인들이 그 역할을 하여야 한다. 그러나 그동안 법조인들은 오히려 기득권의 편에 서서 약자를 억누르고, 대단한 지혜나 판단력을 갖기라도 한 것처럼 오만한 행태를 보여 왔다. 심지어는 독재정권의 사법살인을 법적으로 뒷받침하기도 하였다. 지금은 검사가 '검찰 독재'의 전면에서 망나니가 되어 칼을 휘두르고 있다. 이런 잘못된 현상을 되돌아보고, 법과 법조인이 가야 할 방향을 가늠해 보았다.

3부는 '자본의 획일화'에 맞서는 이야기다. 자본은 이윤을 극단적으로 추구한다. 이를 위해서라면 언론을 조작하거나 동원하여 정권 만들기에 나서고, 뒷골목 구멍가게를 빼앗는 일에도 전혀 주저하지 않는다. 군중이 자본이 추구하는 방향으로 따라오게 할 수 있는 가장 효과적인 방법은 '획일화'다. 오늘날 축산업이 밀집 사육을 하면서 똑같은 사료를 먹이로 주는 것처럼, 자본은 사람들을 상대로 하여서도 정치, 사회, 경제, 문화 등 모든 영역에서 생산과 소비를 획일화시키고 있다. 이런 획일화에 빠진 사람들은 자본이 자신의 이윤추구를 위해 가는 방향으로 맹목적으로 휩쓸려 다닌다. 개성을 잃고 남과 다른 목소리를 내지 못한다. 주어진 것에 그냥 순응할 뿐이다. 자본의 획일화에 맞서 싸우는 일은 '그 무엇과도 다르게' 태어난 한 생명의 의무다.

4부는 '생태농사' 이야기다. 자본이 공급하는 획일적인 먹거리에 맞서 가능하면 생태농사로 스스로 먹거리를 만들어야 한다. 아직 도시농부 수준이지만, 아파트에서 나오는 음식물 찌꺼기를 모두 밭으로 가져가 생태뒷간에서 나오는 똥·오줌과 섞어 퇴비로 만들 정도로 나름 치열하게 생태농을 추구하고 있다. 생태농은 건강한 먹거리뿐만 아니라 나와 주변의 변화를 미세하고도 구체적으로 살피며 보다 근원적인 행복을 얻을 수 있는 수행의 기회가 된다.

5부는 '수행'을 다루었다. 수행의 기본은 '살핌'이다. 이런 '살핌'은 다리를 틀고 앉아서 하는 좌선뿐만 아니라 삶의 모든 영역에서 이루어져야 한다. 농사를 짓고, 밥하고, 법정에서 변론하고, 의뢰인과 만나고, 심지어는 연필을 깎는 순간에도 끊임없이 살펴야 한다. 아직 '살핌'의 깊이와 넓이는 보잘것없지만, 그 방향을 쫓아온 지 꽤 오래되었기에 글을 쓸 때면 가끔 이것이 글의 주제가 된다.

14년 가까이 단편적으로 쓴 칼럼 들을 모은 것이라 전체적으로 일관성이나 연결력이 떨어질 수 있다. 일부 글들 사이에서는 되풀이되는 내용도 있을 수 있다. 너그럽게 이해해주시길 바란다. 각주는 이 책을 만드는 시점을 기준으로 덧붙인 것이다.

　칼럼을 쓸 때마다 이를 읽어주고 평을 해 준 아내가 고맙다. 아내도 '자연스러움이 정의다'라는 말에 전적으로 뜻을 같이한다. 이 책은 아내와 함께 쓴 것으로 볼 수도 있다. 정성을 기울여 책을 만들어준 도서출판 고두미 유정환 대표님께 고맙다는 말씀을 드린다.

2024년 봄을 맞으며
오원근

자연스러움이 정의다
차례

제1부 민주주의

15 ____ 민주주의의 눈물
18 ____ 엑스파일과 민주주의
21 ____ 무상급식 논쟁 고찰
24 ____ 통일체육축전을 다녀와서
27 ____ 누가 민주주의를 부정하는가
30 ____ 가짜 민주주의 가려내기
33 ____ 정녕 '빅 브라더'의 세계로 가려는가
36 ____ 공화국의 존재 이유
39 ____ 시민사회 참여의 중요성
42 ____ 공론조사에 대한 기대
45 ____ 인공기 그림에 광분하는 사람들
48 ____ 서 검사의 용기에 박수를 보낸다
51 ____ 개헌의 필요성과 일상 민주주의의 중요성
54 ____ 삼성의 노조 와해 의혹과 언론보도 행태
57 ____ 선거제도 개혁이 정치 발전의 시작
60 ____ 촛불을 뛰어넘는 노력이 필요한 때
63 ____ 정신건강을 해치는 한국 언론
66 ____ 자유와 연대
69 ____ 무질서한 생명력의 소중함
72 ____ '검폭'의 시대
75 ____ 법이라는 이름으로 세탁된 국가폭력
78 ____ 명백하고 현존하는 위험
81 ____ 아직도 해방공간

제2부 법

87 ____ 친일의 극복

일반 시민의 사법 참여 ___ 90
사법살인과 법조인의 책임 ___ 94
소통 ___ 97
대법관의 자격 ___ 100
사법에 대한 안도 ___ 103
법조인의 말과 글 ___ 106
같은 것은 같게, 다른 것은 다르게 ___ 109
검찰은 왜 혼자 서지 못하는가 ___ 113
양심적 병역거부, 인정할 수 있는가 ___ 116
생애 첫 노동을 인간답게 ___ 119
병역특혜, 아직도 필요한가 ___ 122
사람 냄새 나는 자본은 불가능한가 ___ 125
사법부의 근간을 누가 흔드는가 ___ 128
역사의 법정에선 당신들이 유죄다 ___ 131
검사 작성 피의자신문조서도 내용 부인하면 증거로 못 쓴다 ___ 134
거짓말탐지기 검사를 거부해야 하는 이유 ___ 137
대한민국에 법치주의는 없다 ___ 140
시민단체 전수조사의 위헌성 ___ 143
돈 없는 사람은 변호사를 선임하면 안 되나 ___ 146
자연스러움이 정의다 ___ 149

제3부 자본의 획일화에 맞섬

목숨 걸고 공부하기 ___ 155
진짜 같은 가짜 ___ 158
스마트폰과 대화 ___ 161
무심천 물억새와 음악 소음 ___ 164
난 너를 믿는다 ___ 167

170 ___ 주머니 속 손수건
173 ___ 오늘날 아이들은 행복하다?
176 ___ 참나무한테 배우는 자연스러움
179 ___ 개성 있는 광고를 기대하며
182 ___ 아이들과 흙
185 ___ 민들레와 해바라기
188 ___ 프랜차이즈 영업과 몰개성
191 ___ 걸어서 가는 도서관
194 ___ 환경운동 실천 이야기
197 ___ 빼빼로데이와 허례허식
200 ___ 내복을 입는 이유
203 ___ 자본의 정글에서 살아남기
206 ___ 아토피가 주는 가르침
209 ___ 아내와 함께하는 출근길
212 ___ 획일화는 더 불공정하다
215 ___ 자전거 출퇴근이 주는 설렘

제4부 생태농사

221 ___ 자연스러운 삶을 위해
226 ___ 농부 되는 것의 어려움
231 ___ 모든 문제는 나로부터 나온다
236 ___ 도구로부터의 자유
241 ___ 생태뒷간 짓기
246 ___ 어디서나 잘 쓰일 수 있는 사람들
251 ___ 야생과의 싸움? 아니, 조화
255 ___ 자급자족의 기쁨
260 ___ 방 안에 들어앉은 호박
265 ___ 때를 놓치지 않기

도시농부의 반쪽짜리 시골살이 ___ 268
제철 음식, 제철 사람 ___ 271
외투 벗은 우리 밭 ___ 274
철들지 못하는 현대인들 ___ 277
도시 삶의 숨통, 텃밭 ___ 280
삶은 예술이다 ___ 283
단풍 든 텃밭 ___ 286
이불 덮은 마늘밭 ___ 289
땅속에서 익은 동치미 맛에 반함 ___ 292
겨울밭을 서성거리는 사람들 ___ 295
점점 섬이 되어가는 우리 밭 ___ 298
나물 노다지 ___ 301
너무나도 반가운 감자꽃 ___ 304

제5부 수행

꾸준함의 위력 ___ 309
나를 사랑하고 다스리기 ___ 312
마음에서 힘 빼기 ___ 315
나누기와 소통 ___ 318
봉사는 자기 수행 ___ 321
구두아저씨가 써준 '無有定法' ___ 324
끊임없는 공부를 위해 ___ 328
참다운 삶 ___ 332
한 뼘 책 읽기의 위력 ___ 335
종살이로 뒤틀린 우리 삶 ___ 338
칼로 연필을 깎는 이유 ___ 341
강제휴식과 직시 ___ 344

제1부

민주주의

민주주의의 눈물

 지난 12월 8일 국회에서 여당 단독으로 2011년도 예산안 등 41개 안건이 강행 처리되었다. 강행 처리의 조짐은 전날 예결특위 이주영 위원장이 예산심사 기일을 12월 7일까지로 못박으면서 보이기 시작했다. 그전까지 야당 의원들이 예산심사에 응하지 않은 것도 아니다. 계수조정위원회에서 밤늦게까지 예산을 심사하였다.
 12월 8일 오후, 강행 처리가 임박한 시점에서 전현희 민주당 대변인은 현안 브리핑을 통해 "국회 전면 파행은 독재의 결정적 증거로, 예산이 졸속 처리되면 국민이 울고, 의회주의가 파괴되면 민주주의가 운다."며 울먹였다. 그런데 한나라당은 강행 처리 후 "정기국회 회기 내에 예산안을 처리한 것은 십수 년 만에 처음이다."라며 적법성을 강조하고, 개헌 운운하면서 이제는 정치를 선진화할 때라고 말하고 있다.
 여당과 야당 가운데 누가 민주주의고 누가 독재인가? 형식적으로 법만 지키면 적법한 것인가?
 이번에 날치기로 통과된 예산안에는 그동안 국민 사이에 크게 논란이 되었던 4대강 예산이 포함되어 있고, 복지 관련 예산이 크게 삭감되었다. 당연히 국회의원들 사이에서 충분한 토론을 통한 조정이 필요했다. 한나라당은 '예산안은 회계연도 개시 30일 전까지 의결하여야 한다.'고 규정한 헌법 제54조 제2항을 들먹인다. 그러나 이것은 절대적인 규정이 아니다. 그래서 헌법 제54조 제3항은 '새로운 회계연도가 개시될 때까지 예산안이 의결되지 못한 때에는 전년도 예산에 준하여 집행할 수 있다.'고 규정하고 있는 것이다. 가능하면 헌법에서 정한 시한을 지켜야 하지만, 불가피할 경우에는 그 시한을 넘겨서라도 예산안을 심의할 수 있는 것이다. 그렇게 적법을 좋아하는 한나라당이 자신들이 야당일 때는 왜 정부 여당의 발목을 잡고 헌법에서 정하는 시한을 넘기도록 했는지 돌이켜 묻고 싶다.

법치를 좋아하는 한나라당은 이번 날치기 과정에서 국회법을 위반했다. 국회법 제59조는 '위원회는 발의 또는 제안된 법률안이 그 위원회에 회부된 후 15일, 제정법률 및 전부개정법률안의 경우에는 20일을 경과하지 아니한 때에는 이를 의사 일정으로 상정할 수 없다.'고 규정하고 있다. 의원들이 해당 법률안을 충분히 숙지한 다음 토의할 수 있도록 한 것이다.

그런데 이번에 통과된 과학기술기본법은 지난달 30일 국회에 제출돼 지난 1일 교과위에 회부된 법안이어서 상임위 상정이 안 된 상태였다. 박희태 국회의장은 이 법률도 본회의에 직권상정해 날치기 처리했다. 작년 10월 헌법재판소는 한나라당의 이른바 '미디어법' 날치기에 대해 야당 의원들의 법률안 심의·표결권을 침해했다고 결정한 바 있다.

아랍에미리트 파병 동의안은 지난달 16일 국방위원회에 회부된 후 단 한 번도 논의가 이루어지지 않았다. 군사독재 시절인 1965년 베트남 파병 때도 여야 간 격렬한 토론이 있었고, 노무현 정권 때 이라크 파병안도 여야 간

충분한 토론을 거쳐 표결로 통과되었다. 이번 파병안은 원전 수주 대가로 하는 상업 파병이 아니냐는 논란이 있는 터였다. 이러고도 한나라당은 적법 운운할 수 있겠는가?

민주주의는 형식이 아니라 실질이어야 한다. 적절한 예가 될지 모르겠으나, 배심재판의 모국인 영국의 배심원법 제17조는 '배심원들이 평결을 하기 위해서는 배심원들 간에 최소한 2시간 이상 토론하여야 한다.'고 규정하고 있다. 숙고하여 실질적인 평결을 하라는 것이다.

민주주의의 기본은 나와 다른 남을 인정하고, 설득과 관용을 통해 문제를 해결하는 것이다. 민주주의는 멀리 있지 않다. 우선 나 자신부터, 우리 가족부터 민주화가 되어야 한다. 그렇게 하여야만 저 한나라당의 의회 독재의 본질을 제대로 볼 수 있다. 민주주의가 다시 피눈물을 흘리게 할 수는 없다.

(2010. 12. 14. 충북일보)

엑스파일과 민주주의

　대법원은 지난 3월 17일 이른바 '안기부 엑스파일' 사건으로 기소된 이상호 MBC 기자의 상고를 기각하여 유죄를 선고한 원심을 확정했다. 대법원에 사건이 접수된 지 4년여 만이다. 통신비밀보호법은 공개되지 아니한 타인 간의 대화를 녹음하거나 이러한 방법으로 얻은 대화 내용을 공개하는 것을 처벌하고 있다. 이상호 기자의 경우, 안기부가 1997년 홍석현 중앙일보 회장과 이학수 삼성그룹 부회장 사이의 대화를 '불법'으로 도청한 내용을 2005년 7월 언론을 통해 공개한 것이어서 위 통신비밀보호법의 처벌규정에 정확히 해당한다.

　문제는 위 두 사람의 대화 내용에 대선을 앞두고 특정 후보에게 정치자금을 제공하고 검찰 고위 간부에게 떡값을 주는 것 등이 들어 있는데, 이것은 대화 당사자의 사회적 위치에 비추어 민주주의의 근간을 흔드는 것이어서, 이를 입수한 기자로서는 공개할 수밖에 없었던 것으로 이상호 기자의 행위가 정당행위에 해당하는지 여부였다. 처벌규정에 해당하더라도 정당행위로 인정되면 범죄가 성립되지 않는다.

정당행위란 사회상규에 위배되지 않는 행위, 달리 표현하면 국가 질서의 존엄성을 기초로 한 국민 일반의 건전한 도의감 또는 공정하게 사유하는 일반인의 건전한 윤리 감정에 위배되지 않는 행위를 말한다. 이에 해당하려면 행위의 동기나 목적이 정당하고, 수단·방법이 상당하여야 하며, 보호이익과 침해이익 사이에 균형이 맞아야 하고, 긴급하고 다른 수단이나 방법이 없어야 한다. 판단기준이 매우 추상적이라 실제 사건에서 판단하기란 무척 어렵다. 엑스파일 사건에서도 1심(무죄)과 2심(유죄)의 판단이 달랐고, 대법원도 4년을 끌었다. 대법관들도 의견이 나뉘어, 정당행위에 해당하지 않는다는 사람이 8명, 정당행위로 본 사람이 5명이었다.

다수 의견은 "국가기관의 불법녹음을 고발하기 위해 불가피하게 대화 내용을 공개했다고 보기 어렵고, 보도 내용이 8년 전의 일이라 공적 관심이 된다고 보기 어렵다."고 판단했다. 반면 소수 의견은 "보도된 내용은 대기업이 대선과 검찰조직에 영향을 미치려는 불법적인 행태로 민주적 헌정질서의 근간을 해치는 것으로 매우 중대한 공익과 관련돼 있고, 8년 전 일이라도 정치자금 제공자로 거론된 대기업이 우리 사회에 미치는 영향력 등을 고려하면 보도의 시의성도 인정된다."고 보았다.

작년 12월 대법원에서 이 사건에 대해 공개변론을 한다는 소식을 접하고, 잠시 내가 만일 이상호 기자의 위치에 있었더라면 도청 내용을 공개하였을까 하는 생각을 해보았다. 지난 대선자금 수사에서 밝혀졌듯이 그동안 우리 대기업들은 대선 후보자들에게 거액의 불법 정치자금을 제공해 왔다. 1997년 안기부가 도청한 내용은 그러한 정경유착의 행태를 생생하게 보여주는 증거다. 이것은 우리나라 민주주의의 근간과 바로 연결되는 중대한 사안이라고 하지 않을 수 없다. 언론인으로서 이러한 자료를 확보하고도 가만히 있다는 것은 언론인의 사명을 저버리는 것이라고 생각했다. 다만 형사처벌을 감수하면서까지 그렇게 할 수 있겠는가 하는 스스로의 물음에는 바로 답을 하지 못했다. 이 대목에서 이상호 기자의 용기에 찬사를 보내지 않을 수 없었다.

 그 이후 굉장한 관심을 갖고 결과를 기다렸는데, 이번 대법원의 판단은 다소 실망적이다. 반대로 무죄로 판단하였다면 사회에 미치는 파장은 꽤 컸을 것이다. 녹취록 전문이 그대로 공개되고, 그렇게 되면 삼성그룹과 중앙일보가 입을 타격이 적지 않을 것이기 때문이다. 다수의견을 낸 대법관들은 이 부분을 많이 고려했을 것이다.

 결과가 어찌 되었든 대법원 내에 서로 다른 가치관을 가진 대법관들이 공존하고 있다는 것은 다양성을 기본으로 하는 민주주의를 위해 다행한 일이다. 엑스파일 사건은 우리 민주주의가 한 단계 더 성숙해지는 계기가 되었다고 본다.

(2011. 3. 22. 충북일보)

무상급식 논쟁 고찰

요즘 서울시의 무상급식 주민투표가 전국적으로 커다란 논란 거리가 되고 있다. 무상급식의 당위성이나 범위를 놓고 상반된 입장이 첨예하게 대립하고 있다. 적극적인 태도를 취하는 측에서는 "학교에서 밥 먹는 것은 교육의 한 과정이기 때문에 무상급식은 소득에 상관없이 아이들이 누려야 할 권리이자 국가의 의무"라고 주장한다. 반대하는 측은 "무상급식은 나라 경제를 생각해 소득수준에 따라 단계적으로 실시해야 하며, 부자들에게 공짜 밥을 주느라 서민 자녀에게 돌아갈 혜택은 오히려 줄어든다."고 말한다.

먼저 무상급식이 법적으로 보장되는 권리인지에 대해 살펴보자. 헌법은 의무교육을 무상으로 규정하고(제31조 제3항), 교육기본법은 초·중등교육을 의무교육으로 하면서 의무교육을 받는 것을 모든 국민의 권리로 규정하고 있다(제8조). 한편 초·중등교육법은 국가로 하여금 의무교육을 실시하기 위한 시설의 확보 등 필요한 조치를 강구하도록 하는 한편, 의무교육을 받는 사람에 대해 수업료를 받을 수 없도록 하고 있다(제12조). 이에 따르면 수업료를 받지 않는 것이 의무교육의 한 내용이 됨은 명백하다. 무상급식도 여기에 포함되는가에 대해서는 의견의 대립이 있으나, 학교급식은 초·중등교육법 제12조에서 말하는 '의무교육을 실시하기 위한 시설'로 보아야 하고, 따라서 무상급식은 법에 의해서도 보장되는 권리라고 할 것이다.

다음으로, 우리의 재정 형편이 무상급식을 감당할 수 있겠는가를 보자. 무상급식은 작년 6·2 지방선거 때부터 본격적으로 논쟁이 되기 시작했다. 야권에서는 무상급식을 주요 공약으로 내세웠고, 그것은 야권이 선거에서 승리하는 한 요인이 되었다. 이처럼 무상급식 논쟁은 야권에서 불을 지폈지만, 그 빌미는 지금 정부에서 제공했다고 볼 수 있다. 현 정부는 집권 이후 부자 감세 정책을 써 재정수입을 감소시키면서도 논란이 많은 4대강 사업에는 막대한 예산을 쏟아 부었다. 서울시도 한강르네상스, 서해 뱃길 사업 등 전시성 사업에 적지 않은 예산을 투입하였다. 국가나 서울시가 위와 같이 재정정책을 운용하면서도 '돈이 없어서 복지정책의 확대는 힘들다'고 변명하는 것은 더 이상 통할 수 없게 되었다. 이런 상황에서 야권이 무상급식을 이슈로 들고 나온 것이다. 정부·여당에서는 2010년 만 5세 아이들의 무상교육을 발표한 데 이어 최근에는 0~4세까지 무상보육 추진안까지 흘리고 있는데, 정부·여당이 이렇게 하면서도 '재정 형편' 운운하며 무상급식의 전면적 실시를 반대하는 것은 앞뒤가 맞지 않는다.

마지막으로, 반대론자들이 '왜 부자 아이들에게 공짜 밥을 주느냐'고 하는 것에 대해 보자. 헌법에서 말하는 평등은 절대적 평등이 아니라 '같은 것은 같게 다른 것은 다르게' 처리하는 상대적 평등을 의미한다. 언뜻 보면 부자에게도 무상급식을 하는 것이 '같지 않은 것을 같게' 처리하는 것으로 실질적 평등에 반하는 것처럼 보인다. 그러나 이것은 문제를 급식비를 내느냐 내지 않느냐 하는 것에 한정해서 보기 때문에 생기는 착오다. 무상급식은 국민의 세금으로 운영된다. 지금처럼 부자 감세를 할 것이 아니라 부자들로부터 상대적으로 더 많은 세금을 거두어들여 그것을 재원으로 급식을 한다면, 그것은 '같지 않은 것을 같지 않게' 처리하는 것이어서 실질적 평등에 부합한다. '왜 부자 아이들에게 공짜 밥을 주느냐'면서 무상급식을 반대하는 것은 부자 감세 철회나 증세를 막기 위해 사안의 본질을 호도하는 것에 지나지 않는다.

내가 학교에 다닐 때에는 급식 시설이 없어 도시락을 싸 들고 다녔다. 도시락 반찬을 보면 아이들의 빈부를 알 수 있었는데, 가정형편이 어려웠던 난 점심때면 주눅이 들곤 했다. 급식 시설이 일반화된 지금은 급식비를 내느냐 내지 않느냐를 갖고 아이들 기를 죽이려고 한다. 무상급식 전면 실시를 반대하는 사람들은 그렇게 아이들 기를 죽여 자신들이 경제적으로 우위에 있는 사회구조를 계속 고착화하려고 하는 것은 아닌지 모르겠다.

(2011. 8. 23. 충북일보)

통일체육축전을 다녀와서

지난 일요일 서울 양강중학교에서 열린 통일체육축전에 다녀왔다. 이 축전은 전국에 있는 새터민(탈북자)들이 한자리에 모여 합동으로 차례를 지내고, 남쪽 주민들과 함께 운동하는 행사다. 사단법인 '좋은벗들'이 주관하는 것으로 올해로 9번째라고 한다.

청주에서는 새터민 18명, 남쪽 주민 17명이 참여했다. 난 아내와 둘째 아들과 함께 갔다. 재작년에는 백일출가 행자 생활을 하면서 위 행사의 뒷바라지를 했는데, 2년 만에 다시 행사에 참여하는 마음이 조금은 설레었다.

합동 차례를 마치고, 첫 번째 경기로 줄다리기를 하였다. 평화팀과 통일팀으로 나누었는데, 난 통일팀 소속이었다. 첫판은 초반에 끌려가다가 역전승을 하였고, 둘째 판을 내준 다음 셋째 판을 다시 따내 이겼다. 남북한 사람들이 뒤섞여 한마음으로 경기를 하니 감회가 새로웠다. 축구, 100미터 달리기, 6명이 다리를 하나로 묶고 달리기, 공굴리기 등 다양한 경기가 펼쳐졌다. 우리 아들도 두 경기에서 1등을 해 경품을 푸짐하게 탔다.

중간에 새터민예술단의 공연도 있었다. 단원들이 북을 치는 모습을 가만히 바라보고 있노라니 마음이 가라앉았다. 단원들의 모습에서 외로움과 허전함이 느껴졌다. 자신의 선택으로 고향을 떠나왔지만 고향이 얼마나 그리울까. 바로 머리 위에 고향을 두고도 가지 못하는 그 마음들이 얼마나 애절할까. 나의 선입견도 크겠지만, 대체로 새터민들의 표정은 밝지 못하다. 이는 어쩌면 당연한 것인지도 모른다. 낯선 남쪽 땅에 와서 적응하는 것이 얼마나 힘들겠는가. 새터민에 대한 남쪽 주민들의 시선도 그리 우호적이지만은 않다. 단원들의 공연은 이런 어려운 여건 속에서도 희망과 밝음을 찾아내려는 절절한 몸짓으로 느껴졌다.

우리 민족이 갈라선 지 60년이 훌쩍 넘었다. 분단 이후에 태어난 나로서는 분단이 익숙한 현실이다. 분단 이전의 모습, 통일 이후의 상황은 상상으로 그려볼 뿐이다. 선조들이 개성·평양을 가로질러 만주까지 가는 모습, 또 통일 이후에 내가 그렇게 가는 모습을 그려보지만 구체적으로 다가오지는 않는다. 분단이 갈수록 고착되고 있는 것이다.

정치(이데올로기)란 참 무섭다. 천 년도 넘게 한 몸뚱이로 살아온 우리 민족을 칼로 무 베듯이 단칼에 잘라버렸으니 말이다. 그것도 엄청난 피를 흘리게 하고. 가만히 살펴보면 그 단절은 지금까지 남북한 주민들의 삶을 너무나도 고단하게 만들었다. 이산가족들이 서로 자유롭게 만나지 못하는 고통은 바로 눈에 보인다. 그 외에도 남북의 독재 위정자들은 분단을 이유로 주민들을 탄압하고, 분단을 이용하여 자신들의 권력을 유지하였다. 이로 인해 우리들의 정서가 얼마나 왜곡되었는가. 사물을 있는 그대로 바로 보지 못하고 일정한 틀을 통해서만 바라보아야 했다.

전에 검사로 있을 때, 보수단체 간부들이 국가보안법 폐지를 반대하는 집회를 하다가 입건되어 기소된 사건의 공판에 관여한 적이 있다. 공안 사건이다 보니 재판 때마다 방청석은 사람들로 가득 찼다. 심리가 모두 끝나고 내가 피고인들에 대해 구형을 했다. 그 순간 방청석이 소란해지더니 일부 사람이 일어나 나에게 손가락질을 하며 '김정일의 하수인'이라고 소리쳤다. 잠시 1950년대로 돌아간 듯한 착각에 빠졌다. 분단의 그늘은 아직도 우리 사회, 우리 마음 곳곳에 무섭게 자리 잡고 있다.

분단의 주범이 정치라면 통일도 정치가 해야 한다. 정치의 근본 주체는 집권자가 아니다. 그 집권자를 뽑는 국민이다. 평화통일을 구체적이고 적극적으로 실천할 수 있는 능력을 가진 사람을 뽑아야 한다. 지금 정권에서 남북문제는 한 발짝도 나아가지 못하고 오히려 뒷걸음질하고 있다.

통일축전 행사 가운데 작은 원 안에 더 많은 사람이 들어가게 하는 시합이 있었다. 아이들을 목말 태우고 남북의 주민들이 꼭 끌어안은 채 서로의 숨소리를 들었다. 그 순간 우리는 하나가 되었다. 남과 북은 그렇게 통일이 되어야 한다. 25,000여 명 새터민과 하나 되는 것이 그 시작일 수도 있다.

(2011. 9. 20. 충북일보)

누가 민주주의를 부정하는가

이명박 대통령은 지난 현충일 기념사에서 "자유민주주의를 부정하는 세력은 국민이 심판할 것"이라고 말했다. 그로부터 벌써 6일이 지난 지금까지도 대통령의 말은 내 뇌리에 그대로 남아 있다. 이 대통령이 위 말에서 암시하는 세력은 정말로 민주주의를 부정하는 세력인가? 반대로, 이 대통령은 참으로 민주주의에 부합하게 통치해 왔는가? 이런 의문들이 머리에서 떠나지 않는다.

먼저 이 대통령이나 여권에서 이른바 '종북세력'이라고 말하는 사람들을 보자. 요즘은 통합진보당의 구당권파나 여권이 추진하는 북한인권법을 반대하는 이들이 표적이 되고 있다. 여권의 대표라는 사람은 이들에 대해 '간첩'이라는 표현까지 써가며 핏대를 올리고 있다. 국민의 투표로 국회의원이 된 사람들에 대해 국회법상 제명까지도 아주 자연스럽게 운운하고 있다. 그러나 이러한 행태는 민주주의의 근본 원리에 크게 어긋나는 것이다.

민주주의의 기본적인 가치는 개인의 개성과 자유를 최대한 존중하는 것이고, 그 핵심에는 양심의 자유, 표현의 자유가 있다. 누구든 마음속으로 어떤 생각을 하든 그것은 개인의 자유이고, 그것을 외부로 드러낼 것을 강요당하지 않을 헌법적 권리가 있다. 양심이 외부로 드러나 그것이 국가안보나 사회질서에 위해를 끼칠 때 비로소 국가권력이 나설 수 있는 것이다. 그런데 지금 여권의 행태는 그와 같이 행동으로 드러나기 이전의 마음속 문제까지 간섭하려고 하는 꼴이다. 도저히 강요될 수 없는 성질의 것인 '양심'까지도 그들이 원하는 방향으로 통제하려는 것이다.

여권과 보수언론이 십자포화를 퍼붓는 대상들이 진정 간첩이고 종북세력이라면 지금까지 국가정보기관과 수사기관은 도대체 무엇을 하였는가. 애꿎은 사람들을 모함하기보다는 스스로 무능을 한탄하여야 할 것이고, 무능하지 않다면 터무니없는 매카시즘으로 헌법 가치를 허물고 있다는 것을 깨닫고 반성해야 한다. 우리 역사상 독재정권은 이런 식의 매카시즘으로 조봉암 선생을 사법살인하고, 김대중 대통령을 일본에서 납치하여 고문하고, 민주주의를 지키려는 수많은 사람을 탄압하였다. 1987년 6·10 항쟁으로 그것이 잘못되었음이 명백히 드러났음에도 불구하고 옛날 독재정권의 후예들은 못된 습관을 아직도 버리지 못한 채 감언이설로 사람들의 눈을 가리고 귀를 막으려 한다.

나도 통합진보당 구당권파의 행태에 대해서는 반대한다. 그러나 그에 대한 비난은 법적인 테두리 내에서, 그리고 통합진보당 자체의 자정 노력을 존중하는 범위 안에서 이루어져야 한다고 생각한다. 비례대표 경선에서 부정이 있었다고 해서, 정당 내부 회의 과정에서 폭력이 있었다고 해서, 북한에 대한 입장을 명백히 밝히지 않는다고 해서 바로 '종북세력'이나 '간첩'으로 몰고 가는 것은 지나친 비약이고 선동이다.

다음으로, 이 대통령이나 여권을 보자. 권한 없는 국가기관의 민간인 사찰은 민주주의를 근본적으로 부정하는 사건이다. 민간인 사찰로 국무총리실이나 청와대 출신의 주요 인사들이 구속되었고, 사찰 파문이 확대되는 것을 막기 위해 대통령 비서실장까지 나서 주요 관계자에게 돈 봉투를 건넸다. 검찰의 무성의와 무능으로 더 이상의 '윗선'에 대한 수사는 이루어지지 못했지만, 이미 명백하게 드러난 사실만 하더라도 이 정부의 민주주의에 대한 가치관이 얼마나 저급한지를 알 수 있다. 정권에 반하는 주장을 한다는 이유로 국가기관에 의해 내 일거수일투족이 사찰당한다는 것은 생각만으로도 끔찍하다.

민주주의는 말로만 하는 것이 아니다. 역대 독재정권들은 반대파를 탄압할 때 언제나 민주주의 파괴세력이라는 딱지를 붙여 왔다. 어쩌면 이 야만스러운 딱지에 저항해 온 과정이 진정한 민주주의의 역사가 아닌가 싶다. 누가 정말로 자유민주주의를 부정하는 세력인가? 돌아보고 따져보지 않으면 우리는 또 속을 수 있다.

(2012. 6. 13. 두꺼비마을신문)

가짜 민주주의 가려내기

얼마 전부터 '공동체 숨'에서 진행하는 세계인권선언 강독 모임에 참여하고 있다. 선언문을 끊어서 읽고, 그것이 갖는 의미는 무엇이고 현실은 어떠한지에 대해 토론한다. 같이 공부하니 전에는 몰랐던 것들을 새롭게 알게 되고, 인권의 무게도 새삼 깨닫게 된다.

인류 가족 모든 구성원의 고유한 존엄성과 평등하고 양도할 수 없는 권리를 인정하는 것이 세계의 자유, 정의, 평화의 기초가 됨을 인정하며, 인권에 대한 무시와 경멸은 인류의 양심을 짓밟는 야만적 행위를 초래하였으며, … 사람들이 폭정과 억압에 대항하는 마지막 수단으로 반란에 호소하도록 강요받지 않으려면, 인권이 법에 의한 지배에 의하여 보호되어야 함이 필수적이다.

세계인권선언의 전문 맨 앞부분이다. 선언은 1948년 12월 10일 유엔총회에서 채택되었다. 두 차례의 세계대전을 통해 인간의 생명과 양심, 표현

같은 것들이 무참히 짓밟히는 것을 경험한 세계의 이성들은 기본적 인권을 인정하는 것만이 자유, 정의, 평화의 기초임을 만천하에 선포하였다. 신분, 계급, 성, 재산, 인종 등에 따른 차별이 일반적이던 당시 상황에 비추어볼 때, 인류 모든 구성원의 고유한 존엄과 평등을 최고의 가치로 내세운 세계인권선언은 가히 혁명적이라고 하지 않을 수 없다.

세계인권선언은 그것이 인류의 삶 곳곳에 스며들도록 '모든 개인과 사회의 각 기관은 세계인권선언을 항상 마음속에 간직한 채, 교육과 학습을 통해 이러한 권리와 자유에 대한 존중을 신장시키기 위해 노력하여야 한다.'고 했다. 이런 취지에 따라 세계 대부분의 나라 헌법들은 세계인권선언의 내용을 받아들였다. 문제는 그동안 기본적 인권에 대한 교육과 학습이 제대로 이루어지지 않았다는 것이다.

우리 제헌헌법이나 개정헌법들도 기본적 인권에 대한 규정을 두었다. 그러나 우리는 그것이 갖는 참된 의미를 배우지 못했고, 그저 시험을 위해 암기하였을 뿐이다. 역대 독재정권들은 헌법상 기본권은 장식장에 넣어둔 채 고문과 협박을 일삼고, 재판을 가장하여 사법살인까지 저질렀다.

과거 국가보안법위반죄, 간첩죄 등으로 사형되었던 사건들이 지금에 와서 재심을 통해 무죄가 선고되는 일이 다반사로 일어나고 있다. 국가는 개인이 가지는 불가침의 기본적 인권을 확인하고 이를 보장하는 것을 최고의 의무로 삼아야 함에도 불구하고(헌법 제10조), 독재정권은 그 의무를 망각한 채 정권 유지를 위해 오히려 인권탄압에 앞장섰던 것이다. 그들은 언론통제 등으로 '인권탄압'을 '자유민주주의 수호'로 둔갑시켜 왔다.

이명박 대통령은 지난 현충일 기념사에서 "자유민주주의를 부정하려는 어떤 자들도 우리 국민은 결코 용납하지 않을 것"이라고 했다. 말 자체는 틀린 것이 없다. 핵심은 과연 누가 '자유민주주의를 부정하려는 자들이냐'에 있다.

이 대통령을 비롯한 여권은 뚜렷한 근거도 없이 특정세력을 '종북세력' 혹은 '간첩'으로 색깔을 입히면서 국민을 선동하고 있다. 일정한 사안에 대한 답변을 강요하면서 답변하지 않거나 자신들이 원하는 대답이 아니면 바로 빨간색을 칠하는 것이다.

그들은 조용환 헌법재판관 후보에 대해 "정부의 천안함 조사 결과를 믿느냐?"고 묻고, 바라는 대답이 나오지 않자 재판관 임명을 반대하면서 헌법재판소 공백 사태를 1년 가까이 끌어오고 있다. 정부가 하는 일은 다 믿어야 하는가? 개인의 양심을 그들이 원하는 내용으로 통제하는 이런 야만스러운 행태가 민주주의 사회에서 도대체 가능한 것인가?

국민은 그들을 대변할 정치인을 선택할 때 후보의 말에 현혹되어서는 안 된다. 그가 살아온 이력에 비추어 그 말이 진실성을 담보하고 있는지에 초점을 두어야 한다. 민주주의는 누구나 말할 수 있지만 실천은 아무나 못 한다. 옥석은 시민들의 지혜로 가려내야 한다. 검찰의 허술하고 무능한 민간인 사찰 수사결과를 들으면서 세계인권선언이 우리의 삶에 그대로 녹아드는 때를 꿈꿔 본다.

(2012. 6. 20. 충청리뷰)

정녕 '빅 브라더'의 세계로 가려는가

'빅 브라더Big Brother, 大兄'는 조지 오웰이 1949년에 쓴 소설 『1984』에 나오는 전체주의 국가 오세아니아의 지도자다. 그는 국가권력을 오로지 집권당의 권력 유지를 위해서만 사용한다. 당은 텔레스크린을 직장, 도로, 집안 등 곳곳에 설치하여 개인의 일거수일투족을 감시한다. 사상통제를 받은 아들이 아버지를 '위반자'로 신고하는 일도 있다.

위 소설을 읽을 때, 3대 세습을 하면서 주민들의 인권을 철저히 짓밟고 있는 북한을 떠올렸다. 비슷한 방법으로 인권을 억압하였던 우리의 과거 독재정권 시대도 떠올랐다. 1987년 6월 항쟁 이후 민주화의 진전으로 다시는 옛날로 돌아가지 못할 것으로 생각했는데, 우린 지금 다시 '국가가 국민이 아닌 집권세력을 위해 존재하는' 전체주의 사회로 가느냐 마느냐의 갈림길에 서 있다.

국회의장은 천재지변이나 전시·사변 또는 이에 준하는 국가비상사태의 경우에 한하여 안건을 본회의에 직권상정할 수 있다(국회법 제86조). 정의화 국회의장은 지난 2월 22일 이병호 국정원장을 만난 다음 날, 현 상황이 국가

비상사태라면서 이철우 의원 등 24명이 발의한 '국민 보호와 공공안전을 위한 테러방지법안'을 본회의에 상정시켰다.* 국가비상사태라면 경계태세를 격상시키는 등 그에 준하는 정부 행동들이 나와야 하는데, 그런 것은 전혀 없었다. 혹자는 '국가비상사태'가 아니라 국정원장에게서 모종의 압력을 받은 '정 의장 개인의 비상사태'가 아니었냐고 비꼬기도 했다.

테러방지법안은 국가정보원장에게 출입국관리법, 특정 금융거래정보의 보고 및 이용에 관한 법률, 통신비밀보호법의 절차에 따라 출입국, 금융거래 및 통신 이용 등 관련 정보를 수집할 수 있는 권한을 부여하였다.

새누리당은 금융정보분석원의 정보가 검찰청, 국세청 등 다른 기관에도 제공되고 있고, 통신제한조치도 고등법원 수석부장판사의 허가를 받도록 되어 있으니 문제가 없다고 주장한다. 그러나 국가정보원은 검찰청, 국세청 등과 달리 그 조직, 운영 등에 대한 국회의 통제가 거의 불가능하다. 고등법원 수석부장판사의 허가를 받는 절차도 국가정보원이 일방적으로 작성하고 수집한 것을 바탕으로 하기 때문에 통제에 한계가 있고, 실제로 그동안 법원이 허가신청을 거부한 비율은 매우 미미하다.

테러방지법안은 국가정보원장에게 테러 위험인물에 대한 개인정보와 위치정보도 수집할 수 있도록 하고 있는데, 요구할 수 있는 개인정보에는 '민감정보'(사상·신념, 노동조합의 가입·탈퇴, 정치적 견해, 건강, 성생활 등에 관한 정보)도 포함되어 있다. 이런 정보나 위치 요구에는 법원의 영장 같은 제한이 없어서 앞서 본 금융정보 수집이나 도·감청보다 인권침해의 위험성이 더 크다고 볼

---

* 2016. 3. 3. 통과되어 그날부터 시행되었다.

수 있다.

테러방지법안은 인권침해를 막는다며 인권보호관 1명을 두고 있는데, 법률이 아닌 대통령령을 통해 조직과 운영이 정해지는 인권보호관 1명이 국회도 통제하지 못하는 국정원의 인권침해를 어떻게 막을 수 있겠는가. 지나가던 소가 웃을 일이다. 국정원은 대통령 직속이다.

지난 대선 때 국정원은 인터넷 댓글 등을 통해 선거에 개입하고, 남북 정상 회의록을 함부로 공개하였고, 유우성 씨 간첩 사건에서는 증거를 조작하기도 하였다. 이런 국정원이 테러방지법에 따라 추가로 막강한 권한을 갖게 되면 노동조합원, 야당 정치인 등 반정부 활동을 하는 사람들을 함부로 테러 위험인물로 몰아 '빅 브라더'처럼 그들을 철저하게 감시할 수 있기 때문에 인권침해의 우려가 너무나도 크다.

조지 오웰이 소설에서 그렸던 '빅 브라더'의 전체주의 사회가 현실로 다가오는 것이다. 법안에 찬성하는 사람들은 자신들도 그 통제·감시의 대상이 될 수 있다는 것을 알고는 있을까? 여기서 갑자기 전에 국정원의 대선개입 사건을 수사하다가 생뚱맞게도 '혼외자' 문제로 검찰총장직을 떠난 채동욱이 떠오른다.

(2016. 3. 3. 충청리뷰)

공화국의 존재 이유

　최근 충북지역아동센터가 주관하는, 사회복지사 등을 상대로 한 인권교육을 세 번 하였다. '아동'의 인권이 주제인데, 난 '아동'보다는 '인권' 쪽에 더 많은 비중을 두었다. 인권에 대한 이해가 먼저 되어야만 '아동 인권'으로 나아갈 수 있다는 생각 때문이었다.
　인권 하면, 먼저 프랑스 혁명이 떠오른다. 프랑스 혁명사 가운데서도 1792년 혁명군이 발미Valmy 전투에서 프로이센과 오스트리아 연합군을 무찔렀을 때, 프로이센 군영에 있었던 독일의 대문호 괴테Goethe, 1749~1832가 했다는 말이 앞서 생각난다.
　"여기서 그리고 이날부터 세계사의 새로운 시대가 시작되었다."
　프랑스 왕 루이 16세는 혁명세력이 자신의 옥좌를 압박해 오자, 프랑스 혁명이념이 자기 나라로 전파되는 것을 두려워한 오스트리아·프로이센과 내통하여 혁명군을 몰아내려고 하였다. 혁명세력은 발미 전투 승리를 발판으로 삼아 천 년 이상 이어져 온 왕정을 폐지하고 공화국을 세웠다. 역사적으로 아주 오랜 기간 왕의 신민臣民에 지나지 않았던 백성이 이제는 나라의 주인이 되는, 대단히 획기적인 순간이었다. 괴테의 말도 이런 취지에서 나왔을 것이다. 공화국의 특징은, 왕정과 달리 권력이 세습되지 않고 백성들이 집권자를 뽑고, 집권자는 국민 의사를 공정하게 수렴하여 통치하여야 한다는 것이다. 3대째 세습하고 있는 조선민주주의인민공화국(북한)이 위와 같은 의미의 공화국이 아님은 말할 나위가 없다.

우리나라는 어떤가? 유승민 의원은 새누리당 원내대표에서 쫓겨나면서 대통령을 향해 "대한민국은 민주공화국"이라고 했다. 이는 우리나라가 진정한 공화국이 아니라는 말이다. 박근혜 대통령의 집권 과정에서 국정원의 대선개입 논란이 있었고, 이후 대통령으로서 국민 의견을 제대로 수렴하지 않고 나만 옳다는 생각으로 통치를 하여 왔다는 점에서 우리나라도 진정한 공화국이라고 보기는 어렵다.

국가는 왜 존재하는가? 국가 자체의 존립을 위해서도 아니고 집권세력을 위해 존재하는 것은 더욱 아니다. 우리 헌법 제10조는 '국가는 개인이 가지는 불가침의 기본적 인권을 확인하고 이를 보장할 의무를 진다.'고 규정하고 있다. 국가의 가장 중요한 첫 번째 의무는 국민 개개인의 인권보장인 것이다.

그런데 우리 현대사는 어떠했는가? 해방된 후 세계인권선언의 영향을 받아 공화국 헌법을 만들었지만 이승만은 집권 연장을 위해 발췌개헌, 사사오입개헌을 하고 온갖 부정선거와 조봉암 사형 등 사법살인을 저질렀다. 박정희도 집권 연장을 위해 3선개헌을 하고, 나아가 초헌법적인 유신헌법을 만들어 영구집권을 도모하였다. 그 과정에서 엄청난 인권탄압이 있었고, 전두환도 이에 조금도 뒤지지 않았다.

이승만·박정희·전두환이 집권하던 시기에 국가는 국민 개개인의 인권을 보장하기 위해 존재한 것이 아니라 권력자의 집권을 위해 존재했고, 국가기관은 인권을 탄압하는 도구로 전락했다. 사람들은 이들의 집권 기간에 대해 1공화국, 3공화국, 4공화국, 5공화국이란 이름을 붙이는데, 이는 '공화국'이라는 이름에 대한 모욕이다.

인권은 국가와의 관계를 빼고는 논할 수 없다. 유신정권의 예를 들자면, 유신헌법을 비판하기만 해도 긴급조치 위반으로 구속했다. 머리도 못 기르고, 치마 길이도 나라가 정해주었다. 국가로부터 억압당한 사람들은 스스로 억압하고 다른 사람들도 억압한다. 인권의 시작은 국가로부터의 자유·독립이고, 이것은 끊임없는 학습과 노력(싸움)을 통해서만 가능하다. 지금 우리가 그나마 누리는 자유도, 독재정권과 맞서 싸운 분들이 흘린 피땀의 대가다.

학습하고 노력하지 않으면 권력의 노예가 된다. 요즘 노명식 교수가 쓴 『프랑스혁명에서 파리 코뮌까지, 1789~1871』을 두 번째로 읽고 있다.

(2016. 5. 8. 충청리뷰)

시민사회 참여의 중요성

지난주 수요일 충북시민재단에서 기부파티가 있었다. 충북시민재단은 도내 비영리민간단체(NGO)를 지원하는 단체다. 이 활동에 필요한 기금 마련을 위해 기부파티를 연 것이다. 이 자리에는 시민단체 관계자들 외에 이시종 지사와 이승훈 청주시장이 참석했다. 나도 이 자리를 함께하면서, 평소 관심을 갖고 있던 '시민사회의 역할'에 대해 다시 한번 생각해 보게 되었다.

인간사회를 구성하는 사람들의 조건은 매우 다양하다. 재산, 성, 육체적인 힘, 종교가 다르고, 그에 따라 세상을 바라보는 가치관도 다르다. 이렇게 조건이 다른데, 인간사회를 아무런 통제 없이 그냥 놓아두면 돈 많고 힘센 사람이 지배하는 약육강식의 세계가 될 것이다. 이것을 막기 위해 국가와 지방정부(앞으로 '국가'라고만 함)가 있는 것이다. 결국 국가의 가장 중요한 임무는 시민들의 기본적 인권을 보장하는 것이다.

그런데 국가가 집권자의 권력 유지를 위해 기능하거나 재벌과 같은 특정 세력과 결탁하여 그들만의 이익을 추구한다면, 시민들의 인권 보장은 기대할 수 없다. 국가는 외부적인 통제가 없으면 위와 같이 잘못된 방향으로 흘러갈 가능성이 크다. 이는 역사가 증명하고 있다. 여기서 국가에 대해 외부적인 통제의 기능을 수행하는 것이 바로 '시민사회'다. 이 시민사회에서는 시민단체가 중요한 역할을 한다.

최근 예를 들어보자. 박근혜 정부를 무너뜨린 것은 '촛불혁명'이었다. 전국적으로 몇 달간 계속된 촛불집회가 박 전 대통령을 탄핵하는 결정적 계기가 되었는데, 이 집회를 주최한 것이 시민단체들이다. 이들의 주도적인 노력이 없었다면 박 전 대통령의 탄핵은 쉽지 않았으리라고 본다. 국가로부터 자유로운 시민단체들이 주도하는 촛불집회에 엄청난 수의 시민들이 참여함으로써 정권을 바꾸는 촛불혁명이 되었는데, 이렇게 작동하였던 세계가 바로 시민사회라고 할 수 있다.

충북NGO센터의 최근 조사에 따르면, 2017년 4월 기준으로 충북도 내 시민단체의 숫자는 602개라고 한다. 그만큼 시민사회의 영역이 확대되고 있음을 알 수 있다. 활동 영역별로 보면, 자원봉사가 12.3%, 복지가 12%, 문화·체육이 11%, 노동·정치·행정의 비율은 그보다 훨씬 낮다. 정부나 자본에 대한 비판·감시 기능이 상대적으로 미약한 것 같아 아쉬움은 있지만, 이런 비판·감시 기능은 숫자가 적더라도 강력하게 활동하는 것이 중요하다.

지난 촛불집회는 워낙 큰 사안이라, 많은 분이 자연스럽게 참여하였는데, 이런 참여가 평소 다른 사안들에 대해서도 꾸준히 이루어져야 할 것이다. 참여의 가장 좋은 방법은 투자다. 시민단체에 정기적으로 후원금을 내게 되면 자연스럽게 그 시민단체가 하는 일에 관심을 갖게 되고, 필요하면 목소리를 내고 행동하게 될 것이다.

정부나 자본이 가장 무서워하는 게 바로 이런 일반 시민들의 관심과 행동이다. 이런 것들이 자연스럽게 일상화될 때 권력은 순화되고 사회는 더 안정될 것이다. 시민사회가 전혀 없이 절대권력이 지배하는 북한을 떠올려 보면 이런 참여가 얼마나 중요한지 금방 알 수 있다. 시민 1인당 최소한 시민단체 한 곳에 후원금을 내자.

(2017. 9. 13. 충청일보)

공론조사에 대한 기대

　신고리 원전 5·6호기 건설 중단 여부를 판단할 공론화위원회 시민참여단의 2박 3일 종합 토론회가 지난 15일 마무리되고, 공론화위원회가 이를 바탕으로 20일 정부에 대한 권고안을 발표할 예정이다.
　문재인 대통령은 지난 6월 19일, 고리 1호기 영구정지 선포식에서 탈원전을 선언했다. 이미 시작한 신고리 5·6호기 건설공사도 잠정 중단하고 공사의 재개 여부를 공론조사방식으로 결정하기로 했다. 그에 따라 지난 7월 17일 관련 총리 훈령을 만들고, 전 대법관인 김지형 위원장을 포함하여 모두 9명으로 위원회가 구성되었다.
　공론조사란 특정 사안에 대하여 표본 집단을 구성하여 아무런 정보를 주지 않은 상태에서 1차로 의견 조사를 한 다음, 참가자에게 충분한 정보와 자료를 제공하고 토론을 거친 뒤 2차 이상의 조사를 실시하여 참여자의 의견 변화 여부를 살펴보는 조사 방법이다.
　이번 신고리 5·6호기와 관련하여 지난 8월 25일부터 9월 9일까지 만 19세 이상 전 국민 중 성, 연령, 지역에 따라 일정 비율로 무작위 추출한 전화

가입자 90,570명을 상대로 1차 조사를 했는데, 이 가운데 20,006명이 조사에 응답하였고, 그중 5,981명이 시민참여단에 참가 의향을 밝혔다. 공론화위원회는 이 가운데 시민참여단 500명을 무작위로 선정하였고, 오리엔테이션에 참가한 478명을 상대로 2차 조사를 하였으며, 종합 토론회에 참석한 471명을 상대로 토론 시작 전과 토론을 마친 후 각각 3차, 4차 조사를 하였다. 구체적인 학습 없이 즉흥적으로 답하였던 1차 조사결과가 이후 학습과 토론 과정을 거치면서 어떻게 변화했는지가 초미의 관심사가 되고 있다.*

공론조사는 1980년대 미국의 제임스 피시킨James Fishkin 교수가 창안한 것으로, 미국, 영국, 호주, 일본, 캐나나, 대만, 덴마크, 중국, 몽골 등에서 다양한 쟁점에 대하여 공론조사가 이루어져 왔다.

공론조사는 현재의 대의민주주의가 안고 있는 문제점을 극복하기 위해 나온 것이다. 국민이 선출하여 권력을 맡긴 대통령이나 국회의원이 국가나 국민 전체의 이익을 대변하기보다는 자기 정파의 이익에 충실한 경우가 많았다. 2012년 대통령 선거를 앞두고는 국정원과 군 사이버사령부를 통해 댓글을 조작하여 국민의 여론을 조작하기까지 하였다. 이런 상황에서는 선거결과가 왜곡되고, 정부의 정책결정도 진정한 민의에 어긋나게 된다.

사전정보를 제공받고 충분한 토론을 거치면 일반 시민들이 정파성에 매

---

*2017. 10. 20. 발표에 따르면, 최종의견은 건설재개 59.5%, 건설중단은 40.5%였다. 1차 조사에서는 건설재개가 36.6%, 건설중단이 27.6%이었다. 시간이 지날수록 건설재개 의견이 더 높아졌다. 결과가 어떠하든, 다수의 국민이 국가의 중요정책에 참여할 기회를 가졌다는 점에서 이번 공론조사는 시간과 비용을 투입할 충분한 가치가 있었다고 본다.

몰된 정치인들보다 더 나은 결정을 할 수 있다. 이것은 국민참여재판에서 배심원단의 결정이 직업 법관의 결정과 90% 이상 일치하는 것에서도 알 수 있다.

 이번 신고리 5·6호기 관련 공론조사는 시민들의 민주주의에 대한 이해를 한층 더 성숙시키는 중요한 계기가 될 것이고, 앞으로 이런 토론문화가 사회 각 분야에 다양하게 정착되길 기대해 본다.

(2017. 10. 18. 충청일보)

인공기 그림에 광분하는 사람들

최근 통일을 바라는 아이 그림에 인공기가 들어간 것을 놓고 자유한국당과 일부 보수단체에서 또다시 종북 타령을 하고 있다. 우리은행에서 2018년 달력을 만들면서 지난해 제22회 우리미술대회에서 상을 받은 한 초등학생의 그림을 실었는데, 이 그림에는 활짝 웃는 통일 나무가 양쪽으로 팔(가지)을 펼쳐 한쪽엔 태극기, 다른 쪽엔 인공기를 들고 있다. 나무 둘레로 아이들이 손을 잡고 환하게 웃고 있다. 누가 봐도 통일을 염원하는 순수한 마음이 담겨 있다.

김종석 자유한국당 의원이 위 달력에 대해 "민노총 달력인 줄 알았다."고 말하면서 논란이 시작됐다. 장제원 자유한국당 수석대변인이 "친북 단체도 아니고 금융기관 달력에 인공기 그림이 들어가 있는 것을 보고 두 눈을 의심하지 않을 수 없다."며 비난에 가세했고, 홍준표 대표도 "인공기가 은행 달력에도 등장하는 세상이 됐다."고 말해 논란을 키웠다. 일부 보수단체 회원들은 우리은행 앞에서 달력을 불태우고 은행장 사퇴를 촉구했다.

이에 대해 바른정당의 하태경 최고위원은 "동심을 빨갱이 그림이라고 이용하는 것은 제정신 아닌 환자 정당"이라고 비판했다.

자유한국당 경남도당은 지난해 5월 대선 직전에 투표용지 이미지를 사용한 홍보물을 온라인에 올리면서, 기호 2번에 태극기와 함께 '홍준표' 이름을 적고, 기호 1, 3번에는 사람 이름 없이 인공기를 그려 넣은 적이 있다. 과거 이명박·박근혜 정부 때 통일부 등이 주최한 통일 관련 그림대회에서도 입상작 대부분이 그림에 태극기와 인공기를 넣었는데, 그때는 아무런 문제가 되지 않았다. 사정이 이런데도 자유한국당이 지금 인공기가 들어간 그림을 비난하는 것은 누워서 침 뱉는 격이다.

그림으로 통일을 말하려면 남과 북을 표시하여야 하는데, 국기 말고 더 나은 다른 표현 수단이 있을까? '평화통일'은 우리 헌법을 관통하는 대단히 중요한 가치다. 분단으로 인한 어려움이 얼마나 많은가. 이산가족의 아픔, 막대한 군사비 지출, 국민이 늘 불안에 떨어야 하는 것, 휴전선에 가로막혀 대륙으로 바로 가지 못하고 그 때문에 우리의 기상이 꺾이는 것, 일부 세력이 분단을 정치적으로 악용하는 것 등 이루 말할 수 없다.

자유한국당과 그 전신이었던 세력이야말로 북한과 뒷거래하면서 민주 가치를 짓밟아 왔다. 박정희 정권은 1972년 이후락 중앙정보부장이 김일성을 만나고 온 다음 7·4 남북공동성명을 발표하고, 그해 천하의 악법인 '유신헌법'을 공포하여 국민의 인권을 짓밟았다. 1997년 대선 때 한나라당 이회창 후보의 비선조직이 북한 관계자를 만나 휴전선에서 무력시위를 해달라고 요청하는 '총풍사건'이 있었고, 이명박 정부 때인 2011년 6월 1일 북한이 "통일부 정책실장 등 남한 핵심 관계자들이 돈 봉투를 내밀며 정상회담을 갖자고 했다."고 폭로한 일도 있었다.

지금 국민 대다수는 더 이상 종북몰이에 속지 않는다. 자유한국당은 이성을 차리고, 우리나라의 민주주의와 평화통일을 위한 노력에 진지하게 동참할 것을 간곡히 요청한다.

(2018. 1. 10. 충청일보)

서 검사의 용기에 박수를 보낸다

 현직 여검사인 서지현 씨의 성추행 피해 폭로가 일파만파로 번져가고 있다. 이것이 전에 없이 커다란 파문을 일으키고 있는 이유는, 먼저 피해의 당사자가 여검사라는 사실, 막강한 권력을 가진 검사도 조직 안에서 성추행 피해자가 될 수 있다는 사실이 선뜻 받아들여지지 않기 때문일 것이다. 파문이 커지는 또 다른 이유는, 서 검사가 검찰 내 게시판에 실명으로 폭로하고, 나아가 방송에서 얼굴을 내놓고 인터뷰까지 하였기 때문일 것이다.
 서 검사는 2010년 10월 한 장례식장에서 법무부 장관을 수행하고 온 당시 법무부 정책기획단장이던 안태근이 많은 검사가 있는 자리에서 손으로 자신의 허리를 감싸 안고 엉덩이를 상당 시간 쓰다듬었다고 했다. 서 검사는 이 사건으로 인한 충격을 이렇게 표현했다.
 "헤아릴 수 없는 날들을 아무리 밀어내도 떠오르는 그놈의 그 눈빛에 잠을 이룰 수가 없었다. 수시로 가슴이 조여 오고, 누웠다가 발딱발딱 일어나고, 피가 발바닥에서부터 거꾸로 솟구쳐 올랐다. 이게 바로 피가 거꾸로 솟는다는 것이구나…… 비유적인 표현인 줄만 알았더니……."

가해자로 지목된 안태근 씨는 검찰국장 때 이영렬 전 서울중앙지검장과의 돈 봉투 사건으로 옷을 벗은 사람이다. 그는 서 검사의 주장에 대해 "오래전 일이고 술을 마신 상태라 기억이 없다."고 했다. 서 검사는 처음 문제 제기했을 때 당시 검찰국장이던 최교일 현재 국회의원이 이를 덮었다고 했다. 최 의원은 이를 부인하고 있으나, 당시 법무부에서 근무하던 임은정 검사는 "피해자가 가만히 있는데 왜 들쑤시냐고 호통을 친 사람이 최교일 의원 맞다."고 밝혔다.

큰 궁금증은 서 검사가 7년도 더 지난 사건을 왜 이제 공개적으로 폭로했을까 하는 데 있다. 7년이란 긴 시간이 지났지만 그때 받은 충격이 지금까지 여전한데, 안태근이 사과도 하지 않고 오히려 검찰국장이라는 요직에 올랐고, 검찰조직은 진상을 덮으려고만 하였던 것에 대한 반감이 기본적으로 작용하였을 것이다. 더 중요한 것은 서 검사가 검찰조직 등 우리 사회에 근본적인 변화가 있기를 바랐기 때문이라고 본다. 약자에 대한 폭력이 아직도 많이 남아 있는 우리 사회에 어떤 변화의 계기를 만들어야겠다고 '작심'하고 용기를 낸 것으로 보인다.

서 검사의 폭로를 계기로, 공공·민간을 가리지 않고 미투me too 폭로가 이어지고 있다. 이재정 의원이 검사장 출신 로펌 대표로부터 성추행을 당했다고 폭로하고, 임은정 검사도 오래전 부장검사로부터 성폭행을 당할 뻔했고 그 일로 그 부장이 사표를 냈다고 했다.

성범죄는 폐쇄적이고 억압적인 구조 안에서 일어난다. 이런 불합리한 구조는 왕조시대의 계급사회에 이어 일제 식민지, 전쟁, 독재를 거치면서 뿌리 깊게 형성된 것으로 쉽게 사라지지 않는다. 과거 민족 해방과 사회 민주화를 위해 희생한 분들이 있었던 것처럼, 사회 변혁을 위해 용기를 낸 서 검사와 같은 사람들에 의해 억압적이고 폐쇄적인 구조가 조금씩 해체되어 간다고 본다. 서 검사의 용기에 박수를 보낸다.

(2018. 2. 7. 충청일보)

개헌의 필요성과 일상 민주주의의 중요성

개헌 논란이 뜨거워지고 있다. 문 대통령은 개헌안 발의를 기정사실로 만들었다. 대통령과 여당은 지난 대선 때 공약대로 이번 지방선거와 동시에 개헌하자고 서두르는 입장이고, 야당들은 개헌 논의는 국회를 중심으로 해야 한다면서 대통령의 발의를 반대하고 있다. 대통령이 개헌안을 발의하더라도 국회 재적의원 2/3 이상의 찬성을 얻지 못하면 부결되는 현실적인 문제도 있고, 또 국회에서 여러 정파 간에 뜨거운 논쟁을 거쳐 개헌안을 확정하는 것이 당연히 바람직하다. 그러나 그동안 국회가 보여 온 행태를 보면 국회에서 개헌안 발의를 적절하게 할 것을 기대하기는 어렵다. 오히려 대통령의 발의가 그런 논의를 촉발할 것이다.

국회는 박근혜 전 대통령에 대해 탄핵소추가 이루어진 직후인 2016년 12월 29일 헌법개정 및 정치개혁 특별위원회를 두고 논의를 해 왔지만, 이렇다 할 만한 성과를 내지 못하고 있다. 당시는 지금의 주요 야당들이 대통령선거 전에 개헌하여야 한다며 서둘렀는데 지금은 오히려 소극적이다. 그들은 문 대통령이 추구하는 대통령 연임제가 제왕적 대통령을 그대로 유지하는 것이라며 반대하고 있으나, 실질적으로는 개헌 투표와 지방선거가 같이 이루어지면 투표율이 올라가고 그렇게 되면 지방선거에서 야당의 당선 가능성이 그만큼 낮아지는 것을 염려하는 것 아니냐는 분석도 나오고 있다.

우리나라는 1948년 헌법 제정 후 70년 동안 모두 8차례 헌법을 개정했다. 약 9년에 한 번 개헌한 꼴인데, 지금 헌법은 1987년 개정된 후 30년 가까이 되었다. 지난 30년 동안 아주 많은 변화가 있었다. 오늘날 우리 민주주의를 뒷받침하고 있는 주요 사건은 5·18 민주화운동과 6·10 민주항쟁, 그리고 재작년 촛불혁명이다. 독재에 대한 일반 시민들의 저항으로 지금의 민주주의가 그나마 유지되고 있는 것이다. 마땅히 이 사건들을 헌법에 명시함으로써 우리 사회의 뿌리를 좀 더 명확히 할 필요가 있다.

또 자본의 독점과 폐해가 심해지고 있기 때문에 경제민주화 조항을 강화하고, 국회의원 구성에 국민 의사가 제대로 반영되도록 선거의 공정성과 비례성을 확보할 필요도 있다. 권력의 중앙집중으로 인한 폐해를 없애기 위해 그동안의 지방자치 경험을 헌법에 반영하여 지방분권을 보다 강화하는 내용으로 구체화할 필요도 있다. 30년이란 긴 세월이 만들어 낸 변화를 헌법이 제대로 반영하지 못한다면 그것은 벽장 속에 갇힌 헌 책에 불과하다고 본다.

일부 야당에서는 '제왕적 대통령제'라는 말로 대통령제를 폐지하여야 한다고 주장한다. 대통령직을 제왕처럼 악용하였던 세력이 누구인지 묻고 싶어진다. 그들이 주장하는 것처럼 국회에서 총리를 선출하여 국정을 총괄하게 할 만큼 국회는 준비되어 있는가?

제도도 중요하지만, 그 제도를 운영하는 사람들과 문화가 훨씬 더 중요하다. 개헌의 내용에 관심을 가져야 하겠지만 나와 주변의 민주화를 위한 노력도 같이 해야만 한다. 민주화가 일상화된 토양 위에서 독재는 뿌리를 내릴 수 없다.

(2018. 3. 21. 충청일보)

삼성의 노조 와해 의혹과 언론보도 행태

 최근 이명박 전 대통령의 다스 관련 소송비를 삼성이 대납한 사건의 압수수색 과정에서 삼성이 노조 와해를 기획·실행하였다고 의심할 만한 자료들이 나와 파문을 일으키고 있다. 수사결과에 따라서는 '대한민국 제1의 기업'이라는 삼성에게 커다란 치명타가 될 수 있다.
 6,000여 건에 달하는 이 문건들에는 사측이 노조원에게 직·간접적으로 불이익을 주는 방법을 검토한 정황이 담긴 것으로 파악되고 있다. 2013년 7월 삼성전자 서비스지회 노조의 출범 즈음 작성된 문건에는 노조 출범에 대한 '단계별 대응 방안'이 적혀 있는데, 회유나 압박을 통해 명예퇴직을 유도한다는 것이다. 특히 개별 노조원에게 어떤 방안을 적용할지는 노조 가담 정도 외에 가족들의 신상 정보와 경제 형편까지 두루 고려됐는데, 경제적으로 어려운 사람일수록 사측에 협조적으로 돌아설 가능성이 크기 때문이다.
 삼성 일반 노조가 공개한 '2002년 임금, 노사 추진 전략' 문건에는 'MJ 인력 제로화 전략 수립'이 최우선 과제로 적혀 있는데, MJ는 삼성이 노조를 설립할 만한 문제 사원을 표현하던 말이라고 한다. MJ는 '문제'의 영문 이니셜이다. 이 MJ 표현은 2013년 심상정 의원이 공개한 'S그룹 노사전략' 문건에서도 나타났고, 또 최근 검찰이 분석 중인 문건에도 들어 있다고 하는데, 노조 활동을 문제시한 표현이 십 년 넘게 뿌리 깊게 사용됐다는 것을 알 수 있다.

막강한 자본 권력에 맞서기 위해서는 노동자들이 단결할 수밖에 없고, 그래서 헌법에서도 노동자들의 단결권을 기본권으로 보장하고 있다. 그러나 현실에서는 오히려 탄압받아 왔다. 특히 1998년 IMF 외환위기에 따른 노동자의 대량 해고 사태로 노동조합은 크게 위축되었고, 비정규직과 실업 등으로 노조 가입률도 낮은 수준으로 정체되었다. 2016년 노조 가입률은 10.3%로 1989년 19.8%의 절반 수준이다. OECD 평균은 29.1%다.

이번 삼성의 노조 와해 문건 사건은 '자본의 노동에 대한 무시 내지 경멸'을 드러내는, 오늘날 자본주의 사회에서 아주 중요하고도 본질적인 사건임에도 불구하고 언론의 반응은 뜨겁지 않은 것 같다. 민주언론시민연합 2018년 4월 10일자 보도에 따르면, 한겨레신문에서 지난 2일 이 사건을 처음 보도한 후 지난 8일까지, JTBC가 10건으로 KBS, MBC, SBS 지상파 3사를 합한 8건보다 많았으며, TV조선, MBN, 채널A에서는 전혀 다루지 않고 철저히 외면했다. 주요 일간지의 경우, 《한겨레》가 7건, 《경향신문》과 《한국일보》가 각각 4건, 3건을 보도한 반면, 《동아》·《중앙일보》는 전혀 보도하지 않았고, 《조선일보》가 2건 보도하긴 하였으나 그 논조는 삼성에 대한 검찰의 계속된 수사로 삼성 영업에 방해가 된다는 것이었다.

주요 언론들이 이 사건을 철저히 외면하고 오히려 본말을 바꾸어 보도하는 것은 자본 권력 앞에서 언론의 역할을 포기한 것이나 다름없다. 앞으로 시민들은 이 사건 수사의 추이는 물론 언론의 보도행태도 꼼꼼하게 살펴볼 필요가 있다.

(2018. 4. 18. 충청일보)

선거제도 개혁이 정치 발전의 시작

6·13 지방선거가 한 달도 남지 않았다. 선거 때만 되면 선거제도의 문제점이 논란이 되지만, 정작 법 개정 등으로 이어지는 경우는 드물다. 그래도 논의를 계속하여야 변화의 계기가 된다.

가장 바람직한 선거제도는 국민의 의사가 그대로 국회의원 등 대표자 선출에 반영되는 것인데, 이런 관점에서 볼 때 현행 선거제도는 문제점이 많다. 특히 기본적으로 한 선거구에서 다수표를 얻은 사람 1명만을 뽑는 소선거구제를 택함으로써 낙선한 후보에게 지지를 보낸 표들은 다 사표가 된다. 이런 문제점을 보완하는 것이 비례대표제인데, 현행 비례대표제는 몇 가지 점에서 문제가 있다.

먼저 비례대표 의석수가 너무 적다. 비례대표는 지역구 의원 선출 시 불가피하게 발생하는 사표를 감쇄하고, 소수자를 대표하는 세력도 의회에 진출하게 하는 데 의미가 있다. 이를 살리는 데 현행 비례대표 정수(국회의원은 47명, 지방의원은 지역구 정수의 1/10)는 턱없이 부족하다.

다음으로 소수 정당이 의석을 확보하기가 여전히 어렵고, 그와 관련하여

유권자가 자신이 정말로 지지하는 정당에 표를 던지지 못하는 경우가 생긴다. 정당이 비례대표 의석을 받으려면, 국회의원은 유효투표 총수의 3/100 이상을 득표하거나 지역구에서 5석 이상을 차지하여야 하고, 지방의원은 유효투표 총수의 100분의 5 이상을 득표하여야만 한다. 그런데 소수 정당이 이 기준치를 달성하기가 대단히 어렵다. 그러다 보니 소수 정당을 지지하는 사람들은 소수 정당에 비례투표를 해도 어차피 비례대표 의석 확보가 어렵다고 판단하고 2순위로 지지하는 정당에 비례투표를 하는 경우가 많다. 이것은 굉장히 비정상적인 모습이다. 비례대표 의석을 확보하기 위한 기준치를 대폭 낮추어야 한다.

현행 비례대표제의 문제점을 극복할 수 있는 것이 바로 연동형 비례대표제다. 이것은 전국 혹은 권역별 정당 득표율에 비례해 정당별 총 의석수를 할당하고, 이후 정당별 총 의석수에서 지역구 의석수를 뺀 만큼을 비례대표 의석으로 할당하는 방식이다. 만약 한 권역의 전체 의석이 100석일 때 A정당이 권역 정당 득표율 50%를 얻는다면 이 정당은 총 50석의 의석을 가져간다. 이때 A정당이 권역에서 45명의 지역구 당선자를 냈다면 권역 단위 득표율을 통해 할당받은 50석 중 나머지 5석을 비례대표로 채우게 된다. 이렇게 되면 득표율과 의석 점유율이 일치하고 소수 정당도 의회에 진입하기 쉽다. 중앙선관위는 2015년 정치권에 이 제도의 도입을 권고하기까지 하였다.

유권자가 던진 표의 절반 가까이가 사표가 되는 상황에서는 국민의 의원들에 대한 신뢰가 있을 수 없다. 지금 국회나 지방의회가 불신받고 있는 이유는 바로 이런 선거제도의 문제점에서 비롯되는 것이다. 내가 던지는 표가 대표자 선출에 그대로 반영될 때 국민은 정치를 신뢰하고 정치에 더 관심을 갖게 될 것이다. 정치권이나 시민사회 모두 지금보다 더 적극적으로 선거제도 개혁에 나서야 한다.

(2018. 5. 16. 충청일보)

촛불을 뛰어넘는 노력이 필요한 때

우리나라는 아주 오랜 기간 왕조시대, 일제 지배, 군부독재를 거치면서 중앙집권적이고 획일적인 통치에 굉장히 익숙해 있습니다. 자신의 삶을 스스로 결정하지 못하고 주어진 대로 사는, 타율적인 삶에 길들여 있었다고 볼 수 있습니다. 최근 민주화의 진전, 남북관계 개선으로 새로운 변화가 시작되고 있습니다. 이 변화의 흐름 속에서 이제는 정말로 남과는 다른, 나만의 주체적이고 개성 있는 삶을 살펴봐야 할 때라고 봅니다.

최근 우리 지역 한 라디오 방송*의 청소년 캠페인 광고에 나가고 있는 내 목소리다. 한 번 녹음을 하면 한 달 정도 방송된다. 위 녹음은 북미정상회담 한 달 전인 5월 10일 이루어졌는데, 그 직후부터 회담 취소 가능성이 보도되며 회담 성사 자체가 불투명해졌다. 그 상황 전개에 따라 내 방송의 운명

---

* 충북 CBS

도 결정될 터였다. 다행히 회담은 이루어졌고, 내 방송도 잘 나갔다.

오늘 출근길에 아시아나항공 여승무원의 라디오 인터뷰를 들으면서 내가 한 위 방송 내용이 떠올랐다. 여승무원은 "박삼구 회장이 승무원 교육장에 오기 전, 교관이 미리 누구는 울고, 누구는 웃고, 누구는 안기는 등 구체적인 행동을 시켰다. 회장님에게 '한 번만 안아주세요'라고 말할 때 '한 번만'은 빼라고 시켰는데, 회장님이 여러 번 안아줄 수 있으니까 그랬다."고 했다.

아시아나 안에서 직원들은 고유한 인격체가 아니라 왕과 같은 사주에 예속되어 그의 비위를 맞추며 일하고, 그 대가로 생존을 위한 돈을 받는 서글픈 생명체에 지나지 않았다. 그 직원들의 주체적이고 개성 있는 삶은 과연 존재하는가. 우리는 왜 사는가. 이런 행태가 어디 아시아나 대한항공 같은 곳에서만 벌어지겠는가. 한 생명체의 품격을 고귀하게 여길 줄 모르는 분위기는 사회 곳곳에 뿌리 깊게 퍼져 있다.

그런데 그 분위기가 바뀌고 있다. 우리 역사상 처음 들어선 김대중·노무현의 민주 정부는 이런 분위기를 다 바꾸지 못했지만, 사람들은 이명박·박근혜의 반민주적 정권을 겪고 나서 민주주의의 중요성을 새삼 깨닫게 되었다. 남북관계 개선으로 반대파를 빨갱이, 종북으로 몰면서 정권을 유지해 온 극단적 수구세력의 전략도 더는 먹히지 않게 되었다. 다시 되돌리기 어려운 역사의 새로운 큰 물줄기가 만들어졌다. 이런 상황 속에서 우리는 '왜 사는가?'라는 근본적 물음을 자유롭고 치열하게 할 필요가 있다. 거기서 내 삶의 존재 이유가 나오기 때문이다.

얼마 전 고등학교 친구들 십수 명과 함께 시골에서 천렵을 했다. 각목과 판자, 스티로폼으로 뗏목을 만들어 타기도 했다. 50대에 들어선 친구들이

지만 10대의 순수함으로 돌아가 '자연의 자유'를 만끽하였다. 그 순간만큼은 억압된 삶의 고단함에서 해방된 듯하였다. 이런 해방감이 일상의 삶 속에서도 실현되어야 진정한 민주주의다. 그 길은 그냥 닦아지지 않는다. 참된 해방의 세계는 내 안에서 같이 이루어져야 한다. 그래서 '주체적이고 개성 있는' 삶을 강조하는 것이다. 구체적인 일상 속에서, 2016년 촛불을 훨씬 뛰어넘는 노력이 필요하다.

(2018. 7. 11. 충청일보)

정신건강을 해치는 한국 언론

부자연스럽고 불합리한 것을 계속 접하다 보면 답답하고 피곤해진다. 자연스러워야 할 흐름이 막히니 당연한 일이다. 오래전부터 언론이 그랬다.

지난 13일, 오세훈이 서울시장이 되고 난 후 처음으로 대통령이 주재하는 국무회의에 참석했다. 한 인터넷 언론이 관련 기사를 쓰면서 제목을 〈오세훈의 '일당백' 국무회의… 文정부에 부동산·코로나 '직언'〉이라고 달았다. 제목만 보면, 오 시장이 국무회의 구성원 중 유일한 야권 인사로서, 다른 구성원들을 압도할 정도로 엄청난 활약을 하고, 다른 사람들은 오 시장에 맞서 제대로 싸우지도 못하고 무릎을 꿇은 것처럼 읽힌다. 호기심에 기사를 클릭할 수밖에 없었다.

그런데 기사 본문은 국무회의 후 오 시장이 시청 브리핑룸에서 말한 내용을 바탕으로 작성한 것으로, 오 시장이 국무회의에서 '공동주택 공시가격의 급격한 상승 문제를 언급하며 서울시와 국토부가 심도있는 논의를 하면서 해법을 찾자는 발언을 했다'는 것이고, 그 외에는 오 시장의 현안 주장을 정리하여 전달하고 있을 뿐이었다. 국무회의에서 다른 구성원들과 어떤 주제에 대해 어떻게 토론했다는 내용은 전혀 없었다. 그런데 어떻게 〈오세훈의 '일당백' 국무회의〉라는 기사 제목이 나올 수 있는지 도저히 이해할 수 없었다. 속으로 욕이 나오지 않을 수 없는, 백해무익한 기사다.

지난 12일 도종환 더불어민주당 비상대책위원장은 비대위 회의에서 "서로에게 상처 주는 방식이 아닌, 함께 토론하고, 함께 실천하고, 함께 혁신하는 길을 가겠다."고 말했다. 보궐선거 패배 후 민주당 일각에서 특정 세력에게 패배의 책임을 물으려고 하는 것을 염두에 둔 말로 볼 수도 있으나, 비대위원장으로서 통합을 위해 얼마든지 할 수 있는 상식적인 발언이다.

그런데 한 언론은 기사 제목을 〈도종환 '상처 없는 혁신, 질서 있는 쇄신'… 결국 친문 뜻대로〉라고 달았다. '친문 뜻대로'에 대한 구체적인 근거는 본문에 없었다. 민주당에 친문 프레임을 씌우려는 의도로밖에 보이지 않았다.

언론이든 뭐든 관계에 있어서 가장 중요한 것은 믿음이다. 상대방이 거짓말하지 않고 어느 한쪽에 치우치지 않기 위해 노력한다고 믿을 때, 상대방과의 관계는 탄탄해지고 오래 간다. 진실과 공정은 언론이 추구해야 할 핵심 가치이다. 언론이 여론을 자신이 원하는 방향으로 끌고 가기 위해 허위·과장 보도를 일삼으면 그 언론은 소비자가 외면하고, 언젠가는 도태될 것이다. 조·중·동의 영향력이 여전히 우세하지만 옛날처럼 절대적이진 않은 것도 이 때문이다.

차를 운전하면 으레 라디오나 TV를 켜고 뉴스나 시사 프로그램을 들었는데, 이것을 완전히 끊은 지 한참 되었다. 집에서도 뉴스는 보지 않는다. 오래도록 구독하던 신문도 끊고, 사무실에서 의뢰인을 위해 할 수 없이 구독하는 신문을 한 장도 넘기지 않고 그대로 버리는 경우가 대부분이다. 그래도 가끔은 인터넷 포털사이트에 접속하여 기사를 클릭하는데, 그렇게 했다가도 금방 접는다. 계속 보면 속이 울렁거린다. 언젠가부터 언론은 정신건강을 해치는 존재가 되었다. 상처받은 정신건강은 개인들 SNS에 들어가 조금이나마 치유를 받는다.

영국 옥스퍼드대 부설 연구소에서 조사한 40여 개 나라 중 2017년부터 4년 연속 언론 신뢰도 꼴찌 평가를 받은 한국 언론의 현주소다.

(2021. 4. 14. 충청매일)

자유와 연대

"유엔헌장은 더 많은 자유 속에서 사회적 진보와 생활 수준의 향상을 촉진할 것을 천명하고 있습니다. 한 국가 내에서 어느 개인의 자유가 위협받을 때 공동체 구성원들이 연대하여 그 위협을 제거하고 자유를 지켜야 하듯이 국제사회에서도 어느 세계 시민이나 국가의 자유가 위협받을 때 국제사회가 연대하여 그 자유를 지켜야 합니다."

"진정한 자유는 속박에서 벗어나는 것만이 아니라, 자아를 인간답게 실현할 수 있는 기회를 갖는 것입니다."

위 내용은 윤석열 대통령이 지난달 22일 유엔에서 한 연설문 가운데 '자유'를 강조한 대목을 옮겨온 것이다. 그는 자유라는 단어를 21번이나 썼는데, 자유의 진정한 의미와 관련하여 사회적 진보와 생활 수준의 향상, 자아를 인간답게 실현할 수 있는 기회를 강조하고, 자유가 위협받을 때는 구성원들이 '연대하여' 지켜내야 한다고 말했다.

이번 유엔 연설이 시대정신에 비추어 적절했는지 여부는 별론으로 하더라도, 위 내용에는 전적으로 공감한다. 진정한 자유와 인간다운 삶은 서로 연결되어야만 하고, 이것이 보장되지 않을 때는 시민들이 연대하여 싸워야 하기 때문이다.

사람에 대해 평가할 때 말과 행동이 서로 일치하는지를 잣대로 삼아야 한다. 최고 권력자가 입으로만 자유를 외치고 실제로는 자유를 억압한다면, 그는 허울뿐인 자유를 통치수단으로 악용하는 것에 지나지 않는다.

사람의 개성은 말과 글, 그림 같은 표현을 통해 만들어지고 다듬어진다. 이런 개성들이 자유롭게 서로 부딪치고 어울리면서 누구나 공감하는 공동체의 가치를 만들어 낸다. 표현의 자유가 억압되면 자기검열이 강화되면서 사회는 활기를 잃고 어두워진다. 그래서 헌법학에서는 표현의 자유는 '명백하고 현존하는 위험'이 있는 경우에만 제한할 수 있다고 가르친다.

윤 대통령이 뉴욕 행사장에서 바이든 미국 대통령을 만난 바로 다음 현장을 벗어나면서 한 욕설 파문이 10일도 더 지난 지금까지도 가라앉지 않고 있다. 말을 한 당사자는 자신이 한 말이 어떤 것이었는지에 대해 아무런 해명을 하지 못하면서, 여권은 당시 발언에 문제가 없었고 오히려 MBC가 특정 정당과 유착하여 자막을 조작했다는 취지로 여론 흐름을 바꾸려고 하고 있다. 대통령실은 MBC에 공문을 보내 방송 경위를 밝히라고 압박하고, 여당 의원들은 MBC를 찾아가 항의하고 MBC 사장 등을 명예훼손으로 고발하였다.

윤 대통령이 공적 임무를 수행하는 과정에서 품위에 어긋나는 발언을 하였고, 이를 현장에서 확인한 언론이 보도하는 것은 너무나도 당연한 언론의 의무다. 윤 대통령은 유엔까지 가서 그토록 자유를 부르짖었는데 실제는 전혀 자유를 보장할 생각이 없는 것 같다.

최근 부천국제만화축제에서 「윤석열차」라는 제목의 풍자만화가 금상을 받은 것에 대해 문체부는 "정치적 주제를 다룬 작품을 선정, 전시한 만화영상진흥원에 엄중히 경고한다.", "신속히 관련 조치를 취하겠다."며 엄포를 놓았다. 이렇게 표현의 자유를 겁박하면서 윤석열 정부는 무슨 배포로 자유를 부르짖는가.

이런 언행 불일치를 언제까지 보고 있어야 하는가. 윤 대통령이 유엔에서 말한 것처럼 시민들은 자유를 억압하는 권력에 맞서 연대하여 싸울 수밖에 없다.

(2022. 10. 6. 충청매일)

무질서한 생명력의 소중함

나경원 전 의원이 지난 25일, 오는 3월 8일로 예정된 당 대표 선거에 나가지 않겠다고 밝혔다.

그가 저출산고령사회위원회 부위원장 자격으로 '출산 시 부채 탕감 검토' 발언을 하자 대통령실이 공개 비판했고, 나 전 의원이 부위원장직을 그만두겠다고 하니까 윤 대통령은 나 전 의원을 전격 해임했고, 윤핵관과 초선의원 50여 명까지 나서서 전방위적으로 나 전 의원을 공격했다. 이런 상황에서 지지율까지 크게 떨어지자 불출마를 결정한 것이다.

그는 자신의 결정에 대해 솔로몬의 재판에서 '진짜 엄마'의 심정으로 '용감하게' 내려놓았다면서, "질서정연한 무기력함보다는 무질서한 생명력이 필요하다."고 했다. '무질서한 생명력이 필요하다'는 말에는, 사회 안에 이념, 성, 재산, 신체나 정신 능력, 종교, 인종 등에 따라 여러 모습으로 있는 것에 대해, 그것이 사회에 특별히 해악을 끼치지 않는 한 이를 인정하고 배려하고 보장하겠다는 뜻이 들어있다. 그런데 그가 몸담았던 정치세력은 다양성보다는 질서를 가장한 획일화를 주장해 왔고, 그 속에서 그가 다른 목소리를 내는 것을 들어본 기억이 없다. 그 세력의 주류에서 밀려나게 되니까 뒤늦게 '무질서한 생명력'의 중요성을 깨달은 것일까? 그의 삶이 어땠는지를 떠나 '무질서한 생명력'의 가치는 나도 오래전부터 중요하게 여겨오던 것이라 귀가 솔깃하기는 했다.

1999년 서울지검 남부지청(나중에 남부지검으로 승격)에 초임검사로 있을 때, 대검 간부가 '지도 방문'을 왔다. 그 간부는 지청장실 안에 있고, 지청장실 밖 긴 복도에 차장검사, 1~6부장검사, 평검사가 기수 순으로 길게 줄을 서고, 한 사람씩 안으로 들어가 대검 간부에게 "검사 ○○○!" 하고 관등성명을 대고 악수하면서 허리를 숙였다. 자유·평등이라는 최고의 헌법 가치를 수호해야 할 책무를 지고, 이를 위해 법으로 신분까지 보장된 검사 조직이 군대 문화와 조금도 다르지 않은 행태를 보이는 풍경에 놀랐다.

그런 행태는 회식 자리에서도 있었다. 검사장이 하사하는 폭탄주를 한 사람씩 마시면서 '검사장을 찬양하는 폭탄사'를 읊었고, 검사장은 그렇게 하지 말라고 하면서도 이를 은근히 즐겼다. 회식이 끝나고 검사장이 관용차에 타기 전 부하검사들은 줄지어 선 채 허리 숙여 인사했다. 검사들은 이런 잘못된 문화를 비판하기보다 그런 문화의 정점인 검사장이 되고자 했다.

윤 대통령은 제1야당, 노동조합을 좌익용공세력으로 치부하고, 자신에게 비판적인 언론사는 외국 순방 비행기에 태우지 않고 강제수사를 서슴지 않으며, 시민단체를 잠재적 범죄자로 취급한다. 외교적으로도 노골적으로 중국·이란을 배척하고 일본·미국을 편든다. 그의 편협한 태도는 주로 개인적인 미성숙에 뿌리를 두고 있지만, 오랜 기간 검찰의 권위적인 획일문화에 물든 탓도 크다. 그는 도무지 '무질서한 생명력'의 다양한 가치를 모른다.

2009년 검사를 그만두면서, 서울중앙지검 현관 앞 소나무들의 바깥 선을 깔끔하게 다듬은 것을 들어 검사 게시판에 글을 남겼다.

"거칠게 불규칙하던 소나무의 외곽은 아주 완만한 곡선으로 바뀌었습니다. 어떤 사람들은, 저는 절대로 동의하지 않지만, 그 곡선을 미美라고 강요합니다."

'무질서한 생명력'은 여전히 내게 소중하고 아름다운 가치다.

(2023. 1. 26. 충청매일)

'검폭'의 시대

윤석열 대통령은 21일 "건설 현장에서 강성 기득권 노조가 금품 요구, 채용 강요, 공사 방해 같은 불법행위를 자행하고 있다."면서 그들에게 '건폭'이라는 이름을 붙였다. '건폭'이라는 말에서, 노조 전체를 마치 '조폭'과도 같은 집단으로 낙인찍어 시민들에게 노조에 대한 반감을 강하게 자극하려는 의도가 읽힌다. 동시에 일제 식민지 시절부터 지금까지 민족해방과 민주주의를 위해 싸운 사람들을 빨갱이로 낙인찍고 탄압해 온 역사가 슬프게 떠오른다.

지난 1월 17일 청주에서 소설『아버지의 해방일지』를 쓴 정지아 작가와의 만남이 있었다. 그 전에『아버지의 해방일지』는 물론, 작가가 1990년에 쓴『빨치산의 딸』까지 읽고 행사에 참석했다. 좌익과 우익이 목숨 걸고 싸워야 했던 역사의 소용돌이가 얼마나 무시무시하였는지, 그 속에서 혁명을 꿈꾸며 몸을 던졌던 당사자와 그 가족, 후손들이 겪은 육체적·정서적·경제적 고통이 얼마나 컸는지 짐작할 수 있었고, 분단이 아직도 우리 사회 온갖 문제의 가장 근본적인 원임임을 구체적으로 실감할 수 있었다. '조만간 해방'에 대한 희망이 사라진 절망 속에서도, 봉건 타도, 제국주의에서 해방, 평등이라는 가치를 포기하지 않고, 투항을 거부하고 끝까지 싸운 분들에 고개가 숙여졌다.

정지아 작가는, 『빨치산의 딸』 복간판(2005년)에서, 빨치산이었던 부모님이 활동한 지리산과 백아산에서 자신 이름을 딴 것에서부터 역사의 천형을 짊어졌지만, 나이 들수록 그것이 고맙고 반가웠다고 밝혔다. 그 이유는 역사와 인간이라는 화두가 있어 삶과 역사에 굳건히 발붙이고 서 있게 되었기 때문이라고 말했다. 남한에서 빨치산의 딸이 겪어야 했던 고통을, 거꾸로 빨치산으로 깊게 파고 올라가 그 가치를 굳건하게 찾아냄으로써 삶과 역사의 자산으로 승화시킨 것이다.

빨치산과 가치(인민해방)를 같이 했던 북한은, 전쟁 후 어느 시점부터 법이 아닌 우상화된 인간이 지배하고 최고 권력이 세습되며, 그 과정에서 인민의 기본권이 심각하게 침해되는 봉건사회로 되돌아갔다. 한편 남한은 여전히 일제의 식민 잔재가 남아 있고, 미국의 압도적 영향력 아래에 있으면서 양극화 같은 자본주의의 폐해에서 자유롭지 못하지만, 상대적으로 인권이 더 보장되고 경제적으로도 형편이 낫다.

천형과도 같은 숙명을 새로운 삶의 자산으로 승화시킨 작가 입장에서, 남북한이 지나온 역사, 앞으로 전망에 대해 어떻게 보는지 물어보았다. 작가는 "역사의 진보를 믿는다. 진보란 인간의 권리(존엄성)를 더 많이 보장해 주는 것"이라고 전제하고, "사회주의든 뭐든 반성이 없다면 실패할 수밖에 없다. 돌아가신 아버지가 철저한 사회주의자였지만, 일부 교조주의에 빠졌던 것에 대해서는 반성하셨다."고 밝혔다.

작가의 이야기를 읽고 듣노라면 그가 빨치산의 딸이라는 낙인을 이겨내기 위해 얼마나 절절한 삶을 살았는지 잘 알 수 있다.

윤 정부는 검찰의 생명이라고 할 수 있는 정치적 중립성을 허물고 스스로 정권을 잡고는 요직을 검사 출신들로 채우며 검사들 나라로 만들고 있다. 검찰 권력과 다수 어용 언론을 이용해 정부를 비판하는 세력을 부패와 가짜뉴스 집단으로 낙인찍고 있다. 그들이 몰아가는 곳에 신기루 같은 빨갱이 올가미가 어른거린다. 이런 정부의 행태가 조폭과 같은 것이다. 지금 이 나라는 '검폭'의 시대다.

(2023. 2. 23. 충청매일)

법이라는 이름으로 세탁된 국가폭력

루소는 1712년 스위스에서 태어났다. 태어난 지 얼마 되지 않아 어머니가 죽고, 아버지는 재혼하면서 10살 된 루소 곁을 떠났다. 루소는 사실상 고아로 자랐고, 16살 때 프랑스로 가 귀족 미망인을 만나 연인관계를 유지하면서 그로부터 도움을 받아 학문을 연구하고 여러 사상가를 만났다.

그는 『에밀』, 『인간불평등기원론』, 『사회계약론』 같은 뛰어난 책을 남기고 1778년 죽었다. 그로부터 11년이 지난 1789년 프랑스혁명이 일어났고, 그의 민주주의 사상은 프랑스 혁명의 이념적 기둥이 되었다.

루소가 보는 자연상태에서의 인간은 자유롭고 평등하다. 그런데 인구 증가에 따른 먹이 부족 등으로 인간이 모여 살면서 가족·사회·국가를 이루게 내몰리고, 그러면서 불평등·억압·전쟁 같은 사회적 악덕이 생겼으며, 여기서 법률은 이 악덕을 정당화하는데 동원되었다고 주장한다.

이처럼 루소는 우리 사회를 규율하는 법 제도를 자유를 억압하고 불평등을 심화시키는 쇠사슬로 보고 있다. 옛날 아주 극소수 지주가 토지 대부분을 소유한 것이나 현대에 양극화로 부나 권력의 쏠림이 심한 것이나, 이런 불평등이 법 제도에 의해 뒷받침되고 있다. 대다수 사람에게 이런 법 제도는 실상 소수 기득권자를 위한, 법의 이름을 빌린 합법적 폭력일 뿐이다. 이 지점에서 루소는 사회계약과 혁명을 말한다.

　루소가 말하는 사회계약은, 시민들 모두가 같은 조건으로 계약하고 또 모든 권리를 똑같이 누리는 것을 전제로 한다. 그런데 시민들이 합의해서 만든 국가나 정부가 시민 대다수를 억압하고 불평등하게 한다면, 이는 계약 조건을 어긴 것이기 때문에 시민들은 계약을 파기하고 국가나 정부를 부정할 수 있다고 한다. 혁명권이 여기서 나온다. 동학농민혁명, 3·1운동, 4·19혁명, 5·18 민주화운동, 6월 항쟁, 촛불혁명의 논리적 기초는 여기에 있다.

　루소는 대의제를 불신하였다. 선거로 뽑힌 대표자라는 사람들이 시민 전체의 이익을 대변할 것이라는 기대는 환상에 불과하다. 이는 지금 우리 정치 현실을 보아도 너무나 잘 알 수 있다.

　지금 대통령은 일제 강제징용을 인정한 대법원 판결이 잘못된 것처럼 말한다. 게다가 그 판결에서 배상액으로 정한 돈을 일본이 아니라 우리 기업이 조달할 것이고 일본 기업에 구상하지도 않을 것이라고 공언했다. 50년 가까운 일제 식민지배로 우리 역사는 크게 뒤틀렸고, 그 상처는 남북 분단의 큰 아픔으로 남아 있다. 분단으로 식민의 찌꺼기를 없애지 못했고, 오히려 친일부역자 세력이 권력을 잡았다.

　지금 대통령은 분단상황을 악용하여 반대 정치세력, 노조 등을 용공세력으로 몰면서 탄압하는 반면, 분단에 원죄가 있는 일본에는 "우리가 일본의 마음을 열어주어야 한다."며 매달리고 있다. 강대국에는 꼼짝 못 하면서 나라 안에서는 법이라는 이름으로 세탁된 국가폭력(검찰권)으로 민주주의와 민족의 자존심을 짓밟고 있다. 이것이 그가 말하는 '조폭' 행태 아닌가? 우리 시민은 그에게 그런 권력을 위임한 적이 없다.

  지금 대통령은 국민으로부터 위임받지도 않은 권력을 함부로 남용하고 있다. 그것도 소수의 이익을 위해. 이것은 루소가 말하는 사회계약 위반이다. 그에 대해 민주시민은, 이제껏 그랬던 것처럼, 혁명으로 응징할 것이다.

(2023. 3. 23. 충청매일)

명백하고 현존하는 위험

사람을 비롯한 모든 생물은 혈관이 좁아지거나 막히면 병들거나 죽는다. 사람들이 모여 사는 사회에서 '혈액순환' 역할을 하는 것이 언론의 자유이다. 언로가 막히고 왜곡되어 독재자와 거기에 빌붙은 자들의 말만 떠다닌다면, 사회는 획일화되어 헌법이 추구하는 가장 중요한 가치인 하나하나 인간의 존엄성은 살아남을 수 없다. 비굴한 복종, 노예적 삶이 있을 뿐이다.

이런 이유로 오래전부터 헌법학에서는 언론의 자유는 '명백하고 현존하는 위험'이 있는 경우에만 아주 예외적으로 제한할 수 있다는 원칙이 확립됐고, 양식 있는 법조인들이 이를 따라왔다. 언론의 자유는 헌법이 보장하는 기본권의 핵심이다. 방송의 자유의 중요한 내용 중 하나가 편성·보도에 있어서 경영진이나 외부 세력으로부터 간섭받지 않는 것이다. 이명박·박근혜 정권에서 공영방송 사장에 꼭두각시를 앉혀 놓고 정권 입맛에 맞는 보도만 할 때 많은 방송인과 시민이 함께 싸운 일이 있다. 그런데 지금 정권은 다시 그 시절로 돌아가고 있다.

지난 11일 정부서울청사에서 열린 국무회의에서 TV 수신료를 전기요금과 분리해 고지·징수하도록 하는 방송법 시행령 일부 개정안이 의결됐다. 공영방송인 KBS를 정권 입맛에 맞도록 길들이겠다는 의도다. 이것은 보도 하나하나를 통제하는 것보다 훨씬 더 위험한, 본질적인 방송 장악 시도이다.

KBS는 위 시행령이 헌법상 기본권인 국민의 알 권리와 방송의 자유를 침해했다고 판단하고 헌법소원을 냈다. 방송법 시행령은, 국민의 기본권은 국회가 정한 법률로만 제한할 수 있게 한 원칙을 어겼고, 방송의 시설 기준을 보장하기 위해 필요한 사항은 법률로 정하도록 한 헌법 제21조 제3항도 위배했다는 취지다. KBS는 특히 이해 조정 절차나 대안 검토 없이 통합 징수제 폐지를 결정함으로써 얻는 공익은 불분명한 반면 손해는 돌이킬 수 없을 거라고 강조했다. 수신료를 분리 징수하면 KBS의 수신료 수입이 연간 4천억 원 이상 줄어들 것으로 예상되는데, 이렇게 되면 공영방송의 존립 기반이 붕괴돼 재난방송, 장애인 방송, 교향악단 운영 같은 공적 책무 이행이 불가능해질 수 있다고 주장한다.

지금 검찰 정권은 자신들이 법을 다루어 왔기 때문에 더 합법적인 것처럼 국민을 현혹하고 있다. 그런데 그냥은 현혹이 어려우니 언론을 동원하려고 이 무지막지한 짓을 하고 있는 것이다.

방송통신위원회는 지난 5일 수신료·전기요금을 분리 징수하는 내용의 방송법 시행령 개정안을 심의·의결했는데, 방통위원 2명이 공백인 상태에서 입법예고기간을 크게 줄이고 재적위원 3명 중 2명의 찬성으로 졸속 처리했다.

지금 검찰 정권에 있는 사람들도 헌법을 배웠을 것이다. 그러나 그들에게 헌법에서 말하는 민주주의, 언론의 자유, 명백하고 현존하는 위험의 원칙

같은 것 들은 출세의 수단이었을 뿐 추구할 만한 가치는 결코 아니었다. 합법을 가장한 폭력을 서슴없이 휘두른 정권의 말로는 세계 역사가 증명해 왔다. 윤석열 정부가 역사의 두려움을 깨닫고 방송 장악 시도를 즉각 중단할 것을 강력히 촉구한다. 어찌 보면 현 정권이야말로 '명백하고 현존하는' 위험이다.

(2023. 7. 14. 충청매일)

아직도 해방공간

50년 가까이 일제의 노예로 있으면서 우리 민족은 얼마나 서럽고 분하고 억울했던가. 빼앗기고, 강제노역에 시달리고, 얻어맞고 고문당하고, 우리말도 못 하고, 인격은 전혀 보장되지 않았다. 그런 지옥 같은 삶에서 벗어나고자 목숨 걸고 싸운 사람들이 있었다. 반대로 그들보다 더 많은 수의 사람들이 식민지배는 영원하리라 믿고 일제에 부역했다. 그런데 진주만까지 전장을 넓혔던 일본이 패망했다. 많은 이가 이제 독립 국가를 만들고 인간으로서 품격을 갖고 살 수 있으리라 기대했다. 그러나 해방공간은 전보다 더 끔찍한 지옥이었다.

일본을 패망시킨 미군과 소련군이 38선을 긋고 남북으로 나누어 점령했다. 온전히 우리 힘만으로 독립을 이루지 못한 대가 치고는 참혹한 결과였다. 통일 정부 수립이냐, 단독정부 수립이냐를 놓고 사회가 극단적으로 갈라졌다. 남한에서 단독정부 수립을 주장하는 세력은 통일 정부 수립을 주장하는 세력을 빨갱이로 몰았다. 일제도 식민지 시기에 독립운동하는 사람을 빨갱이로 몰았다. 반대 세력을 빨갱이로 몬다는 점에서 뜻이 같다 보니, 해방으로 잠시 숨죽였던 친일 부역자들이 미 군정을 등에 업고 다시 권력기관으로 돌아왔다. 식민지배가 영원하리란 그들의 생각은 틀리지 않았다. 일본에서 미국으로 주체만 바뀌었을 뿐 식민지배는 계속되었던 것이다.

해방공간은 1945년 해방된 이후부터 1948년 대한민국 정부가 수립될 때까지의 시기를 말한다. 그 시기 제주에서는 군경에 의해 젊은 남자의 절반 가까이 학살되었다. 여자, 노인, 아이들도 근거도 없이 빨갱이 가족으로 몰려 무수히 학살되었다. 말단 군경에게까지 사람의 목숨을 처단할 수 있는 즉결처분권이 주어졌다. 제주 출신은 믿을 수 없다며 육지에서 대규모로 군경과 서북청년단을 파견했다. 이들은 살인, 고문, 폭행 등 할 수 있는 최악의 만행을 저질렀다. 언제, 어떻게 맞고 죽을지 모르니 살아도 산 것이 아닌 세상이었다. 지옥도 이보다 더하진 않으리라.

해방공간에서 다시 권력을 잡은 친일부역자들은 지금까지 우리 사회를 지배하고 있다. 4·19 혁명, 5·18 민주화운동, 6월 항쟁, 촛불혁명으로 민중이 끈질기게 투쟁했어도, 친일에 뿌리를 둔 지배세력을 근본적으로 바꾸지는 못했다. 그들이 가장 큰 무기인 자본을 갖고 언론을 장악하고 있으니 그들을 근본적으로 이기는 것은 불가능하다. 오히려 그들은 이제 노골적으로 친미·친일의 사대주의를 추구한다.

일제 때 그러했듯 그들은 민족의 주체적인 능력을 부정하고 미국·일본에 빌붙어 호가호위하고 있다. "대한제국이 일제보다 행복했겠냐?"는 신원식 국방부 장관 후보자의 말이 괜히 나오는 게 아니다. 미군이 우리나라에 주둔한 지 78년이 되었다. 그런데 지금 지배세력은 아직도 우리가 미군으로부터 전시작전권을 가져와서는 안 된다고 주장한다. 스스로 독립할 의지나 능력이 없다. 그들은 지주의 보호 아래 소작농을 착취하는 마름 같은 존재다. 독립된 민주국가에서 그들이 존재할 공간은 없다. 그들은 자신들의 존재를 위해 북한(분단)이 필요하고, 사대事大할 미국·일본이 필요하다.

일본이 반성은커녕 역사 왜곡을 서슴지 않는데도 윤석열 정권은 '과거사는 정리하고 미래만 보고 가자.'며 일본 총리와 소맥 러브샷을 하였다. 인류에게 치명적인 영향을 줄 수도 있는 일본의 핵 오염수 방류에 대해 우리 예산을 들여 안전하다고 홍보하고, 이와 다른 목소리는 북한 지령을 따르는 반국가 세력의 괴담으로 규정하고 있다. 미국 국방부가 동해를 일본해로 표시하는 것에 대해 전혀 항의하지 않는다. 일제 강점기 이역만리에서 조국 독립을 위해 목숨 바쳐 싸운 홍범도 장군이 소련 공산당 가입 전력이 있다는 이유로 장군의 업적에 빨간 칠을 하면서 흉상을 철거하고, 장군의 이름을 딴 잠수함 이름도 바꾸려고 한다.

이런 일련의 현상은 결코 우연이 아니다. 웬만해선 죽지도 않거니와 죽은 듯 하다가도 다시 살아나는 존재, 그런 면에서 친일부역자들은 좀비와도 흡사하다. 그들은 기회만 있으면 우리 사회를 다시 해방공간으로 돌려놓는다. 너무나 불행하게도 우린 아직도 해방공간에 있다. 넘어야 할 산이 높고 험하지만 가지 않을 수 없다. 인간다운 삶을 위해서.

(2023. 10. 6. 충청매일)

제2부

법

친일의 극복

전에 검사로서 영국 케임브리지 대학에서 1년간 연수할 때, 그곳에 온 한국 교수들, 기자, 대학원생들이 2주에 한 번씩 모여 세미나를 했다. 전공이 다양한 사람들이라 나와 다른 쪽의 학문과 세계를 이해하는 데 많은 도움이 되었다. 내 차례가 되었을 때 '법적 안정성과 구체적 타당성'이라는 주제로 발표하였다.

거의 모든 법률문제에 있어서 법적 안정성과 구체적 타당성은 갈등한다. 예를 들어 공소시효 제도는 범죄가 발생한 후 일정 시간이 지나면 처벌하지 못하게 하는 것인데, 이는 법적 안정성을 위해 구체적 타당성을 희생하는 것이다. 반면에 비록 범죄의 구성요건에 해당하더라도 정당방위가 되면 처벌하지 않는데, 이는 구체적 타당성을 살리기 위한 것이다.

내가 발표한 내용 중에 그 무렵 제정된 '친일반민족행위자 재산의 국가귀속에 관한 특별법'에 관한 것이 있었다. 이 법은 2006년 9월 만들어진 것으로, 친일반민족행위자의 재산을 그 취득 시로부터 국가의 소유로 귀속하는 것이다. 해방 후 60년이나 지난 시점에서 그때까지 친일반민족행위자의 재산을 둘러싸고 형성된 관계를 다 소급하여 부정하는 것이라, 이는 법적 안정성을 크게 해치는 것이다. 그러나 국회는 이런 부담이 있다 하더라도 뒤늦게나마 민족정기를 세운다는 구체적 타당성의 가치를 더 높게 평가하여 이 법을 제정한 것이다.

그런데 문제는 헌법적 근거를 어떻게 확보하느냐이다. 헌법 제13조 제2항은 '모든 국민은 소급입법에 의해 재산권을 박탈당하지 아니한다.'라고 규정하고 있기 때문이다. 친일반민족행위자의 후손도 대한민국 국민임에 틀림이 없고, 따라서 위 헌법 규정이 그들에게도 적용되어야 한다. 그러나 우리 헌법 전문은 '우리 대한민국은 3.1운동으로 건립된 대한민국 임시정부의 법통을 계승하고'라고 적고 있다. 친일의 극복이 대한민국의 건국이념임을 선포하고 있는 것이다. 이처럼 재산권의 보장과 친일의 극복이라는 두 개의 헌법적 가치가 충돌할 때 어느 것을 더 우선하여야 하느냐가 문제되는데, 난 후자를 더 존중하여야 한다고 발표했다. 대한민국은 일제를 극복하고 태어난 나라이기 때문이다.

지난 3월 31일 헌법재판소는 친일부역자의 후손들이 위 특별법이 헌법에서 정한 '소급입법에 의한 재산권 박탈 금지' 규정을 위반하였다면서 낸 헌법소원에 대해, 헌법 전문 등을 들어 특별법이 합헌이라고 결정했다. 헌법재판소는 나아가 "나치 침략 지배를 받은 유럽 국가들 가운데 반민족 행위의 대가를 따지지 않고 재산을 몰수하도록 규정한 다양한 입법례가 있다. 이는 반민족행위자의 재산은 결코 보호되지 않으며, 설령 일부 재산은 스스로 획득한 것이라도 그들이 배반했던 공동체에서는 그 같은 경제적 이익조차 허용되지 않는다는 강력한 경고를 후손들에게 남겨 주었다."는 소견도 밝혔다. 친일의 청산이 우리 역사에 있어서 얼마나 소중한 가치인가를 잘 알게 해 주는 표현이다.

  해방된 지 60년이나 지나 특별법이 만들어진 것은 참으로 슬픈 일이다. 해방 직후 반민족행위처벌법이 만들어졌지만 친일부역자들의 저항으로 1년 만에 좌절되고 말았다. 이후 우리 역사는 왜곡되었다. 친일부역자와 그 후손들은 일제때부터 갖고 있던 재산과 권력을 그대로 유지하면서 지배세력이 되었다. 정의는 땅에 떨어지고, 국민들은 불의를 삶의 '현실'로 받아들여야 했다. 정의롭지 못해도 승리만 하면 된다는 아주 못된 가치가 대다수 국민 의식 속에 자리 잡았다. 얼마 전 편찬된 『친일인명사전』에 장지연이 오른 것을 보고 적잖이 놀랐던 것은, 국민들이 그동안 그를 「시일야방성대곡」을 쓴 애국자로만 알고 있었기 때문이다.

  이미 시기를 놓쳐 특별법이 친일청산에 이바지하는 바가 크진 않겠지만, 친일의 극복이야말로 대한민국의 탄생 근거라는 사실을 되돌아보게 했다는 점에서는 그 의미가 적지 않다.

(2011. 5. 3. 충북일보)

일반 시민의 사법 참여

　최근에 한 연예인이 생니를 빼 병역을 면제받은 것과 관련하여 서울중앙지검이 그 사건을 검찰시민위원회에 회부했고, 검찰이 위원회의 '기소' 의견을 받아들여 기소한 것이 사람들의 이목을 끌었다.
　검찰시민위원회는 이른바 '스폰서 검사' 파문으로 떨어진 검찰의 위상과 신뢰를 되살리기 위해 검찰이 2010년 6월 11일 마련한 제도다. 검찰 처분 과정에 시민들을 참여시켜 처분의 정당성을 확보하자는 취지다.
　위원들은 모두 9명으로 구성되는데 검찰에서 위촉한다. 위원회는 고위 공직자나 정치인의 뇌물·정치자금 사건 등 중요 사건 수사에서 검사의 요청이 있으면 이를 심의하여 기소 또는 불기소 의견을 낸다. 구속 취소나 구속영장 재청구에 대해서도 의견을 낼 수 있다. 그러나 위원회의 의견은 구속력이 없다. 사법 민주화라는 측면에선 분명 한 걸음 나아간 제도이지만, 위원들을 검찰에서 위촉하고 위원회의 의견에 구속력이 없다는 점에서 한계 또한 분명하다.
　우리 검찰시민위원회와 비슷한 것으로 미국의 대배심과 일본의 검찰심

사회가 있다. 미국 대배심은 중요 사건에 대해 배심원이 검찰의 기소 의견을 심리해 기소 여부를 결정하고, 일본의 검찰심사회는 검찰의 불기소처분에 대해 고소인 등이 불복하는 경우 검찰의 불기소처분이 정당한지를 심사한다. 미국 배심원이나 일본 심사원 모두 관내 유권자 중에서 무작위로 선정되고, 그 결정에 구속력이 있다. 최근 일본의 도쿄검찰심사회는 검찰이 오자와 이치로 민주당 전 간사장의 정치자금법위반 혐의에 대해 불기소처분한 것이 부당하다며 기소 의결을 한 바 있다.

미국 대배심이나 일본 검찰심사회에 비추어 보면 우리 검찰시민위원회는 아주 초보적인 수준이다. 검찰은 지난 6월 이 제도를 만들면서 미국 대배심제 도입을 추진하겠다고 밝힌 바 있다. 앞으로 검찰이 자신의 처분에 민주적 정당성을 확보하기 위해 어떤 의지와 노력을 기울일지 지켜볼 일이다.

사법 민주화와 관련하여 검찰시민위원회보다 더 중요한 것은 국민참여재판제도다. 시민이 사법 절차에 참여하는 제도로서, 2008년 1월부터 시작되었으니 이제 2년 반이 지났다. 우선 1단계로 국민참여재판제도를 고안하여 실시하고 그 시행성과를 분석한 후 우리나라에 적합한 완성된 국민사법참여제도를 설계하여 2012년부터 시행하기로 되어 있다. 그러니까 지금 시행되고 있는 국민참여재판은 완성된 것이 아니라 과도기적 형태다. 이런 이유로 배심원들의 평결에 구속력이 없다. 일반 시민을 재판에 참여시키고도 그들의 결정에 구속력을 인정하지 않는다면 이는 빛 좋은 개살구일 뿐이다. 앞으로 완성된 형태의 모습이 나올 2012년까지는 답답하더라도 참고 기다릴 필요가 있다.*

다행스러운 것은 위와 같이 구속력이 없음에도 국민참여재판 건수가 계속 늘어가고 있다는 점이다. 제도가 만들어진 첫해인 2008년에는 64건, 2009년에는 95건이 진행되었는데, 올해는 10월 4일 현재 100건을 넘어섰다. 참으로 반가운 소식이 아닐 수 없다.**

전에 서울중앙지검에서 첫 번째 국민참여재판 전담검사로 일한 내 경험에 비추어 보면, 국민참여재판은 사법의 민주적 정당성 확보라는 거창한 표현 말고도 법조인들의 불합리한 권위를 없애준다. 일반 시민들이 배심원으로서 재판하므로 그들이 알아듣기 쉬운 말로 설명해야 한다. 지금처럼 권위적이거나 어려운 용어를 써서는 도무지 설득할 수 없다. 일반 시민들과 눈높이가 같아지지 않으면 안 된다.

시민의 사법 참여는 이제 돌이킬 수 없는 흐름이 되었다. 국민참여재판이

---

* 대법원 국민사법참여위원회는 2013년 3월 회의에서 최종안을 의결·확정했는데, 주요 내용은 ①국민참여재판을 피고인의 신청에 의해서만이 아니라 법원 직권 또는 검사의 신청으로도 할 수 있도록 하되 사전에 피고인의 의견을 듣도록 하고, ②5인형 배심원제를 폐지하고, ③유무죄 판단에서 원칙적으로 배심원 평결에 따르도록 하되 평결은 배심원 4분의 3 이상의 찬성을 요하는 가중다수결제를 채택한 것 등이다. 아직 법률이 개정되지 않았는데, 배심원의 평결에 구속력은 주지 않아 여전히 한계가 있다.

** 그러나 2012년 국민참여재판 대상 범죄를 확대한 후 2013년 345건으로 최고를 기록한 후, 2017년까지 300건 안팎을 유지하다가, 2018년부터 급격히 감소하여 2021년에는 84건이었다. 지금 국민참여재판은 침몰 위기에 놓여 있다.

위기의 가장 큰 이유는 기득권의 소극적 태도다. 법조인과 국회의원은 국민참여재판으로 기득권을 잃게 될 사람들이다. 직업 법관의 전유물로만 알았던 재판을 일반 시민도 할 수 있다는 것은, 법을 만들거나 집행하는 것과 관련된 기득권자들에게는 큰 위협이다. 자기들 딴에는 그동안 누려왔던 '대단한' 권위가 무너지게 되기 때문이다.

나 검찰시민위원회 제도 같은 것들이 제대로 정착할 수 있도록 모두 관심을 갖고 적극적으로 참여하여야 할 것이다.

(2010. 10. 19. 충북일보)

사법살인과 법조인의 책임

〈조봉암 무죄, 사법살인 유죄〉, 지난주 금요일 아침 어느 신문 1면 기사를 보고 법조인의 한 사람으로서 가슴이 떨렸다.

과거 독재정권이 저지른 사법 만행이 하나씩 밝혀지면서 당대 정권에 대한 분노는 한계를 넘어 이미 무감각해지고 있다. 이제는 정권의 하수인으로 전락하여 억압통치에 법적인 허울을 제공해 주었던 선배 법조인들에 대한 분노가 새롭게 치민다.

이승만 정권 시절인 1959년 2월 27일, 대법원은 진보당 당수 조봉암에 대해 국가보안법위반죄 등으로 사형을 선고한 항소심 판결을 확정했다. "공산 독재는 물론 자본가의 독재도 배격하는 혁신정치 실현, 생산·분배의 합리적 계획으로 민족자본 육성, 평화통일 실현 등을 내세운 진보당 강령이 국헌을 위배해 정부를 참칭, 북한에 동조해 국가를 변란할 목적이 있다."고 했다. 1959년 7월 30일 재심청구가 기각된 후 17시간 만에 사형이 집행되었다.

대법원은 지난 1월 20일, 52년 전 선배들이 내린 판결을 전원일치 의견으로 뒤집었다. "진보당의 경제정책은 사회적 민주주의 방식에 의해 자본주의 경제체제의 모순을 완화·수정하려고 했을 뿐 사유재산제와 시장경제체제의 골간, 자유민주주의를 부정하지 않았다.", "남북을 오가며 북한의 지령과 돈을 조봉암에게 전달했다는 양이섭의 진술을 믿을 수 없다."며 국가보안법위반죄, 간첩죄 모두에 대해 무죄를 선고했다.

조봉암에 대한 재판은 1959년 당시에도 정치탄압이 분명한 것이었다. 조봉암은 독립운동가로서 해방 이후 초대 농림부 장관을 지냈고, 1956년 제3대 대통령선거에서 30%의 지지율을 얻어 이승만 독재를 견제할 유력한 인물로 떠올랐다. 이승만 정권은 1958년 1월 민의원 총선을 넉 달 앞두고 조봉암을 간첩 혐의 등으로 기소했는데, 1심 재판부는 간첩죄에 대해 무죄 판단을 하고 나머지 혐의에 대해서 징역 5년을 선고했다. 그러나 항소심 재판부는 간첩죄의 주요 증거인 양이섭이 항소심에서 진술을 뒤집었음에도 모든 혐의에 대해 유죄 판단을 하면서 사형을 선고했다.

이번에 대법원은 "양이섭이 진술을 번복하고, 민간인 수사권이 없는 육군특무부대가 양이섭을 영장 없이 연행·감금한 상태에서 조사한 점 등에 비추어 그 진술을 믿을 수 없다."고 하였다. 1958년 당시 간첩죄에 대해 무죄를 선고했던 1심 유병진 판사는 그 후 재임용에서 탈락했다.

이 사건을 살펴보면서 법조인의 존재 이유에 대해 생각하지 않을 수 없었다. 검찰 제도가 생긴 근거는 경찰의 불법·부당한 수사를 통제하여 국민의 인권을 보장하는 데 있었다. 그런데 우리 검찰은 오랜 기간 정권의 하수인이 되어 그들이 보장해야 할 국민의 인권을 오히려 짓밟았다. 이명박 정권이 들어선 후 검찰이 보여준 여러 수사에서도 나는 정치적 냄새를 맡았다.

변호사도 기본적 인권 옹호와 사회정의 실현을 사명으로 한다(변호사법 제1

조). 고 조영래 변호사처럼 참으로 훌륭한 분들이 많다는 것을 안다. 그러나 또 많은 수는 '돈벌이'에 변호사의 사명을 두고 있지는 않은가?

　법원은 인권의 최후 보루다. 사법부마저 권력 앞에 무너질 때 '사법살인'이 일어난다. 과거 사법부가, 고문당했다는 피고인들의 주장을 무시하고 유죄를 선고한 사건에 대한 재심에서 최근 자주 무죄가 선고되고 있다. 한 판사는 무죄를 선고하면서 "법원은 이들의 호소를 외면했다. 선배 법관을 대신해 위로의 말씀을 드린다."고 했다고 한다.

　법조인의 가장 기본적인 덕목은 법률 지식이 아니라 불의와 맞설 수 있는 용기와 양심이다. '사법살인' 소식을 듣고 그동안 검사와 변호사로서 했던 일들을 참회하는 마음으로 돌아본다.

(2011. 1. 25. 충북일보)

소통

영화 〈부러진 화살〉이 사회적으로 커다란 논란을 일으키고 있다. 공공기관 중에서 마지막 남은 사법부의 '권위'가 흔들리고 있다. 어저께 서울중앙지방법원에서는 '소통 2012, 국민 속으로'라는 제목으로 국민과 소통을 위한 자리를 마련하였으나 커다란 호응을 얻지는 못하고 일부 방청객들의 비난과 야유를 받았다.

법리적으로 따지자면, 〈부러진 화살〉에서 형사사건의 주요 쟁점은 '피고인이 재판장을 향해 석궁을 겨누고 쏘았냐'는 것이다(쏘지 않았다 하더라도 재판에 불만을 품고 석궁을 겨누었다는 것 자체가 엄청난 공권력 침해다). 피해자가 상처를 입었는지 여부는 부수적인 문제다. 그런데 영화의 초점은 '상처가 있느냐 없느냐, 화살은 어디에 있는지'에 가 있는 듯하다. 그러니 머리가 좋은 법원으로서는 억울할 만하다. 왜 주요한 쟁점이 아닌 사소한 것에 집착하면서 관객들을 선동하느냐고 원망하고 싶을 테고, 영화 제작자의 잘못된 의도에 넘어가는 관객과 언론이 야속할 것이다.

서울중앙지방법원에서 마련했다는 소통의 자리도 한번 살펴보자. 전국에서 제일 큰 법원이 국민(사실 필자는 이 단어를 별로 좋아하지 않는다. '시민'이란 말이 좋다)과 소통하겠다는 자리에서 일부 방청객이 자신의 구체적인 사건을 언급하며 소란을 피우는 것을 법원으로서는 받아들이기 어려웠을 것이다. 공무집행방해다. 만약 법정 안이라면 바로 감치라도 하고 싶었을 것이다.

옛날 같으면 위와 같이 법원이 억울해할 일은 생기지 않을 것이다. 누구라도 법원에 함부로 이의를 제기하지 못했으니 말이다. 그러나 세월의 도도한 흐름은 많은 변화를 가져왔다. 민주화를 위해 헌신한 분들의 피와 땀이 위 흐름의 원천이다. 그것은 사회 곳곳을 휘돌아 검찰을 거쳐 이제 공공분야에서는 마지막이라 할 수 있는 법원 문턱까지 왔다.

세상일은 법리적·논리적으로만 다 해결할 수 없다. 그 법리·논리라는 것이 정말로 세상의 이치를 다 반영할 수 있을까? 정녕 그 법리·논리는 누가 만들었고, 누구를 위해 존재하는가. 작게는 한 티끌 먼지 안에도 다 들어 있고, 크게는 끝없는 우주 전체에 담겨 있는 자연의 엄청난 이치를 그 법리·논리가 제대로 구현한다고 믿는가? 이제까지 법원은 그 옹색한 법리와 논리를 절대적인 진리인 양 호도하며 시민들 위에 군림하지는 않았는가.

이제 시민들이 어리석음을 떨치고 깨어나고 있다. 부릅뜬 눈으로 세상을 제대로 보려 한다. 그 강한 눈빛에 겁을 먹은 여당은 이름을 바꾸고*, '보수'도 슬며시 내려놓고 있다. 살아남기 위한 몸부림이다. 정말로 살아남으려면 제대로 변해야 한다. 시민들은 이제 거짓과 진실을 구별할 지혜를 알게 되었다.

---

* 한나라당에서 새누리당으로.

영화 〈부러진 화살〉의 본질은, 법원에서 항변하는 것처럼 '재판에 불만을 품은 당사자가 재판장에 석궁을 겨누었다'는 것이 아니라 법원에 대한 불신이다. 시민에 대한 봉사자로서 시민들의 기본적인 인권을 지켜주고 사건을 공정하게 해결해 준다는 법원 본연의 임무를 제대로 하고 있는지에 대해 근본적인 의문을 던지고 있는 것이다. 그런 뿌리 깊은 의문이 '부러진 화살이 어디로 갔는지'로 형상화된 것이다. 법원으로서는 그것이 법리적·논리적으로 맞는지를 따지기 전에 그 아래에 깔린 본질을 먼저 봐야 한다. 그것을 보지 못하고 겉으로 드러난 것만 놓고 갑론을박해서는 결코 시민들의 공감을 얻지 못한다.

  '소통 2012, 국민 속으로'도 마찬가지다. 법원이 주최하는 행사에서 일부 방청객들이 소란을 피우고 그것에 대해 대다수 방청객이 호응하는 시대가 되었다는 사실을 이제 바로 보아야 한다. 1894년 갑오개혁 이후 일제, 전쟁, 독재를 거치면서 근대사법 110여 년 동안 법원이 '민주주의의 최후 보루'라며 행한 일들을 통렬하게 돌아보고 반성해야 한다. 그렇게 해야만 영화 〈부러진 화살〉의 본질, '소통 2012'에서의 일부 방청객의 소란을 제대로 이해할 수 있다.

  소통은 말로 되지 않는다. 자신을 철저하게 내려놓지 않으면 진정한 소통은 없다. 시민들의 소통에 대한 갈망은 이제 법원을 지나 '불통' 언론에 가려 한다.

(2012. 2. 13. 두꺼비마을신문)

대법관의 자격

우리나라 대법관의 수는 대법원장을 포함하여 14명이다. 대법원은 최고 재판소로서 각종 법률분쟁을 최종적으로 마무리한다. 국회의원들이 만든 법률에서는 가능한 모든 사정을 다 망라하여 규정할 수 없기 때문에 법률 자체의 해석이나 어떤 사안이 법이 정한 요건에 해당하는지 여부에 대한 다툼이 있을 수밖에 없는데, 이에 대해 대법원이 최종 판단을 하는 것이다.

대법원의 판결 내용은 사실상 국가 전반에 대해 기속력을 미친다. 하급심 법원이 이에 따르고, 행정부에서도 그 판결 내용에 따라 정책을 수행하지 않으면 안 된다. 어찌 보면 대법관은 국민에 의해 선출된 국회의원에 버금가는, 아니 그 이상의 권력을 갖고 있다고 볼 수 있다. 이처럼 대법관은 우리 사회의 흐름을 근본적으로 좌우할 만한 위치에 있으므로 누가 대법관이 되느냐 여부는 매우 중요하다. 그런 이유로 우리 헌법은 대법관에 대해 대법원장의 제청으로 국회의 동의를 얻어 대통령이 임명하도록 하고 있다(제104조). 이런 절차적 요건 말고, 대법관이 사회통합의 중추적 역할을 제대로 수행하려면 그에 필요한 누구나 수긍할 수 있는 도덕적 자질을 갖추어야 한다.

이번에 양승태 대법원장은 김신, 김병화, 고용한, 김창석 씨 등 4명을 대법관 후보로 제청했다. 유감스럽게도 후보자들은 이번에도 위장전입 등 위법·부도덕의 자질논란에 휩싸였다.

특히 눈에 띄는 것은 김신 후보자의 종교 편향성이다. 그는 교회의 분열을 둘러싼 민사재판에서 "일반 법정에서 다루기엔 창피하니 소법정에서 조정하자"며 자리를 옮긴 다음, 양측 목사와 장로에게 각각 화해 기도를 시킨 후 함께 "아멘"으로 마무리한 일도 있고, 2001년 발생한 인도 지진에 대해서는 '지진은 하나님의 경고'라는 글을 썼다고 한다. 종교모임이기는 하지만 부산과 울산을 "성시화聖市化하자"는 말도 했다고 한다. 이명박 대통령이 서울 시장 때 "서울시를 하나님께 헌정한다"고 말했던 것이 떠오른다.

김 후보는 청문회에서 "미숙한 표현으로 송구스럽다"며 자신의 잘못을 일부 인정하는 듯한 태도를 취하기는 하였으나, 앞으로 그가 담당할 재판에서 과연 종교적으로 공정성을 유지할 수 있을 것인가에 대한 의구심을 떨칠 수 없다.

김병화 후보는 스스로 인정한 위장전입 외에 아들 병역특혜, 저축은행 수사 축소 청탁 등의 의혹을 받고 있다. 고영한 후보도 그의 아버지 명의로 된 농지를, 위장전입을 하고 허위로 농지자격 취득 증명을 제출하여 매매형식으로 취득하고 증여세를 탈루하였다. 고 후보는 자신이 20대 때 선친 혼자서 알아서 한 것이라고 변명하고 있으나, 일반 시민의 입장에서는 그대로 받아들이기 어렵다.

대법관은 담당하는 직무의 성격상 법적으로나 도덕적으로 그 어떤 공무원보다 더 엄격한 자격을 갖추어야 한다. 사회적으로 용납하기 어려운 불법·부도덕의 흠집을 갖고 있는 대법관의 판결을 누가 진정으로 승복하겠는가. 아니 대법관 스스로의 양심상 정말로 불편부당한 판결을 할 수 있을까?

2011년 6월 여당은 조용환 헌법재판관 후보자에 대한 청문회에서 "천안함 침몰이 북한의 소행이라는 정부의 조사결과 발표를 믿느냐?"고 묻고, 조 후보가 "믿기는 하지만 내가 보지 못해 확신할 수는 없다."고 하자 그것을 문제 삼아 헌법재판관 선출안을 부결시켰다.

지금도 정부의 천안함 조사결과에 대해서는 많은 사람이 의문을 품고 있다. 그것을 떠나, 정부가 하는 일은 무조건 믿어야 하는가? 믿지 않으면 공무원이 될 수 없는 것인가?

국회는 적어도 작년 조용환 후보자에게 들이댔던 잣대에 맞먹는 엄격한 기준으로 지금 대법관 후보자들의 동의안을 처리하여야 할 것이다. 나라의 기강과 정의는 사소하게 보일 수도 있는 것에서 서기도 하고 무너지기도 한다.

(2012. 7. 12. 두꺼비마을신문)

사법에 대한 안도

"이 땅을 뜨겁게 사랑해 권력의 채찍을 맞아가며 시대의 어둠을 헤치고 간 사람들이 있었다. 몸을 불살라 칠흑 같은 어둠을 밝히고 묵묵히 가시밭길을 걸어 새벽을 연 사람들이 있었다. 그분들의 가슴에 날인했던 주홍글씨를 뒤늦게나마 다시 법의 이름으로 지울 수 있게 됐다."

2012년 9월 6일, 1974년 민청학련 사건 관련 긴급조치법 위반 혐의로 징역 15년을 선고받았던 박형규 목사의 재심사건 공판에서 임은정 검사가 무죄를 구형하면서 한 말이다. 판사도 무죄를 선고하면서, "장구한 세월 동안 많은 사람이 기울였을 노력 등이 이 판결을 가능하게 했다. 이 판결이 부디 피고인에게 작은 위로가 되고 우리 사법에 대한 안도로 이어지길 소망한다."고 했다.

사법기관은 인권의 최후 보루다. 그런데 우리 사법기관은 오히려 과거 오랜 기간 정권에 부응하여 일반시민의 인권을 짓밟는 데 동참하였다. 위에서 본 검사와 판사의 말만 보더라도 민청학련 사건 관계자들이 얼마나 무고하게 피해를 입었는지를 절절하게 알 수 있다.

　1961년 5·16 쿠데타로 집권한 박정희는 1971년 대선에서 세 번을 이어 대통령으로 당선되었다. 하지만 야당의 김대중 후보가 선전하고, 그 해 치러진 총선에서 야당 의석수가 크게 늘자 장기집권에 위기를 느낀 나머지 1972년 10월 17일 비상조치를 단행하여 헌정을 중단했다. 그 직후 유신헌법이 만들어졌다. 헌법의 근본이념은 국민의 자유와 권리를 보장하는 것인데, 유신헌법은 그러한 근본이념을 무시한 초헌법적인 내용 들을 담고 있다. 헌법이 국민을 위한 것이 아니라 독재자의 장기집권을 위한 것이었다.

　유신헌법은 대통령 직선제를 폐지하고 통일주체국민회의에서 대통령을 선출하게 하였다. 1972년 12월 23일 새 헌법에 따른 8대 대통령선거가 있었는데, 통일주체국민회의 재적 대의원 2,359명 가운데 2,357명이 박정희를 지지하고, 2표는 무효였다. 통일주체국민회의는 허수아비였다. 또, 대통령에게 국회의원 정수의 1/3 추천권을 인정하고, 통일주체국민회의에서 국회의원 정수의 1/3을 선출하도록 하였다. 사실상 대통령이 국회의원 정수의 2/3를 자기 마음대로 결정할 수 있었던 것이다. 이것을 어떻게 헌법 국가라고 할 수 있는가. 유신정권은 1973년 8월 8일 일본에 있던 김대중을 납치하기도 하였다.

　1973년 10월부터 유신반대 시위가 시작되어 전국민주청년학생연맹(민청학련)을 중심으로 반대 투쟁이 거세지자 박정희 정권은 그 배후로 인혁당 재건위를 지목하면서 학생, 정치인 등 180여 명을 무더기로 기소하였다. 이것이 2차 인혁당 사건인데, 1차 인혁당 사건은 1964년 한일수교 반대 과정에서 있었다. 위 사건 피고인들은 사형, 무기징역, 징역 15~20년형 등 중형을 선고받았고, 사형선고를 받은 사람들 가운데 8명은 1974년 4월 8일 대법원에서 상고가 기각된 지 20시간 만에 사형이 집행되었다. 국제법학자회는 위 대법원 판결이 있은 날을 '사법사상 암흑의 날'로 선포하였다. 민주정부가 들어선 이후인 2010년경부터 민청학련 사건들에 대한 재심에서 무죄가 선고되고 있다. 고문에 의한 허위자백 등으로 증거를 인정할 수 없다는 것이다. 국가기관이 사법살인을 하였음이 뒤늦게 밝혀지고 있는 것이다. 여당 대통령 후보는 얼마 전 이 재심 판결을 인정할 수 없다고 했다가 엄청난 홍역을 치렀다.

지금에 와서 무죄가 선고된들 죽은 사람이 살아 돌아오는 것도 아니고, 그동안 유족들이 주변 사람들로부터 빨갱이라고 손가락질받아온 세월이 제대로 보상될 수도 없다.

며칠 전 가정법률상담소가 주관하는 모임에서 위 내용에 대해 강연을 하면서 앞서 본 임은정 검사의 논고문을 읽어주려고 하는데 눈물이 나와 읽을 수가 없었다. 사적으로 악용된 국가권력에 대한 분노와 그 피해자들이 겪은 고통에 대한 안타까움이 눈물로 솟아나온 것이다. 이 땅의 법조인들이여, 이젠 제발, 정말로 제발, 시민들이 사법에 대해 안도감을 갖게 합시다.

(2012. 10. 31. 두꺼비마을신문)

법조인의 말과 글

얼마 전 서울에 있는 노무현 재단의 요청으로 강연을 하였다. 원래 말을 잘하지 못할 뿐만 아니라 남들 앞에 내세울 것도 없는 처지이지만, 간곡한 부탁을 끝까지 거절할 수 없었다. 강연 주제는 '버릴수록 행복한 삶'이었다. 재단에서는, 내가 노무현 전 대통령이 돌아가신 것을 계기로 검사를 그만두고 잠시나마 시골로 들어가 농사를 배우고 또 산속 절에서 행자 생활을 한 것을 머릿속에 그리고 잡은 주제였을 것이다. 지금 변호사일 말고 약간의 텃밭 농사도 짓고 있다. 솔직히 변호사보다는 농부라고 불리길 바라는데, 100여 평 텃밭 농사를 갖고 농부라고 하기는 낯 뜨겁다. '반쪽농부'나 '도시농부'라고 하면 얼굴이 조금 덜 붉어질 것 같다.

농사(생태농사)는 본래 정직하다. 그런데 오늘날 우리 농업은 상업농이며 관행농이다. 이윤을 극도로 추구하기 때문에 정직하지 못하다. 작물이 잘 팔릴 수 있도록 상품화하기 위해 농약, 화학비료, 비닐 등을 쓰는 것을 조금도 주저하지 않는다. 보통 어른 닭이 되려면 네 달가량 걸리는데 요즘은 촉진제를 써서 한 달 반이면 된다. 탐욕스러운 자본은 농업의 영역까지 오염

시킨 지 오래다. 농사는 본디 먹을 것을 만들어내는 것인데, 지금 농업은 돈을 만들어내는 수단으로 전락하여 제품(작물)이 '먹음직스럽게' 보이기만 하면 되고 진짜 '먹어도 되는 것'은 아니어도 된다.

이런 농사이야기로 시작된 강연은 우리가 쓰는 말과 글로 이어졌다. 전에 서울 살 때 수락산 산행을 하면서 군부대 철조망에 '촉수엄금'이라고 표지판을 붙여놓은 것을 보았다. 그냥 '손대지 마시오'라고 하면 얼마나 쉬운가. 북악산에 올랐을 때는 '적사함'이라고 적어 놓은 것을 보았는데, 이것도 '모래상자'라고 하면 누가 모래를 훔쳐가기라도 하는가?

지금 신문은 많이 순화되었지만 예전 신문들은 한자투성이었다. 신문을 내는 가장 큰 이유는 소식을 알리는 것이다. 그렇게 하려면 사람들이 그것을 알아볼 수 있게 적어야 한다. 학교를 제대로 다니지 못한 사람들은 신문을 읽을 엄두도 내지 못하고, 고등교육을 받은 사람들도 사람 이름에 쓰인 어려운 한자 때문에 기사를 읽고도 그것이 누구에 대한 것인지 모를 때가 많았다. 도대체 왜 이러는 것일까?

법조인들이 쓰는 말과 글은 어떠한가? 법조인들도 조사하거나 재판할 때 (지금은 많이 나아졌지만) 위압적이고 쉽게 이해할 수 없는 법률용어를 사용하여 일반 시민들의 기를 죽였다. 얼마 전끼지만 해도 적게는 몇 쪽, 많게는 수십 쪽에 이르는 공소장이나 판결문이 한 문장으로 되어 있었다. 일반인들은 그것을 읽어낼 재간이 없었다. 자신이 처벌을 받으면서도 무슨 내용으로 처벌받는지 알지 못하는 수가 생길 수도 있다. 참여정부 때인 2003년경 대검에서 이런 폐해를 없애기 위해 지검에 '여러 문장으로 나누어 쓰라'는 등 공소장 작성방식을 개선하라는 지침을 보냈다. 그때로는 획기적인 조치라 강제하지는 않고, 가능하면 새 방식을 쓰라고 권했다. 내가 일하던 전주지검의 평검사 숫자가 20명이었는데, 새 방식으로 공소장을 쓴 사람은 나밖에 없었던 것으로 기억한다.

"법조문에서 신문기사에 이르기까지 지식인이 쓰는 글치고 일반 민중이 쉽게 이해하도록 쓴 글이 어디 흔한가? … 제 나라 말로 글을 쓰는데도 왜 그렇게 일반 민중이 알아볼 수 없도록 어렵게 쓰는가? … 그 이유는 하나다. 그렇게 해야 자기네끼리만 정보를 주고받아 기득권을 지킬 수 있고, 그 기득권을 통해서 자기들끼리 잘 먹고 잘살 수 있기 때문이다."

(윤구병, 1994. 10. 27. 한겨레신문)

일반 사람들이 알아먹을 수 없는 말과 글은 소통을 가장한 허울일 뿐이다. 일반 민중들이 알아들을 수 없는 말과 글은 더 이상 언어가 아니다. 알아먹고, 알아들을 수 있는 말과 글을 쓰는 것이야말로 민주주주의 참된 시작이다. 소통할 수 있는 말과 글은 진실한 삶에서 나온다. 중국말, 일본말, 영국말 표현으로 감출 필요가 없이 당당하기 때문이다. 결국 정직하고 당당한 삶이 민주주의의 뿌리다.

나의 강연은 그렇게 끝났다.

(2013. 4. 16. 두꺼비마을신문)

같은 것은 같게, 다른 것은 다르게

'모든 국민은 인간으로서의 존엄과 가치를 가지며, 행복을 추구할 권리를 가진다. 국가는 개인이 가지는 불가침의 기본적 인권을 확인하고 이를 보장할 의무를 진다.'

우리 헌법 제10조가 엄숙하고 분명하게 밝히고 있는 내용이다. '인간으로서의 존엄과 가치', 달리 줄여서 말하면 인권이다. 인권보장이야말로 국가의 근본적인 존재 이유다.

헌법은 모든 국민이라고 표현히고 있지만, 실질적으로 보면 인간이 존엄성을 지키기 위해 국가의 도움이 필요한 사람들은 스스로 자신의 존엄성을 지켜내기 어려운 사회적 약자들이다. 노인, 여성, 아이, 장애인, 가난한 이들이 여기에 해당한다. 국가의 품격은 이런 사회적 약자들을 얼마나 제대로 보호하고 배려하느냐 여부에 달려 있다.

우리 헌법은 또 '모든 국민은 법 앞에 평등하다. 누구든지 성별, 종교 또는 사회적 신분에 의하여 정치적, 경제적, 사회적, 문화적 생활의 모든 영역에서 차별을 받지 아니한다.'고 규정하고 있다(제11조). 이 평등권의 보장은 앞서 본 '인간으로서의 존엄과 가치'를 실질적으로 보장하기 위한 하나의 수단이다. 여기서 '평등'은 '절대적 평등'이 아니라 '상대적 평등'을 뜻한다. '상대적 평등'이란 달리 표현하자면 '같은 것은 같게, 다른 것은 다르게' 다루는 것이다. 문제는 어떤 것이 같고, 어떤 것이 다르냐이다.

헌법재판소는 지난 2013년 6월 27일 "시각장애인에 한하여 안마사 자격인정을 받을 수 있도록 하고, 안마사 자격인정을 받지 아니한 사람은 안마시술소 또는 안마원을 개설할 수 없도록 한 의료법 규정은 헌법에 위반되지 않는다."고 결정하였다. 이 사건에서도 본질적으로는 '평등'을 어떻게 해석하느냐가 핵심적인 쟁점이 되었다.

이 사건에서 관련 의료법 조항들이 위헌이라고 주장하는 측에서는, 시각장애인들에게만 안마 자격을 인정하고 안마시술소를 운영할 수 있도록 한 것은 시각장애인이 아닌 다른 장애인이나 장애인이 아닌 국민들에 비하여 시각장애인을 과도하게 우대하는 것으로 평등권에 위배되고, 안마사가 되고자 하는 시각장애인 아닌 사람의 직업선택의 자유 및 시각장애인 아닌 사람으로부터도 안마를 받고자 하는 일반 소비자의 행복추구권을 침해한다고 하였다.

이에 대해 헌법재판소 재판관들은 모두 일치하여 이 사건 법률조항이 위헌이 아니라고 하였다. 그 논거로, 안마업은 다른 직종에 비해 공간 이동과 기동성을 거의 요구하지 않을뿐더러 촉각이 발달한 시각장애인이 영위하기에 용이한 특성이 있는바, 이는 시각장애인이 정상적으로 영위할 수 있는 거의 유일한 직업으로, 시각장애인 안마사제도는 시각장애인의 생존권(인간다운 생활을 할 권리) 보장을 위해 불가피한 선택으로 볼 수밖에 없고, 이에 반하여 일반 국민은 안마업 외에도 선택할 수 있는 직업이 상대적으로 많은 점 등을 들었다. 시각장애인들은 우리 사회에서 스스로 자신의 존엄성을 지켜 내기 어려운 약자이기 때문에 이들에게 안마사자격을 독점시키더라도 이는 시각장애인 아닌 사람들의 평등권을 침해하는 것이 아니라 오히려 그것이 시각장애인의 생존권을 보장하는 것이어서 실질적 평등에 부합하는 것으로 본 것이다. '같은 것은 같게, 다른 것은 다르게'라는 평등의 기준을 보여준 하나의 사례라고 할 수 있다.

최근 우리나라에서 무상급식, 기초노령연금 등을 둘러싸고 큰 논쟁이 되고 있는 '보편적 복지'와 '선별적 복지'도 기본적으로는 '평등'의 의미를 어떻게 보느냐가 쟁점이다. 가진 사람들이나 그렇지 못한 사람들이나 아무런 차별을 두지 않고 일률적으로 무상급식을 하거나 기초노령연금을 지급하는 것이, '(재력에 있어서) 같지 않은 것을 같게 다루는 것'이어서 실질적 평등에 반하지 않느냐는 의문이 생긴다. 언뜻 보면 그렇다. 그러나, 특히 선별적 무상급식 같은 경우, 급식비를 내지 않는 아이들은 상대적으로 커다란 박탈감이나 열등감을 느낀다. 이것이 성장기 아이들의 정서를 왜곡시킬 수 있다. 나 또한 학창시절에 집이 어려워 학습 도구를 준비할 수 없거나 분기마다 내는 기성회비가 제때 준비되지 않아 정서가 불안할 때가 한두 번이 아니었다. 각자의 집안 조건은 다르지만 적어도 학교생활 하는 데 있어서 박탈감을 느끼지 않도록 해야 한다. 그것이 최소한으로나마 기회를 균등하게 보장하는 것이다. 보편적 복지로 인한 실질적 불평등은 부자들로부터 세금을 더 거두는 방법으로 시정하여야 한다. 이것이 전체적으로는 '같은 것은 같게, 다른 것은 다르게' 다루는 실질적 평등이라고 할 수 있다. 부자들이 보편적 복지에 반대하는 것은 위와 같은 부자 증세가 무섭기 때문이다.

구체적인 사안에서 실질적으로 '평등' '불평등'을 가리는 게 쉽지 않지만, 헌법 제10조에서 말하는 '인간으로서의 존엄성과 가치'를 첫 번째 기준으로 삼는다면 오류가 적을 것이다. 어느 한쪽에서 '인간으로서의 존엄과 가치'가 본질적으로 훼손되고 있다면 그것은 불평등일 가능성이 높다.

(2013. 12. 복지충북 77호)

검찰은 왜 혼자 서지 못하는가

검찰이 국민으로부터 자기 역할을 제대로 하고 있다고 긍정적인 평가를 받은 적이 있었던가? 내 기억으로는 한나라당(새누리당의 전신)이 2002년 대선을 앞두고 대기업들로부터 수백억 원의 불법 자금을 차떼기로 모은 사건을 수사한 것이 거의 유일하지 않았나 싶다. 이 수사는 정경유착의 실체를 적나라하게 파헤친 것으로, 이후 금품선거가 비약적으로 줄어드는 결정적인 계기가 되었다. 당시 안대희 대검중수부장은 이 수사의 성공으로 일약 국민검사가 되었고, 나중에 대법관도 되었다.

그러나 안대희 씨가 대법관에서 퇴임한 지 한 달 만에 새누리당 정치쇄신특별위원장을 맡아 박근혜 대선 캠프에 관여하고 또 박근혜 정부에서 국무총리 후보자로 나섰다가 낙마하면서 정치검사의 오명을 남긴 것처럼, 대한민국 검찰도 불법대선자금 수사로 가까스로 세운 영광을 전혀 잇지 못하고 권력의 시녀라는 비웃음의 수렁에 빠져 지금도 허우적거리고 있다. 우리 검찰은 왜 혼자 서지 못하는가.

이명박 정부 초기, 양극화가 사회의 큰 문제가 되고 있었다. 이명박 정부는 3급 이상 공무원들 봉급에서 3%를 떼어 이를 사회복지공동모금회 같은 단체에 주어 사회적 약자에게 나누어 주려고 했다. 정부는 대상 공무원들을 상대로 동의 여부를 물었는데, 서울중앙지검에 근무하던 난 동의하지 않았다.

명분이야 좋지만, 양극화 해결은 부자 증세나 재정 효율성 강화로 재원을 조달하고, 그 정책 시행도 전문가인 관련 정부 기관이 나서야 한다. 공무원을 상대로 한 봉급 떼기는 생색내기 쇼라고 생각했다. 하루 정도 지나 부장이 불러 갔더니 150여 명 검사 중에서 나만 반대하였다고 했다. 대다수 검사는 불합리한 정권에 반대하기보다는 순응하는 것에 익숙해 있다.

검찰독립을 위해선 무엇보다 대통령의 태도가 중요한데, 박 대통령은 반대로 검찰을 사유화하고 있다. 대표적 사례가 채동욱 검찰총장 사태 아닌가. 채 총장이 국정원 대선개입 사건에 제대로 칼을 빼 들자 박 정권은 그와는 전혀 상관이 없는, 정보기관을 통해 수집한 혼외자 문제를 들추어내어 그를 총장직에서 물러나게 했다. 대낮에 저열한 백색테러를 저지른 것이다.

검찰독립은 검사 개인, 검찰 조직문화, 최고 집권자의 역할이 다 중요하지만, 이것들은 믿을 수 없으므로 제도가 더 중요하다. 요즘 대안으로 나오는 것이 고위공직자비리수사처(고비처)인데, 세월호특위나 최근 이석수 특감(특별감찰)에서 경험한 것처럼 집권 세력이 방해하면 목적을 이루기 어렵다.

내가 생각하는 가장 효과적인 대안은 국민참여재판에서 배심원의 평결에 기속력을 인정하는 것이다. 지금은 배심원들이 평결해도 판사가 마음대로 그 결론을 바꿀 수 있다. 그런데 배심원 평결에 기속력을 인정하면 엄청난 변화가 생겨난다. 직업법관만 가능하다고 여겨져 왔던 재판을 일반 시민도 할 수 있다고 하면 법조인의 불합리한 권위는 사라지고 일반 시민들의 주인의식은 크게 높아질 것이다.

　법조인들은 일반 시민들로 구성된 배심원단을 설득해야 하므로 그들을 존중해야 하고 또 소통 가능한 쉬운 말을 써야 한다. 학교에서 배심재판 교육을 하면서 지금의 일방적인 주입식 교육도 크게 바뀔 것이다. 사회 전체의 민주주의가 크게 발달하고 사회의 토양이 달라진다. 이런 토양 위에서 어떻게 권력에 기대어 자기의 안위만 즐기려는 고위공직자가 자라날 수 있겠는가.

　검찰 개혁은 사회 전체의 개혁과 같이 가야 한다. 그동안 기속력은 없었지만 배심원들의 평결과 판사의 판결 내용의 일치율은 90%를 넘었다. 이 정도라면 배심원들에게 재판권을 전적으로 맡겨도 되지 않겠는가. 민주시민과 민주사회만이 민주검찰을 만들 수 있다.

(2016. 9. 7. 충청리뷰)

양심적 병역거부, 인정할 수 있는가

양심적 병역거부는 아주 오래전부터 논란이 되어 오고 있는 중요한 사회 이슈다. 헌법재판관이나 대법관 인사청문회 때마다 빠지지 않고 등장하는 질문이다. 지난 11월 8일 유남석 헌법재판관 후보자에 대한 인사청문회 때도 이 질문이 나왔다. 유 후보자는 "남북이 군사적으로 대치하는 현실을 고려하면 병역거부자에 대한 형사 처벌은 불가피한 측면이 있다."면서도 "양심·종교의 자유를 이유로 하는 병역거부가 반복되고 있어 개선의 필요성이 있고, 대안 중 하나가 대체복무제라고 생각한다."고 말했다. 이 대답에서도 많은 고민을 느낄 수 있다.

헌법 제19조는 '모든 국민은 양심의 자유를 가진다.'고 규정하고 있다. 사람을 살상하기 위해 총을 들어서는 안 된다는 양심을 가진 사람들은 이 규정을 근거로 병역을 거부하고 있다. 한편 헌법 제39조는 '모든 국민은 법률이 정하는 바에 따라 국방의 의무를 진다.'고 규정하고 있고, 이 규정에 따라 병역법에서 병역의무의 내용과 처벌규정을 두고 있다. 양심의 자유와 국방의 의무가 헌법 안에서 충돌하고 있는 것인데, 지금까지 대법원과 헌법재판소는 양심의 자유보다는 국방의 의무를 더 중시하면서 양심적 병역거부를 인정하고 있지 않다.

그럼에도 불구하고 양심적 병역거부자에게 무죄를 선고하는 하급심 판결이 잇따르고 있다. 2004년 첫 무죄판결 이후 점차 늘어나 이제 53건이 되었는데, 올해만 36건이 선고되었다. 무죄 취지는 양심적 병역거부는 헌법이 보장하는 양심의 자유에 바탕을 둔 것으로 병역법 제88조 제1항의 '정당한 사유'에 해당한다는 것인데, 이런 공감대가 판사들 사이에서 급속하게 확산하는 분위기이다.

양심적 병역거부와 관련한 인권위의 여론조사에서도 2005년 찬성이 10.2%에 불과했지만, 2015년에는 찬성이 46.1%로 거의 절반에 가까운 사람들이 양심적 병역거부를 인정해야 한다고 답하였다. 우리 사회의 소수자에 대한 인식이 차츰차츰 변해 가는 것을 알 수 있다.

1950년 이후 양심적 병역거부로 인한 누적 수감자는 여호와의 증인 1만 8,613명, 비종교적 이유 거부자 65명이다. 세계 양심적 병역거부 수감 현황은 2013년 11월 13일 기준 한국 599명, 싱가포르 18명, 투르크메니스탄 8명, 에리트레아 3명 등으로 한국이 압도적이다.

2006년 10월 유엔의 권고에 따라 국방부가 2007년 9월 대체복무제 도입을 적극적으로 추진하였으나, 노무현 정부에서 이명박 정부로 정권이 바뀐 후 반대하는 의견이 많은 여론조사 결과를 근거로 백지화되었다.

국가는 국민 개개인의 인권보장을 위해서 존재한다. 양심은 인권 가운데 핵심이라고 할 수 있고, 따라서 가능한 한 최대한 보장해 주어야 한다. 국가안보라는 현실과 양심을 어떻게 판단할 것인지 등의 문제가 있지만, 대체복무기간을 현역보다 훨씬 더 길게 하는 방법 등을 동원하면 위와 같은 문제 해결이 불가능한 것은 아니라고 본다. 대법원*, 헌법재판소**, 국회***가 보다 전향적인 태도를 보일 필요가 있다.

(2017. 11. 15. 충청일보)

---

*대법원은 2018. 11. 1. 전원합의체 판결을 통해 '진정한 양심적 병역거부자에게 집총과 군사훈련을 수반하는 병역의무의 이행을 강제하고 그 불이행을 처벌하는 것은 양심의 자유에 대한 과도한 제한이 되거나 본질적 내용에 대한 위협이 된다.'고 판단하였다.

**헌법재판소는 대법원에 앞서 2018. 6. 28. '양심의 자유에 따른 병역거부자를 위한 대체복무 제도를 규정하지 아니한 병역법 제5조 제1항 등에 대해 헌법에 합치되지 않는다.'는 결정을 하였다.

***국회는 위 헌법재판소 결정에 따라 2019. 12. 31. 병역법을 개정하여 양심의 자유에 따른 병역거부자를 위한 대체복무 제도를 도입했다.

생애 첫 노동을 인간답게

지난 11월 19일 한 기업체 현장에서 실습 중이던 이민호 군(18세)이 프레스기에 몸이 눌려 숨지는 일이 발생하였다. 2016년 5월에는 서울 지하철 구의역에서 현장실습생이 스크린도어를 수리하다 달려오던 열차와 스크린도어 사이에 끼여 숨졌고, 올해 1월 말에는 전주의 통신사 콜센터에서 계약을 해지하려고 하는 고객들 마음을 돌리는 일을 하던 특성화고교 3학년 여학생이 업무 스트레스를 이기지 못하고 스스로 목숨을 끊었다.

꽃다운 나이의 실습생들이 제대로 꽃을 피우지 못한 채, 사회에 처음 발을 디디는 단계에서 우리 사회에 내해 절망감을 느끼며 목숨을 잃거나 스스로 목숨을 끊는 현실이 안타깝기 그지없다.

직업계고 학생들의 현장실습을 의무화한 것은, 박정희 정부 때인 1973년 산업교육진흥법 개정을 통해서다. '산업보국' 이념을 내세웠으나 현장실습은 열악한 산업현장에 '값싼 노동력'을 공급하는 수단으로 변질하였다.

이것에 문제의식을 갖고 현장실습을 교육과정으로 복원시키려고 노력한 것은 참여정부 때다. 2006년 5월 '현장실습 정상화 방안'을 통해, 3학년 2

학기 수업을 2/3 이상 이수하고 졸업 뒤 취업이 보장된 경우에만 현장실습을 보낼 수 있도록 하였다. 현장실습이 단기파견으로 변질하는 것을 막기 위해서였다.

하지만 이명박 정부는 2008년 4월 위 방안을 폐기하고, 2009년 실업계고를 특성화고로 전환하면서 2011년 25%, 2012년 37%, 2013년 60% 등 취업률 목표치를 제시하고, 취업률에 따라 학교에 대한 지원금을 달리하였다. 숫자 중심의 성과관리가 교육 현장에 도입되면서 저임금·단순 직종을 중심으로 한 아르바이트성 현장실습 등 부작용이 되살아났다. 박근혜 정부는 그에 더해 2013년 8월 '특성화고 현장실습 내실화 방안'을 도입해 3학년 1학기에도 현장실습을 보낼 수 있도록 허용했다.

기본적으로 현장실습을 바라보는 정부의 잘못된 가치관과 관리·감독의 부실, 학교가 취업률에만 매달려 아이들의 인권은 무시한 결과가 사고를 반복시켜 왔다. 한 언론사 취재에 의하면 지난해 전국 기업 3만 1,404곳에서 6만 16명의 고교생이 현장실습을 했는데, 정부가 직접 현장에 나가 실태점검을 한 업체는 155곳(0.49%)에 그쳤다. 실태점검 결과 표준협약서를 쓰지 않거나 근무시간을 초과하여 일을 시키는 등 위법행위를 한 곳이 다수 밝혀졌음에도 실제로 형사처벌이나 과태료 처분을 받은 업체는 한 곳도 없었다고 한다.

학교도 성과급과 연동된 취업률에만 집착하여 아이들의 인권보다는 현장실습을 중단하고 돌아온 학생들을 '사회부적응자'로 취급하였다. 이러니 학생들이 현장에서 부당한 대우를 받아도 제대로 이의를 제기하지 못하는 것이다. 지난 11월 11일 전국에서 모인 직업계고 학생들 100여 명이 '특성화고등학교생 권리 연합회'를 출범시켰는데, 이 연합회의 상징 구호가 '생애 첫 노동을 인간답게!'라고 한다. 이 땅의 청춘들을 위해, 우리가 절실하게 노력해서 반드시 이루어내야 할 과제다.

(2017. 12. 13. 충청일보)

병역특혜, 아직도 필요한가

요즘 아시안게임에서 입상한 선수들에 대한 병역특혜를 놓고 논란이 뜨겁다. 병역법에 따르면 운동선수들이 올림픽대회에서 3위 이상으로, 아시아경기대회에서 1위로 입상하면 예술·체육요원이 된다. 예술·체육요원의 의무복무기간은 2년 10개월인데(현역 육군 2년), 이 기간 동안 예술·체육 관련 특기를 활용하여 544시간 봉사활동을 하여야 한다. 이 봉사활동만 하면 병역의무를 이행한 것으로 되니, 엄청난 특혜다.

위와 같이 병역특혜를 두고 있는 이유는 예술·체육 분야에서 고도의 전문능력을 갖고 있는 사람에 대해 그 능력을 계속 보유·발전시킬 수 있게 하는 것이 국가 전체로도 이익이고, 또 국위를 크게 선양한 사람들에 대해서는 그 정도의 보상은 해줘야 한다는 취지로 보인다.

이 제도는 1973년 4월 도입된 후 여러 변천 과정을 거쳐 왔다. 2002년 월드컵과 2006년 월드베이스볼클래식에서 선수들이 좋은 성적을 거두자 그런 선수들에게도 병역 특혜를 주는 것으로 법령을 바꾸었다가 거센 비난에 2007년 이를 삭제했다.

올림픽에서 금메달을 따면 매월 100만 원의 연금에 포상금 6,000만 원, 은메달은 연금 75만 원에 포상금 3,000만 원, 동메달은 연금 52만 원에 포상금 1,800만 원을 받게 된다. 대부분 20대에 메달을 따는 것을 고려하면, 작지 않은 혜택이다. 아시안게임의 경우 금·은·동메달에 각각 120만 원, 70만 원, 40만 원의 포상금이 주어지고, 10점, 2점, 1점의 연금점수가 쌓인다.

이런 경제적 혜택이 있음에도 국제대회 주요 입상자들에게 병역 특혜를 주는 것은 두 가지 점에서 부당하다고 생각한다.

먼저 형평성에서 큰 문제가 있다. 헌법에서 규정하는 평등은 절대적 평등이 아니라 상대적 평등이다. '같은 것은 같게 다른 것은 다르게' 적용하는 것이다. 남녀 간의 생물학적인 차이를 고려하여 남자에게만 병역의무를 부과하는 것은 '다른 것을 다르게' 하는 것이라 차별이 아니다. 그러나 국내외 주요 대회에서 입상하였다는 사정만으로 다른 병역의무자들과 달리 특혜를 부여하는 것은 '(본질적으로) 같은 것을 다르게' 하는 것이라 평등에 반한다고 본다.

다음으로 스포츠정신의 왜곡이다. 스포츠정신이란 최선을 다해 경기하고 그 결과에 승복하는 것이다. 결과는 그 다음이다. 그런데 병역의무를 부담하는 우리나라 일부 남자 선수들은 경기에 순수하게 다가가지 못하고 있다. 대만이나 일본 같은 경우 축구, 야구 등에서 올림픽에 대비하여 20세 전후의 선수들 위주로 선수단을 꾸린 반면, 우리나라는 일부 종목의 경우 병역 혜택을 염두에 두고 일부 선수를 선발한 것을 부인할 수 없다.

우즈베키스탄과의 축구 경기에서 황희찬이 페널티킥을 찰 때 손흥민 선수가 그 장면을 보지 못하고 뒤로 돌아선 모습에서 병역특혜에 대한 그의 간절한 소망을 엿볼 수 있었는데, 그것이 좋게만 다가오지 않았다. 내게는 병역특혜의 그늘이 스포츠정신을 덮은 모습이었다. 지금의 병역특혜 제도는 축소나 폐지 쪽으로 개선되어야 한다.

(2018. 9. 5. 충청일보)

사람 냄새 나는 자본은 불가능한가

지난 12월 11일 충남 태안화력발전소에서 일하던 만 24살의 김용균 씨가 컨베이어벨트에 끼어 사망하는 사고가 발생한 것과 관련한 사회적 논의가 뜨겁다. 김 씨는 태안화력발전소에서 일하기는 하였지만, 사내하청업체인 한국발전기술 소속이다. 이번 사태의 원인이 된 '위험을 외주화하는 사내하청'을 규제하라는 목소리가 확산하고 있고, 국회는 여론에 밀려 법 개정 논의에 들어갔다.

사내하도급과 근로자파견 모두 자신의 근로자가 아닌 외부 인력을 데려다 사용하는 것으로, 원청회사나 사용사업자는 고용관계로 인한 책임에서 자유롭다. 그런데 사내하도급의 원청업자는 하청업자의 근로자에 대해 지휘·감독을 하지 않지만, 사용사업자는 파견근로자에 대해 지휘·감독을 한다는 점에서 둘은 차이가 난다.

근로자파견은 사용사업주가 자신의 지휘·감독 아래 일을 시키면서도 고용관계에 따른 책임을 지지 않기 때문에 법적으로 여러 제한이 가하여지고 있다. 대상 업무가 컴퓨터, 주차, 경비, 조리, 여행안내, 사무종사 등 32개 업무로 한정되어 있고, 제조업의 직접 생산공정, 건설공사현장, 운전, 유해하거나 위험한 업무 등은 파견이 허용되지 않는다. 파견 기간도 연장을 포함하여 2년을 넘지 못한다.

근로자파견 대상 업무에 해당하지 아니하는 업무에서 파견근로자를 사용하거나 2년 넘게 파견근로자를 사용하면, 사용사업주는 해당 근로자를 직접 고용하여야 한다. 사업자들은 위와 같은 규제를 피하기 위해, 실질적으로는 근로자파견인데 형식적으로 사내하도급인 것처럼 꾸미는 경우가 있고, 이와 관련한 소송들이 종종 일어나고 있다.

대표적인 것이 2015년 2월 26일 대법원에서 확정된 현대자동차 아산공장 사례인데, 대법원은 현대자동차가 사내협력업체 소속 근로자에 대해 일반적인 작업 배치권을 가지고 근로자가 수행할 작업량 등을 결정한 점, 사내협력업체가 도급받은 업무 중 일부는 현대자동차 소속 근로자의 업무와 같아 명확히 구분되지 아니하는 점 등을 들어 그 근로 형태를 사내하도급이 아닌 근로자파견사업으로 보았다.

근로자파견과 사내하도급을 구분하는 것도 중요하지만, 지금은 기본적으로 위험한 업무에 대해서는 사내하도급조차도 하지 못하도록 하여야 한다는 목소리가 강하다. 그러나 '위험의 외주화 금지'는 오늘날 자본과 노동이 전면적으로 충돌하는 문제이고, 이것은 우리나라뿐만 아니라 자본주의를 채택하고 있는 대다수 국가에서 일어나는 문제이기도 하다. 그동안 유해하거나 위험한 작업의 도급을 금지하는 내용의 법안들이 국회에 제출되었지만 제대로 논의조차 이루어지지 않은 것은 그만큼 이것이 쉽지 않은 일이라는 것을 반증한다.

역사가 흐르면서 최저임금, 단결권, 단체행동권 등으로 근로조건이 많이 개선되어 온 것이 사실이지만, 자본은 이윤 극대화라는 근본적인 측면에서 양보한 적은 한 번도 없지 않았나 하는 생각이 든다. 법적으로 최저임금, 노동조합 관련 권리 등이 보장되어도 "사내하도급으로 그들은 내 근로자가 아니야." 하면 그만인 것이다. 돈 냄새가 아닌, 사람 냄새가 나는 일터는 아직도 우리에겐 먼 세상의 일인 것 같다.

(2018. 12. 26. 충청일보)

사법부의 근간을 누가 흔드는가

사법부의 근간根幹은 법관의 독립이다. 독립된 법관만이 공정한 재판을 할 수 있다.

얼마 전 국회에서 임성근 판사에 대해 헌법이 보장한 법관의 독립 침해를 이유로 탄핵소추를 의결했다.* 구체적으로는, 그가 서울중앙지법 형사 수석부장으로 있으면서, ①박근혜 전 대통령에 대한 명예훼손 혐의로 기소된 가토 다쓰야 전 산케이신문 서울지국장 사건의 재판장에게 '여성 대통령이 모처에서 남성을 만났다는 부분은 치명적이므로 명확히 정리하고 가는 게 좋다'는 식으로 간섭하고, ②민변 변호사들의 불법집회 관련 사건 판결 후 재판장에게 판결문 내용을 고치도록 하고, ③원정도박 사건에 연루된 프로야구 선수를 정식재판이 아닌 약식명령으로 종결하도록 종용했다는 것 등

---

* 헌법재판소는 2021. 10. 28. 임성근 전 판사에 대한 탄핵심판 청구를 각하했다. 재판관 5명의 다수의견은 이미 퇴직했으니 파면할 수 없고 그 이유를 살필 필요도 없다고 했다.

이다.

 수석부장은 법원장이 직무를 수행할 수 없을 때 권한대행 1순위다. 법관의 인사에 영향을 미칠 수 있는 자리다. 그런 형사 수석부장이 재판을 하고 있는 법관에게 재판의 진행 방법 등에 대해 간섭하면 담당 법관은 부담을 느낄 수밖에 없다.

 같은 사유로 기소된 형사사건에서 재판부는 임 부장의 재판 관여 행위가 형사 수석부장판사의 일반적인 직무권한에 속한다고 볼 수 없어 직권남용에 해당하지 않는다며 무죄를 선고했다. '남용'은 '가지고 있는 권한'을 그릇 행사하는 것인데, 애초부터 그런 권한을 갖고 있지 않다면 남용이 성립될 수 없다는 논리다.

 검사장이 소속 검사에게 부당하게 수사 지시를 하면 직권남용이 된다. 검사장에게는 일반적으로 검사들의 수사를 지휘·감독할 수 있는 권한이 있기 때문이다. 어찌 보면 검사의 독립보다 최종 결정을 하는 법관의 독립이 더 중요한데, 사실상 인사권 등으로 영향을 미치는 수석부장이 소속 법관에게 부당한 간섭을 한 것에 대해서는, 그것이 현실적으로는 법관의 독립을 가장 나쁜 방식으로 침해하는 것임에도 불구하고, 재판에 대한 일반적인 지휘·감독권이 없다는 이유로 형사치벌을 할 수 없다는 것은 선뜻 납득이 가지 않는 모순이다.

 헌법상 '탄핵'의 요건은 '직권남용'과 좀 다르다. 형법은 '직권을 남용하여'라고 표현하는 것에 대해, 헌법재판소법은 '그 직무집행에서 헌법이나 법률을 위반할 것'을 탄핵의 요건으로 규정하고 있다. 문구가 분명히 다르고, 헌법재판은 형사재판과 달리 죄형법정주의가 엄격하게 적용되는 것은 아니라는 점에서 직권남용죄와는 달리 파악되어야 한다.

국회에서 임 부장에 대한 탄핵소추가 의결된 후 법률신문은 1면 제목을 〈판사 탄핵 '초읽기'… 법조계 "사법부 근간 위협"〉으로 뽑았다. 마치 법조계 대다수가 탄핵소추를 부정적으로 보는 것처럼 표현하였는데, 유감스럽게도 그런 것 같다. 그만큼 법조계는 여전히 기득권 세력이고 그 권력을 빼앗기는데 거부감이 강하다. 이 기득권을 깨지 않으면 사회는 변하지 않는다. 판사 탄핵은 그 변화의 중요한 계기다.

그런데 정말로 사법부 근간은 누가 위협하는가? 임 부장에게 무죄를 선고한 형사사건 1심 재판부도 임 부장의 행위는 "법관 독립을 침해하는 위헌적 행위"라고 지적하면서, 다만 죄형법정주의 원칙상 형사처벌을 할 수 없다고 했다. 그렇다면 심각한 헌법위반에 대해서는 당연히 탄핵절차에 들어가야 하는 것 아닌가? 그럼에도 이번 탄핵절차를 비판하는 법조계의 다수 기득권 세력들이야말로 사법부의 근간을 뒤흔드는 공범이다.

(2021. 2. 17. 충청매일)

역사의 법정에선 당신들이 유죄다

검사와 판사는 헌법과 검찰청법에 따라 탄핵이나 금고 이상의 형을 선고받지 않는 한 파면되지 않는다. 시민들 인권을 지키는 보루 역할을 다하라고 신분을 보장하는 것이다.

지난 9월 2월 청주지방법원은 강성호 선생님에 대한 국가보안법위반 재심 사건에서 무죄를 선고하였다. 강 선생은 1989년 수업시간에 '6·25는 미군 북침으로 시작되었다.'는 말을 하였다는 이유로 구속되어 유죄를 선고받고 교단을 떠나야 했는데, 32년 만에 법적으로 억울함을 풀게 되었다.

강 선생은 1989년 3월 제천 제원고에 첫 발령을 빋았다. 그때는 전교조가 만들어지고 있었다. 그동안 학교는 진실이 아니라 독재정권이 일방적으로 지시하는 내용을 가르쳐왔다.

분단은 정권 유지의 수단으로 악용되었다. 전교조는 '참교육'을 기치로 내세웠고, 강 선생도 뜻을 같이하였다. 그는 수업시간에 학생들에게 북한의 산하 등 사진을 보여주며, 북한 땅도 통일이 되면 가야 할 우리 땅이고, 북한 주민들도 적대시가 아니라 통일이 되면 부둥켜안고 함께 눈물을 흘릴 핏

줄이라고 하였다. 그는 그렇게 함으로써 차츰차츰 통일에 이바지할 수 있다고 보았다. 그런데 수업시간에 위 이야기를 들은 한 학생이 집에 가서 부모에게 말하고, 그것이 다시 학교에 전해지고, 담임과 교장, 교육청 관계자, 경찰로 퍼지면서 사건은 강 선생이 '6·25 북침설'을 주장한 것으로 비틀어지고 부풀려졌다.

막 태어나는 전교조를 억누르기 위해 당국은 공안정국을 만들 필요가 있었고, 강 선생은 그 희생양이 되었다. '전교조 북침설 교사 구속'이라는 기사가 신문을 도배했다.

32년 전 유죄의 증거는 반 학생 60여 명 중 5명의 진술이었다. 한 학생은 강 선생이 북침설 이야기를 한 것을 기억하는 이유로, 수업시간에 그 말을 듣고 옆자리에 있는 학생에게 말하였기 때문이라고 하였는데, 그날 옆자리 학생은 결석하였다. 다른 학생들도 법정 증언에서 처음에는 북침설을 들었다고 하다가 나중에는 듣지 못했다고 하는 등 진술에 일관성이 없었다. 이들 진술은 그때나 지금이나 도무지 유죄의 증거가 될 수 없는 것이었다. 그런데도 검사는 기소하고, 판사는 유죄를 선고하고, 항소심과 대법원 판사들도 유죄를 유지했다.

재심 법정 마지막 변론에서 "어떻게 이렇게 빈약한 증거들을 갖고, 검사가 기소하고 판사는 유죄를 선고하였는지 변호인으로서 도저히 납득할 수 없다."고 말하는데, 순간 울컥해 잠시 말을 잇지 못했다. 강 선생이 겪은 고통에 대한 연민과 32년 전 유죄에 관여한 검사와 판사들에 대한 분노 때문이었을 것이다. 헌법이 신분을 보장하면서까지 시민 인권이 침해되지 않도록 역할을 다하라고 했는데, 검사와 판사들은 애써 그 역할을 피했다. 공안 당국의 압박에 스스로 무릎을 꿇은 것이다.

이젠 역할을 다하지 못한 그들이 역사의 법정에 서야 할 때다. 억울함을 풀어달라는 절절한 호소에도 검사와 판사들의 외면으로 32년간 강 선생이 뒤집어써야 했던 불명예와 고통을 그들에게 돌려주고자 한다. 역사의 법정에선 당신들이 유죄다.

검사 이홍훈, 판사 김기수(1심), 이국주·조경란·신동승(2심), 박우동·이재성·윤영철·김용준(3심)

(2021. 9. 16. 충청매일)

검사 작성 피의자신문조서도
내용 부인하면 증거로 못 쓴다

검찰 개혁, 사법개혁은 우리 사회의 큰 화두다. 군부독재가 사라진 다음 검사와 판사는 법 테두리 안에서 가장 강한 권력을 갖고 있는 집단이다. 그러나 국민이 위임한 권력을 올바르게 사용하고 있지 못하니 여전히 개혁 대상이 되고 있는 것이다.

이런 상황에서 형사소송법 개정으로 2022년 1월 1일부터 검사가 작성한 피의자신문조서의 증거능력 요건이 크게 강화되었다.

우리나라는 1954년 형사소송법을 만들 때부터 검사와 경찰이 작성한 피의자신문조서의 증거능력 인정 요건을 달리했다. 검사 조서는 피고인이 공판기일에 "내가 검찰에서 그렇게 진술한 것이 맞다"고 하면(진정성립 인정) 증거능력이 인정되었다. 그러나 경찰 조서는 이런 '진정성립 인정' 외에 "내가 진술한 내용이 사실이다"라고 인정하여야만(내용 인정) 증거능력이 주어졌다. 검사는 경찰과 '다를 것'이라는 믿음 또는 '달라야 한다'는 요구로 요건을 다르게 정한 것이다.

증거능력이 없으면 법정에 증거로 제출될 수조차 없다. 증거 내용을 믿느냐 아니냐가 증명력의 문제인데, 증거능력이 없으면 아예 증명력 판단 단계까지 갈 수 없다. 고문 등 위법한 방법으로 수집한 증거도 증거능력이 없다.

1961년 5·16 쿠데타 직후 이루어진 개정 형사소송법은 검사 피의자신문조서에 대해 피고인이 진정성립을 인정하지 않더라도, '그 진술이 특히 신빙할 수 있는 상태(특신상태) 하에서 행하여졌을 때'에는 증거능력을 인정하였다. 이것은 그 전보다 증거능력 인정 요건을 완화한 것으로, '개악'이라고 할 수 있다.

2007년 법 개정을 통해, 피고인이 진정성립을 부정하는 경우에는 '특신상태'에 더해 '영상녹화물 등 객관적인 방법'에 의해 증명하도록 하였는데, 어떻게든 진정성립만 인정되면 증거능력이 인정될 수 있었다는 점에서 의미 있는 변화라고 볼 수는 없다.

그런데 2020년 법 개정으로 검사 피의자신문조서도 피고인이 공판기일에 '내용을 인정한 때'에 한하여 증거능력이 인정되도록 하였고, 이것은 내년 1월 1일부터 시행된다. 67년 형사소송법 역사상 가장 큰 일이라고 생각한다. 이로써 피의자신문조서의 증거능력과 관련하여 검사는 경찰과 똑같은 위치에 놓이게 되었다. "내가 검찰에서 그렇게 진술한 것은 맞지만 그것은 사실이 아니야"라고 하면 검사 피의자신문조서는 증거능력이 없게 되는 것이다. 그동안 검사 피의자신문조서의 증거능력에 대해 통제를 가하려는 노력이 드디어 최종 목표에 이르게 되었다.

검사 피의자신문조서의 증거능력 요건이 크게 강화된 만큼 수사기관으로서 검사가 갖는 지위도 약화될 수밖에 없다. 수사권과 기소권을 독점하면서 형사사법 시스템에 여러 측면에서 부조리를 낳던 검사의 잘못된 수사 관행이 많이 사라질 것으로 보인다.

검사가 영장청구권, 기소권 등에서 아직 막강한 권한을 갖고 있지만, 검사가 작성한 조서의 법적 가치가 법관이 작성한 조서와 비슷한 지위에 있다가 경찰이 작성한 조서와 같은 위치로 떨어진 현실은, 검사가 추구해야 할 가치가 어디에 있는지를 새롭고도 분명하게 보여준다.

검사는 권력을 선별적으로 행사하면서 힘을 과시하는 자리가 아니라, 사회정의와 인권보장을 균형감 있게 추구하는, 제대로 된 준사법기관이 되어야 하는 것이다. 검사들은 입법자의 뜻을 깊게 새겨야 할 것이다.

(2021. 11. 25. 충청매일)

거짓말탐지기 검사를 거부해야 하는 이유

거짓말탐지기 검사는, 사람이 거짓말을 할 때 혈압, 맥박, 호흡 등 몸에 어떤 변화가 나타난다는 것을 근거로 기계적 반응에 따라 거짓말 여부를 판단하는 것입니다. 현재 이루어지고 있는 거짓말탐지기 검사의 정확성이 높다고는 하나 저는 아직도 그 검사에 선뜻 동의할 수 없습니다.

그래도 막상 수사를 받는 현실 상황에서 수사관이 거짓말탐지기 검사를 하자고 하면 이를 거부하기란 쉽지 않습니다. 거부한다고 하면 바로 거리끼는 게 있고 자신 없으니 그런 것 아니냐는 반문이 들어옵니다. 또 수사관에게 그 검사를 어떻게 백 퍼센트 믿을 수 있냐고 따지면 수사관은 "아니 어떻게 과학적으로 입증된 거짓말탐지기 검사를 믿지 못하느냐?"며 의아해하기도 합니다. 이런 까닭에 피의자가 거짓말탐지기 검사에 동의할지 말지를 결정해야 하는 상황에 닥치면 피의자의 변호인으로서 참 난감할 때가 많습니다. 하자고 할 수도 없고 하지 말자고 할 수도 없고.

얼마 전 제가 의뢰받은 형사사건에서 경찰이 피의자에게 거짓말탐지기 검사를 하자고 했습니다. 피의자는 강간 혐의를 받고 있었는데, 합의하고 성관계를 맺었다고 진술하고 있었습니다. 피의자는 일단 거리낄 것 없다는 생각에 검사에 동의했는데, 저와 상의 후 검사를 받지 않기로 했습니다. 거짓말탐지기 검사를 받을지 말지는 당사자의 자유입니다. 검사를 거부하는 이유를 고민한 다음, 아래와 같이 적어 경찰에 제출했습니다.

피의자는 얼마 전, 거짓말탐지기 검사를 받는 것에 대해 동의한 사실이 있는데, 그때는 변호인과 충분한 상의를 하지 않았는바, 변호인과 상의 후 위 동의를 철회합니다.

사람의 양심은 기계로 검사할 수 없습니다. 기계로 사람의 양심을 검사할 수 있다면 수사기관의 수사나 법원의 재판은 필요 없을 것입니다. 기계로 간단하게 검사하면 될 것이기 때문입니다. 현재 이루어지고 있는 거짓말탐지기 검사 결과가 합리적인 의심의 여지 없이 정확하다는 근거도 없습니다. 이런 이유로, 법원은 피고인이 동의하지 않는 한 거짓말탐지기 검사 결과를 증거로 채택하지 않고 있습니다. 수사기관에서 피의자에게 거짓말탐지기 검사를 권유하고 이를 거부하면 스스로 거리끼는 것이 있는 것 아니냐는 분위기를 만드는 경우가 있는데, 이것은 잘못입니다. 피의자의 인격권, 양심의 자유를 침해하는 것이기 때문입니다.

결론적으로, 거짓말탐지기 검사는 한 사람인 피의자의 인격권을 침해하는 것이므로, 피의자는 이를 받지 않겠습니다. 피의자와 피해자 진술, 피의자가 제출한 증거 등으로 혐의 유무를 판단하여 주시기 바랍니다.

위 사건에서 고소인은 피의자와 성관계를 맺은 다음 집에 돌아가 피의자에게 잘 자라는 문자와 이불 덮고 자는 모습의 이모티콘을 보내고, 그 후에도 한 달 이상 서로 만나며 수시로 문자를 주고받기까지 하였습니다. 그런데 피의자가 다른 여자를 만나는 것을 보고 화가 나 고소하였던 것입니다. 굳이 거짓말탐지기 검사를 하지 않더라도 다른 증거들 갖고 얼마든지 판단이 가능하였던 사건이라고 생각했습니다. 그런 사건에서 거짓말탐지기 검사를 하자고 하니 난감할 수밖에요. 만약에 피의자 말이 거짓으로라도 나오면 어떻게 합니까? 피의자는 검사를 받지는 않았지만, 결국 혐의없음 결정을 받았습니다.

법원은 거짓말탐지기 검사 결과가 증거로 인정되려면, ①첫째로 거짓말을 하면 반드시 일정한 심리상태의 변동이 일어나고, ②둘째로 그 심리상태의 변동은 반드시 일정한 생리적 반응을 일으키며, ③셋째로 그 생리적 반응에 의하여 피검사자의 말이 거짓인지 아닌지가 정확히 판정될 수 있다는 세 가지 전제 요건이 충족되어야 하고, 위 요건이 충족되지 않는 한 검사 결과에 대하여 증거능력을 부여할 수는 없다고 하였습니다.[대법원 2005. 5. 26. 2005도130 판결]

이제까지 우리나라는 물론 외국에서도 거짓말탐지기 검사 결과에 대해 위 세 가지 전제조건이 충족되어 증거로서 가치가 있다고 판단한 판결은 거의 없었습니다. 그럼에도 불구하고 수사기관은 피의자가 부인하는 사건 내 부분에서 거짓말탐지기 검사를 하자고 사실상 압박합니다. 검사 결과를 갖고 자백을 강요하기 위해서입니다. 저는 검사를 거부할 것을 권합니다. 인간의 양심은 기계로 판단할 수 없고, 판단하여서도 안 되기 때문입니다. 그것은 인간의 양보할 수 없는 자존심이라고 생각합니다.

(2022. 5. 12. 두꺼비마을신문)

대한민국에 법치주의는 없다

'국민의 모든 자유와 권리는 국가안전 보장, 질서유지 또는 공공복리를 위하여 필요한 경우에 한하여 법률로써 제한할 수 있으며, 제한하는 경우에도 자유와 권리의 본질적인 내용을 침해할 수 없다.'(헌법 제37조 제2항)

헌법 조문 가운데 법치주의를 가장 극명하게 보여주는 조항이다.

행정부나 사법부가 국민의 권익을 침해하는 행위를 하려면 반드시 국민의 대표기관인 국회가 만든 법률에 근거가 있어야 한다. 행정이 법에 따라 이루어졌는가가 문제 되면 사법부가 이를 판단한다. 이처럼 입법·사법·행정이 서로 견제하면서 권력이 과잉 행사되지 않도록 한다. 이러한 법치주의는 오랜 인류 역사가 만들어 낸 최고의 정치적 발명품이라고 할 수 있다.

그러나 겉으로 법치주의, 삼권분립의 모양만 갖추어서는 참된 법치주의라고 할 수 없다. 국회에서 만든 법률이라 하더라도 그 내용이 앞서 본 헌법 규정과 달리 시민의 자유와 권리를 본질적으로 침해하는 것이라면 위헌이다. 헌법은 이에 대비해 헌법재판소를 두고 법률의 위헌 여부를 판단하도록 하고 있다. 1987년 민주화 이후 헌법재판이 크게 활성화되어 많은 법률에 대해 위헌 판단을 하면서 입법권 남용을 통제해 오고 있다.

그런데 법치주의와 관련하여 오늘날 가장 큰 문제는 법률에서 부여한 권력의 자의적 행사(남용)다. 법치주의의 참된 의미는, 법에 따르기만 하면 되는 것이 아니라 법이 추구하는 공정, 정의 같은 가치를 따르라는 것이다. 법의 탈을 썼다고 하여 다 법치주의라고 할 수 없다. 옛날 일제도, 군사 독재정권도 형식적으로는 다 법의 탈은 썼다. 대한민국 검찰은 화교인 유오성을 '서울시 공무원 간첩 사건'으로 기소하였는데, 국가정보원 직원들이 증거를 조작한 사실까지 밝혀지면서 2014년 4월 25일 항소심에서도 무죄가 선고되었다. 2014년 3월 증거를 조작한 국정원 직원들이 구속 기소되고, 2014년 5월 1일 공판 검사도 징계를 받았다. 사정이 이렇게 되자 검찰은 2014년 5월 9일 이미 4년 전 유오성에 대해 기소유예하였던 외국환거래법 위반 사건을 재기하여 기소하였다.

혐의는 유오성이 탈북자들의 북한 거주 가족에 대한 송금 의뢰 등 중국으로 송금을 원하는 사람들로부터 입금받은 돈을 공범이 지정, 관리하는 계좌로 다시 송금하는 방법으로 무등록 외국환 업무를 하였다는 것인데, 검찰은 사안이 가볍다고 보고 기소유예하였던 것이다.

4년이 지난 후 위 내용에 대해 아무런 사정변경이 없는데도 검찰은 사건을 다시 꺼내와 기소하였던 것인데, 법원은 이에 대해 '어떠한 의도가 있다고 보여진다'며 검사가 공소권을 자의적으로 행사한 것으로 소추재량권을 현저히 일탈하였다고 보아 공소기각 판결을 하였다. 사법 역사상 공소권 남용을 이유로 처음으로 공소기각 판결이 나온 것이다.

검찰이 기소유예 하였던 사건을 재기하여 기소한 것 자체는 형식적으로는 법에 따른 것이지만, 실질적으로는 간첩 사건이 무죄가 난 것에 대한 보복 차원에서 이루어진 것으로, 전혀 공정하거나 정의롭지 못한 검찰권 남용으로 법치주의에 반하는 것이다.

이런 검찰권 남용을 우려해 검찰청법은 '검사는 그 직무를 수행할 때 국민 전체에 대한 봉사자로서 헌법과 법률에 따라 국민의 인권을 보호하고 적법 절차를 준수하며, 정치적 중립을 지켜야 하고 주어진 권한을 남용하여서는 아니 된다.'고 규정하고 있다.(제4조 제2항) 그러나 대한민국 검찰은 이 법을 정면으로 어기고 있다.

조국 전 장관 수사에서 보듯 집중 표적 수사를 하고, 김학의 사건이나 김건희 사건에서 보듯 자기 식구들에 대해서는 봐주기·뭉개기 수사를 하였다. 정치적 색깔을 공공연하게 드러내더니 스스로 정치 일선에 나서 권력을 잡고 검사 출신들이 요직을 꿰차고 들어앉았다. 이러고도 검사들은 법치주의를 말한다. 선택적 정의일 뿐이다. 언론은 검찰 권력에 빌붙어 검사들이 말하는 법치주의가 허울뿐이라는 사실을 말하지 않는다. 지금 대한민국에 참된 법치주의는 없다.

(2022. 11. 16. 두꺼비마을신문)

시민단체 전수조사의 위헌성

최근 행정안전부는 중앙행정기관, 광역 시·도에 등록된 비영리민간단체가 등록 요건을 갖추고 있는지에 대해 전수조사하도록 하였고, 충청북도 등도 이에 따라 도내 각 시민단체에 회원명부, 공익활동 실적 등을 제출하도록 요청하였다.

비영리민간단체 지원법(비영리단체법)은 비영리민간단체의 요건으로 '상시 구성원 수 100인 이상', '최근 1년 이상 공익활동실적이 있을 것' 등을 요구하고 있고, 이런 요건을 갖추지 못하였을 때에는 그 등록을 말소할 수 있다고 규정하고 있다. 행안부는 이 규정을 근거로 전수조사하려고 하는 것인데, 비영리단체법에 정부가 등록 이후 시민단체에 자료를 요구하거나 특히 전수조사할 수 있는 직접적인 근거 규정은 없다. 비영리단체법에서 규정하는 지원 내용은 공익사업 활동 경비 지원, 조세감면, 우편요금 지원 등이다.

사람들이 단체활동을 통해 자신의 영역을 넓히면서 세상을 배우고 세상에 이바지하는 것은 사회적 인간의 삶에서 아주 중요한 내용이다. 이런 취지에서 헌법 제21조는 결사의 자유를 인간의 기본권으로 보장하고 있다. 국가나 지방자치단체는 시민들의 결사에 함부로 간섭하여서는 안 되고, 오히려 이것이 제대로 보장되도록 뒷받침하여야 한다. 비영리단체법도 그 법의 목적을 '비영리민간단체의 자발적인 활동을 보장하고 지원하는 것'으로 규정하고 있다.

결사의 자유를 제한하려면 법률로써 하여야 하고, 법률에 의하더라도 결사의 자유의 본질적인 내용을 침해해서는 안 된다는 것이 헌법 제37조의 명령이다.

결사의 자유의 본질적인 내용 중 하나가 내가 어떤 단체에 가입해서 어떤 활동을 하는지를, 내가 밝히지 않는 한, 바깥에서 이를 함부로 알 수 없도록 하는 것이다. 이것은 나의 사생활의 비밀과도 관련된 것이다. 그런데 지금 정부는 등록 요건을 갖추고 있는지를 파악한다는 명분으로 시민단체에 회원 현황 등의 자료 제출을 요구하고 있다.

시민단체 회원들은 자신들의 단체 가입 및 활동 현황을 국가나 지방자치단체에서 파악하고 있다는 것을 알게 되면 단체 활동에 소극적이거나 그 활동을 그만둘 수도 있다. 이 점에서 최근 정부의 행태는 결사의 자유의 본질적인 내용을 침해하는 것으로 헌법에 위배된다. 또 앞서 본 바와 같이 이런 자료 제출을 요구할 수 있는 직접적인 법적 근거 규정도 없다.

공권력은 시민단체에서 공익사업을 위해 보조금을 신청하였을 때 또는 시민단체를 둘러싸고 분쟁이 생기는 등 등록 요건 구비 여부에 대해 구체적인 의심이 있는 경우에 개별적인 사안으로 행사되어야지, 이번처럼 모든 단체를 상대로 일률적으로 현황 조사를 하는 것은 비록 강제성이 없더라도 상대방이 크게 압박을 느낄 수 있기 때문에 공권력 남용이다.

시민사회는 우리 몸에 비유하자면, 자율신경계라고 할 수 있다. 자율신경이 편안하고 자연스럽게 작동되어야 건강하듯 사회도 자율성이 최대한 보장되어야 건강하다. 정부의 지금 행태는 시민사회의 자율신경을 움츠러들게 하는 것으로, 시민사회는 정부 눈치를 보면서 그 활동이 크게 위축될 수밖에 없다. 시민의 기본권을 침해하는 반헌법적 행태를 당장 그만둘 것을 정부에 강력하게 촉구한다.

(2022. 12. 29. 충청매일)

돈 없는 사람은 변호사를 선임하면 안 되나

아무리 나쁘게 보이는 행위라도 형법에 규정이 있어야 범죄가 되고 처벌할 수 있다. 이것이 죄형법정주의다. 전에는 간통, 혼인빙자간음을 형법에 범죄로 규정하여 처벌했지만, 위헌결정으로 지금은 처벌할 수 없다. 그래도 민사상 손해배상책임은 여전히 인정될 수 있다.

여기서 보듯 형벌권을 가진 국가는 가능한 한 개인이나 사회 영역에 함부로 들어가서는 안 된다. 개인이나 사회의 자기 결정권(자율성)을 침해할 수 있기 때문이다. 이렇게 보면 사상·학문·양심의 자유를 본질적으로 침해하는 국가보안법은 하루빨리 없어져야 한다.

어쨌든 위와 같은 취지에서 형법에 규정된 범죄행위라도 고의가 있는 경우에만 처벌하고, 과실의 경우에는 그에 대해 따로 처벌할 수 있다는 규정이 있어야 범죄가 된다. 과실치사상죄, 실화죄 등이 그것이다.

그런데 고의와 과실의 경계에 있어서 판단이 어려울 때가 적지 않다. 그래서 '미필적 고의'라는 개념도 등장했다. 행위의 결과를 적극적으로 의도하지는 않았지만 '그 결과가 일어나도 할 수 없어'(용인)라는 심리 상태가 인정되면 미필적으로라도 고의가 있다고 보는 것이다.

최근 '보이스피싱'으로 불리는 금융사기로 인한 피해가 심각하다. '가족의 안전에 위험이 생겼다', '수사기관인데 당신 계좌에 문제가 생겼다'는 등의 거짓말로 상대방을 공포에 빠뜨리고 이를 이용하여 돈을 받아내는 것이다. 대출을 빙자하여 돈을 받아내는 경우도 흔하다.

요즘은 범죄조직이 피해자로부터 직접 입금을 받지 않고, 현금 수거책을 피해자에게 보내 돈을 받도록 한 후 현금 수거책에게서 입금받는 방식도 자주 이용된다. 범죄조직은 거의 드러나지 않고 밖에 노출된 현금 수거책만 기소되는 경우가 많다. 이때 현금 수거책은, 부실채권을 회수하는 일을 해 주고 약간의 대가를 받는 것으로만 알았을 뿐 금융사기라는 것은 전혀 알지 못했다고 변명한다.

이 경우 미필적 고의가 문제 되는데, 수거책이 그 일을 하게 된 경위, 조직원과 주고받은 대화 내용, 피해자와 만날 때 신분을 숨기려고 하였는지, 대가로 받은 돈의 액수 등을 모두 고려하여 판단할 수밖에 없다. 금융사기로 인한 피해가 크다고 하여 함부로 고의를 인정할 수는 없고, 그 입증은 검사가 하여야 한다.

얼마 전 한 현금 수거책 사건에서 무죄를 선고받았고, 최근 다른 사건으로 재판에 관여하고 있다. 이 수거책에게도 고의를 인정하기 어려운 사정이 있어 무죄를 기대하고 재판에 들어갔는데, 재판장이 피해자들과 합의 상황을 물어보았다. 재판장에게 "합의할 형편이 되지 않는다."고 하였더니 재판장은 대뜸 "그런데 변호사는 어떻게 선임했나요?"라고 물었다. 난 최소 비용으로 사건을 수임했고, 피고인은 어렵게 돈을 모았다. 재판장의 말은, 유·무죄를 떠나 피해를 입은 사람에게 배상은 해 주어야 하는 것 아니냐는 뜻으로 좋게 해석할 수도 있지만, 판사가 법정에서 공개적으로 할 말은 아니다.

    피고인은 헌법상 유죄 확정판결을 받기 전까지는 무죄로 추정되고 변호인의 도움을 권리가 있다. 돈이 많고 적음을 떠나 피고인이 변호인의 도움을 받는 것은 헌법상 기본권이다. 돈 없는 사람은 변호사를 선임하면 안 되는 것인가? 이래서 무전유죄라는 말이 있는가? 판사 말에 난 맡아서는 안 될 사건을 맡기라도 한 것 같아 모욕감을 느꼈다.

(2023. 4. 20. 충청매일)

자연스러움이 정의다

얼마 전 교육청 징계 사건을 수임하여 징계위원회에 의뢰인과 함께 출석하게 되었다. 회의 시작 30분 전에 교육청에서 만나 사건에 관해 이야기를 나누고도 시간이 많이 남았다. 의뢰인과 산행 이야기를 하게 되었다.

난 아주 오래전부터 산행을 즐겨 하고 있다. 2005년경 인천지검에서 일할 때 알게 된 인천국제공항공사 처장님과 함께하면서 산행의 다른 맛을 알게 되었다. 그는 산행 베테랑이었다. 함께 수도산에서 가야산으로 이어지는 능선을 1박 2일로 타기도 하고, 한밤중에 북한산에 올라 비박도 하고, 청량리역에서 기차를 타고 여러 산을 다녀오기도 했다. 그는 내게 산행의 스승이다.

검사 일을 그만두고 들어간 법무법인에서 산악회를 만들어 10년 동안 거의 매달 산행했다. 충북의 산을 두루 다니고, 지리산, 덕유산, 설악산 능선을 종주했다. 이 산악회 모임은 법인을 나와서도 계속 이어지고 있다.

한번은 혼자 어머니가 시집간 길을 따라 솟은 산 능선을 걸은 적이 있다. 어머니는 보은군 산외면 탁주리에서 청주시 문의면 남계리로 시집왔다. 탁

주봉에서 시작해 원평리, 가고리, 어온리, 봉황터널, 청벽산, 미원면 성대리, 국사봉, 추정리, 가덕면 내암리, 피반령을 거쳐 고향 집에 도착하였다. 네 번으로 나누어 했는데, 산에는 언제나 혼자였고 처음으로 멧돼지를 만나기도 했다. 아주 뜻깊은 산행이었다.

이런 이야기를 자랑삼아 하는데, 의뢰인이 대뜸 물었다.

"변호사님은 산에 왜 가요?"

중징계를 받을 수도 있는 징계위원회를 앞두고 내 산행 이야기에 장단을 맞추는 그의 여유가 놀라웠다. 어쨌든 그의 당돌한 질문에 조금은 당황하면서 머릿속으로 산에 가는 이유를 떠올렸다.

"산에 가면 산과 하나가 되잖아요. 제대로 산행하려면 산에 집중할 수밖에 없지요. 그러다 보면 인간 세상에서 가졌던 근심과 걱정이 어느새 사라져요. 가장 자연스러운 산과 함께하니 마음도 자연스러워져요. 이런 경험을 반복하다 보면 정신이 건강해지고 인간 세상에서 살아가는 데 필요한 힘도 얻습니다. 몸이 건강해지는 것은 둘째지요. 산행 다음으로 자연스러운 인간 활동은 생태 농사입니다. 저는 이런 농사를 통해서도 자연스러움을 회복하려고 합니다."

그는 자연스러움을 위해 산행하고 농사짓는다는 내 말에 전적으로 공감하였다.

인간사회는 가능한 한 자연스러워야 한다. 검찰 권력은 공정하게 행사되어야 하고, 권력의 집행 과정에서 잘못이 있다면 반성하고 책임을 지고, 언론은 잘못된 권력 행사를 엄하게 질타하여야 자연스럽다. 그래야만 사람들이 사회체제를 믿고 사회가 원만하게 돌아갈 수 있도록 같이 힘을 낼 것이다.

현실은 어떤가? 검찰은 집권 세력을 위해 편파적으로 권력을 남용하고, 인재가 반복되는데도 집권 세력은 반성하고 책임질 생각은 하지 않고 전 정부 탓만 하며, 언론은 그런 무능과 오만을 꾸짖기는커녕 집권 세력에 동조할 뿐이다. 사회가 온통 억지로 가득 차 엉망진창이다. 사람들은 지금 사회 체제를 믿지 않는다. 이 억지를 걷어내고 자연스러워져야 사회가 건강해진다.

'자연스러움이 정의다.'

내 변호사 사무실 드나드는 문과 명함에 적혀 있는 글이다.

(2023. 8. 11. 충청매일)

목숨 걸고 공부하기

"필승, 국가수준 학업성취도 평가 대비, 6학년 목숨 걸고 공부하는 기간, 단기 4343. 6. 14. ~ 7. 13. ○○초등학교"

최근 한 초등학교가 일제고사라는 것에 대비해 위와 같은 내용의 플래카드를 교문에 걸어 놓았다는 기사의 사진을 보고 섬뜩하였다. 사진을 보면 '목숨 걸고'라는 글자가 빨갛다. 사실 다른 학교들도 드러내 놓고 말은 못하지만 대부분 '목숨을 걸고' 일제고사를 준비하고 있는 듯하다.

위 기사를 보면서 먼저 드는 생각은 정말로 누구를 위한 목숨 걸기인가 하는 것이다. 일제고사는 입학시험도 아니고 내신성적에 반영되는 것도 아닐 것이어서 이 시험을 잘 보고 못 보고가 아이들에게는 별다르게 영향을 미치지 않는다. 영향을 받는다면 그것은 학교와 교장·교사들이다. 시험 결과에 따라 이들은 한 줄로 일목요연하게 앞서고 뒤서고가 정해질 것이다. 또 그에 따라 이들에 대한 혜택이나 승진 여하가 결정될 것이다. 결국 일제고사를 위한 목숨 걸기는 학교·교장·교사들을 위한 것이고, 학생들은 그 도구에 지나지 않는다. 사정이 이렇다면 교육의 본질에 대해 생각하지 않을 수 없다.

교육의 참된 의미는 무엇인가? 그동안 주워들은 것을 바탕으로 내 나름대로 정의하자면, 사람을 사회와 자연의 한 구성원으로서 주변과 잘 어울리면서 자기 힘으로 살아갈 수 있도록 가르치는 것이다. 이를 위해서는 가능한 한 다양한 방법으로 세상을 접하도록 하면서, 세상을 있는 그대로 자연스럽게 바라보고, 듣고, 느끼고, 생각하고, 말할 수 있도록 하여야 한다. 이렇게 하여야만 세상과 진정으로 어울릴 수 있고, 그 속에서 자신의 자리를 잡아 자신의 힘으로 살아갈 수 있다.

그런데 우리 현실은 어떠한가. 예나 지금이나 학교에서 가르치는 것, 사람을 바라보는 유일한 가치관은 시험의 결과물인 성적뿐이다. 시험이 사람을 지적으로나 인격적으로 제대로 평가하는 것이라면 그나마 다행이다. 유감스럽게도 우리의 시험은 그렇지 않다. 그것은 어떤 내용을 얼마나 잘 외웠는가를 평가하는 것에 지나지 않는다.

그러니 학생들은 김구 선생이 임시정부 주석으로서 목숨을 던져 독립운동을 하여 위대하다는 것은 외우면서도, 선생이 감옥 생활과 망명 생활을 하면서 느꼈을 민족적 울분과 서러움, 민족의 독립과 운동세력의 통일을 위한 불굴의 의지, 거의 평생을 가족과 함께 살지 못하는 데서 오는 인간적 외로움 같은 것을 절절히 느끼지는 못한다. 참나무류에 상수리, 굴참, 떡갈, 신갈, 갈참, 졸참 여섯 가지가 있다는 것을 안다고 말은 하지만, 굴참나무의 두껍고 부드러운 껍질을 만져볼 기회는 좀처럼 갖지 못한다.

경쟁력을 위해서는 지금의 교육 현실이 어쩔 수 없다고 말하는 사람이 있을 수 있다. 그러나 그렇게 한다고 지금의 교육 현실 속에서 배우는 모든 학생이 다 경쟁력을 갖게 되는가? 순위경쟁을 통해 경쟁력을 갖추게 되는 학생들은 극소수에 불과하다. 그 극소수를 위해 대다수 학생이 시험성적만을 강조하는 이 교육 현실에 희생되어야 하는가? 또 극소수가 갖추었다는 경쟁력이란 어떤가. 세상에 대한 참된 이해나 애정이 깔리지 않은 그 경쟁력이 과연 우리 사회나 자연에 도움이 되기는 할까? 난 4대강 사업이 그런 불완전한 경쟁력을 가진 집권자나 관료들의 머리에서 나온 것으로 생각한다.

우리가 '목숨을 걸고' 할 일은 따로 있다. 아이들이 자유롭게 자라나는 것을 방해하는 것들을 막아내는 것이다. 개성과 창의성(이것이 진짜 경쟁력이다)을 질식시키는 일제고사가 그 하나다.

철사에 꼬여 이리저리 뒤틀려 자라는 분재盆栽처럼 틀에 박혀 자라는 아이들이 불쌍하지도 않은가? 아이들을 분재가 아니라 혼자 힘으로 산속 큰 바위를 쪼개고 자라는 강한 소나무로 만들어야 하지 않겠는가?

(2010. 7. 5. 충청투데이)

진짜 같은 가짜

며칠 전 동료 변호사들과 점심을 먹은 다음 한 커피숍에 들어갔다. 자리를 잡고 앉자마자 한 선배 변호사가 매장 한쪽에 서 있는 나무를 보더니 그 나무가 진짜인지 가짜인지 의문을 제기했다. 생김새는 자작나무인데, 줄기의 껍질이 아주 자연스럽게 벗겨져 있었다. 가까이 가 살펴보니 줄기와 가지는 살아있던 나무를 베어다 놓은 것이었다. 가지는 줄기에 구멍을 파고 심었다. 잎사귀는 초록색 플라스틱인데, 손가락에 장갑을 끼우듯 가지들 끝에 끼워져 있었다. 진짜 같은 가짜였다.

난 아파트 7층에 산다. 그제 새벽, 피로가 누적된 탓인지 몸이 찌뿌드드했다. 집 안의 공기가 갑갑했는지 밖으로 확 나가고 싶었다. 그런데 그 순간 '밖으로 나가면 어딜 가나?' 하는 생각이 들면서 멈칫했다. 밖으로 나가려면 엘리베이터를 기다려 1층으로 내려가야 한다. 아파트 건물 밖으로 벗어나더라도 주변은 온통 콘크리트와 아스팔트뿐이다. 정원수나 가로수가 있어도 답답한 가슴을 틔워주기에는 턱없이 부족하다.

그래도 밖으로 나왔다. 집 옆에 있는 학교 운동장으로 갔다. 운동장 가운데는 흙바닥인데, 그 가장자리에 아직 인조잔디 흔적이 남아 있는 것으로 보아 전에는 인조잔디가 깔려 있었던 것 같다. 그 옆 농구장 바닥은 합성수지 제품으로 덮여 있었다. 팔굽혀 펴기를 하고 싶었는데, 그 합성수지 위에는 손바닥을 내려놓기 싫었다. 다시 운동장 가운데로 나와 흙바닥 위에서 했다. 이런 도시 환경에서 살아가는 것이 진짜 삶일까?

전에 서울생태귀농학교에 다닐 때 퍽 인상적인 것 중에 하나가 비닐을 쓰지 않는 농사에 대한 강의였다. 요즘 농약이나 화학비료를 쓰지 않는 농산물에 대한 관심은 많지만, 비닐을 쓰지 않은 농산물에 대한 이해는 크지 않은 것 같다. 밭두둑에 비닐을 씌우고 그 속에 농작물을 심으면 풀을 뽑지 않아도 되는 커다란 이점이 있다. 또 하나 이점은 맨흙(노지)에서 기른 것보다 농작물이 훨씬 크고 외모도 잘나게 된다는 점이다. 그런데 생태귀농학교에서는 이것이 독毒이라고 하였다. 비닐을 씌우면 그 안 땅속 온도가 우리가 숨을 쉬는 대기보다 몇 배 더 올라간다. 그 뜨거운 열을 받고 농작물이 자란다. 이 농작물을 먹는 우리 몸의 온도와 농작물의 온도가 서로 맞지 않게 된다. 온대에 살면서도, 바나나와 다를 바 없는 열대식물을 계속 먹는 꼴이다. 신토불이身土不二가 아닌 것이다. 먹는 것도 진짜가 아닌 경우가 대부분이다.

우리가 만나는 사람들은 어떠한가. 논, 명예, 권력으로부터 얼마나 자유로운가.

어린 시절 내가 살던 시골 동네에 잡화점을 하는 집 형이 있었다. 이 형은 가끔 가게에서 사탕 같은 것을 갖고 와 아이들 앞에서 뿌렸고, 나를 비롯한 아이들은 그것을 조금이라도 더 주우려고 아우성을 쳤다. 오늘날 고도화된 자본주의는 이런 식의 돈(자본)의 지배를 더 철저하게 관철시키고 있다. 고용 관계가 팍팍해지고, 돈 때문에 친구와 가족 사이에 의가 상하는 예가 너무나도 많다. 내가 검사로 일할 때, 상속재산을 차지하기 위해 장례식장 안치실에 있는 아버지의 주검에서 손도장을 채취한 사건도 있었다. 우리가 만나는 사람들은 정말로 어디까지가 진짜일까?

최근 김태호 총리 후보자, 이재훈·신재민 장관 후보자의 낙마와 유명환 외교부 장관의 사퇴를 보면서 진짜와 가짜에 대해 더욱더 생각하게 된다.

작년 문경 뇌정산에 있는 정토수련원으로 출가해 100일간 행자 생활을 할 때 법사님이 하신 말씀이 생각난다.

"사람들은 행복해지려고 살기보다는 행복해 보이기 위해 산다."

우린 진짜와 가짜를 뒤바꾸어 살고 있는 것은 아닐까?

(2010. 9. 7. 충북일보)

스마트폰과 대화

요즘 스마트폰이 빠르게 확산하는 추세인 것 같다. 주변에서 사람들은 이런저런 말로 스마트폰의 필요성을 말하는데, 나로서는 대부분 수긍이 가지 않는다. 그들에게 그것이 정말 필요한 것일까 하는 의문을 떨쳐버릴 수 없다.

어저께 낮, 주말을 이용해 집안 청소를 도왔다. 우리 집에는 전기 청소기가 없다. 원래부터 없었던 것은 아니고, 결혼할 때 산 것이 고장 난 후로는 다시 사지 않았다. 대신 빗자루로 바닥을 쓴다. 빗자루도 플라스틱으로 만든 것을 쓰다가 몇 달 전에 수수로 만든 것으로 바꾸었다. 수수로 만든 비는 잡을 때 감촉부터 좋다. 바닥을 쓸 때 스윽스윽 하고 나는 소리도 듣기 좋다. 물론 먼지나 머리카락이 다 쓸리지 않고 시간도 더 걸려 청소기보다는 효율이 떨어진다.

바닥을 다 쓴 다음 걸레질에 들어갔다. 쪼그리고 앉아 두 번 접은 걸레 위에 두 손을 올려놓고 위아래로 힘 있게 누르고 밀면서 닦았다. 자리를 옮길 때에는 양손으로 바닥을 눌러 몸무게를 지탱하면서 두 발을 옮겼다. 그런

식으로 닦다 보니 힘들었다. 팔다리 근육에 무리가 느껴졌다. 금세 땀이 흘렀다. 몇 번 잠시 호흡을 가다듬으며 쉬었다. 그렇게 방 구석구석까지 닦아가던 어느 순간 머릿속으로 '대화'라는 단어가 떠올랐다.

나는 몸의 근육, 땀, 호흡과 대화하고 있었다. 몸 근육에 가해지는 힘, 땀이 양 볼을 타고 흐르며 가져다주는 감촉, 호흡의 거칠고 부드러운 변화를 분명하게 느끼고 있었다. 바닥에 있던 먼지나 얼룩과도 대화하는 듯한 느낌이 들었다. 이런 자각을 하게 되니 방을 닦는 것은 즐거운 일이었다.

많은 사람은 오늘날 문명의 이기利器가 인간을 육체적 고통에서 해방시켰다고 한다. 옛날 사람들의 육체를 고달프게 했던 일들, 농사 짓고 밥하고 빨래하는 것들을 요즘은 대부분 기계가 대신한다. 이 때문에 사람들은 육체적으로는 분명히 편해지고 여유시간도 생겼다. 그런데 그렇게 편해지고 시간이 많아진 만큼 과연 행복해졌는지는 의문이다.

상당수의 사람은 문명의 이기가 가져다준 여유시간을 텔레비전 같은 다른 문명의 이기나 향락으로 채우고 있다. 이러니 이웃은 물론 가족 간에도 대화할 시간을 갖지 못한다. 자기가 하는 행위를 몸과 마음으로 구체적으로 느끼면서 자신을 돌아볼 시간을 만들지 못한다. 그러면서 불안해한다.

스마트폰은 휴대폰에 컴퓨터 지원 기능을 추가한 '지능형 휴대폰'이라고 한다. 업무 등의 이유로 이것이 절실하게 필요한 사람들이 있을 것이다. 문제는 그것이 없어도 업무나 일상생활에 별다른 불편이 없는 사람들도 맹목적으로 이것을 가지려고 한다는 점이다. 그로 인한 조금의 편리는 있겠지만 부작용이 심각할 수 있다. 언제 어디서나 스마트폰에 빠질 위험이 있는 것이다. 마치 집에서 텔레비전에 중독되는 것처럼.

사정이 그렇게 되면 주변 실제 환경들과의 관계가 멀어진다. 주변 사람들이 어떤 모습을 하고 있는지, 나무들은 계절에 따라 어떻게 변해 가는지 하는 것들을 스스로 몸과 마음으로 느낄 기회가 크게 줄어들 수밖에 없다.

  오늘날 과학기술의 발전은 눈부시다. 그러나 그것은 어디까지나 삶의 수단일 뿐 목적이 되어서는 안 된다. 삶의 진정한 행복은 자신과 주변에 대한 이해에 있고, 이것은 자신과 주변과의 진지한 대화를 통해서만 가능하다. 새로운 기술의 눈부심에 눈이 멀어 수단과 목적이 뒤바뀌는 불행에 빠져서는 안 될 것이다.

(2010. 10. 4. 충북일보)

무심천 물억새와 음악 소음

요즘 무심천은 물억새가 장관이다. 솜털 같은 꽃이삭을 길게 피우고 무리 지어 바람에 흔들리는 모습에 꼼짝없이 반하고 만다. 배경은 파란 하늘도 좋고 잿빛 흐린 하늘도 괜찮다. 생뚱맞을 것 같은 고층 아파트도 물억새의 배경으로 어색하지 않다. 낮도 좋고 밤도 괜찮다. 물억새는 모든 것과 다 잘 어울린다. 국화가 선명한 색깔과 향기로 앞에서 가을을 끌고 간다면, 물억새는 편안함과 수수함으로 뒤에서 가을을 받쳐준다.

그런데 요즘 무심천에 가는 마음이 무척 불편하다. 편안한 마음으로 물억새를 바라볼 수 없다. 무심천 둑에 만들어 놓은 스피커에서 나오는 음악 소리 때문이다. 낮이고 밤이고 시간을 가리지 않고 거의 갈 때마다 흘러나온다. 내 뜻과 상관없이 이 음악을 듣는 것을 강요받노라면 화가 치밀어 오른다. 무심천을 걷고 뛰면서 왜 그 음악을 들어야만 하는가. 물 흘러가는 소리, 귀뚜라미 소리, 새 소리 같은 자연의 소리를 듣고 싶은데, 왜 인공의 음악 소리 듣기를 강요받아야만 하는가. 누가 나에게 그런 음악을 강요할 권리나 권한이 있단 말인가.

이런 강요는 김수녕 양궁장에도 있다. 새벽에 운동을 가 잔디밭을 둘러싼 650여미터 되는 트랙을 돌고 있노라면 곳곳에 설치된 스피커에서 운영자가 임의로 선택한 채널의 라디오방송이 흘러나온다. 그 트랙을 돌고 있는 모든 사람이 그 방송을 듣는 것을 좋아할까? 아니 그들이 좋아하든 좋아하지 않든, 그들에게 획일적으로 어느 하나의 방송을 '강요'하는 것이 민주주의 사회에서 과연 온당한 것일까?

위와 같은 획일적인 강요가 오늘날 현대문명의 병폐와 맥을 같이 하고 있다고 생각한다. 현대문명은 기본적으로 자본주의 사회이고, 자본주의는 대량생산과 대량소비를 바탕으로 한다. 이 대량성은 필연적으로 획일성을 띤다. 이러한 성격은 광고와 결합하면서 더욱 두드러진다. 사람들의 소비 패턴이 거의 똑같다. 이것은 물품뿐만 아니라 음악이나 미술 같은 무형의 영역에서도 그대로 적용된다. 아이들 교육도 천편일률적이다. 학교에서는 일제고사로 줄 세우고, 집에서는 학원 보내고 학습지 보는 것을 교육의 전부로 생각한다. 사회 곳곳이 획일로 가득 차 있다. 개개인의 생각이나 영혼도 여기서 자유로울 수 없다. 사람들도 대부분 비슷하다. 정말로 개성 있는 사람은 만나기 어렵다.

무심천 둑에서 흘러나오는 음악 소리는 소음이다. 공해다. 오늘날 '획일', '몰개성'이라는 자본주의 현대문명의 병폐를 그대로 보여주는 상징이다. '그래도 그 음악 소리를 좋아하는 사람이 있지 않은가?'라고 항변은 하지 않았으면 좋겠다. 그것은 그 음악 소리를 좋아하는 사람의 숫자가 그렇지 않은 사람의 숫자보다 많다고 해도 마찬가지다. 때로는 다수결의 원리가 적용되어야 할 경우가 있겠지만, 무심천과 같은 공공의 영역에서 획일적인 음악을 지속적으로 듣느냐 마느냐 하는 문제에는 다수결의 원리가 적용될 수 없다. 민주주의 사회에서는 구성원 개인의 가치를 최대한 존중하여야 하고, 다수결은 불가피한 경우에만 적용되어야 한다. 무심천에서 음악을 듣기 원하는 시민들은 얼마든지 자신만의 음악 도구를 갖고 와 들을 수 있다.

상당산성 둘레를 따라 스피커를 설치하고 음악을 틀어놓는 것을 원하는 사람들의 비율이 51%로 그렇지 않은 사람들의 비율보다 높다고 치자. 그렇다고 스피커를 설치하고 음악을 틀어놓는 것이 정당하다고 볼 수는 없을 것이다.

얼마 전 저녁에 아이들과 함께 무심천에 가 산책을 하다가 징검다리에 앉았다. 그곳에서는 물소리 때문인지 둑 음악 소리가 잘 들리지 않았다. 집에 돌아와서 큰애가 물소리를 휴대폰에 녹음했다고 하면서 들려주었다. 녀석도 물소리가 좋게 느껴졌는가 보다.

무심천 둑의 스피커는 당장 없애야 한다. 다양성과 개성이 통하는 사회를 위해서.

(2010. 11. 1. 충북일보)

난 너를 믿는다

 광저우 아시안게임에서 한국 선수들의 활약이 눈부셨다. 종래 취약종목으로 여겨지던 수영과 육상에서도 금메달이 여러 개 나왔다. 역대 원정 아시안게임 가운데 가장 많은 금메달을 땄다고 한다. 평소 열심히 연구하고 땀을 흘린 대가이고 국위를 떨쳤으니 마땅히 반기고 축하해 줄 일이다.
 그러나 마음 한편을 씁쓸하게 만드는 일도 있었다. 한국 볼링대표팀 감독이 경기 중 선수들에게 욕을 하고, 선수들의 따귀를 때리고, 발길질까지 해 국제적인 망신을 자초했다는 보도가 있었다. 이를 지켜보던 외국 임원은 장난으로 발길질하는 모습을 연출하고, 뒤에 있던 자원봉사자들은 깔깔 웃었다고 한다. 경기 뒤 외국 기자가 대표팀 감독에게 "그렇게 때리면 선수들 자존심이 상하는 게 아니냐?"라고 묻자 감독은 "그런 것들 선수들은 생각 안 한다. 그런 것 버려야 금메달을 딸 수 있다."고 말했다고 한다.
 한국선수단은 긴급 진상조사위원회를 구성해 감독과 선수, 코치, 태국 볼링팀 감독, 언론 관계자 등을 면담 조사한 결과 "저조한 경기력의 집중력을 높이기 위한 행위로 감정적이고 의도적인 폭력행위라고 보기 힘들다."는 결론을 내렸다. 다만 두 손으로 뺨을 치고 자세를 바로잡아 주기 위한 신체 접촉 행위가 주관적인 관점에서 폭력행위로 비칠 수 있고, 격한 용어를 사용한 점이 인정된다며 엄중 경고를 내렸다. 비록 의도적인 폭력행위로 인정되지 않았다지만, 외국인들의 비웃음을 살 정도였다면 큰 문제라고 하지 않을 수 없다.

요즘은 학생인권조례 제정·시행과 관련하여 학교 체벌이 크게 논란이 되고 있다. 체벌 금지론자들은 체벌이 그 자체로서 비교육적이라고 주장하고, 체벌 필요론자들은 체벌이 금지되면 학생들을 통제할 수 없다고 주장한다. 최근 한국교육개발원 설문 조사 결과 '필요할 경우 가벼운 체벌은 필요하다'는 응답이 60% 가깝게 나왔다고 한다. 내 주변을 보아도 체벌의 필요성·효용성을 주장하는 사람들이 더 많은 것 같다.

구타나 체벌에 대한 생각을 하게 되면 자연스럽게 독재와 민주주의가 떠오른다. 독재는 내가(나만) 옳다는 생각에 나와 다른 생각을 갖고 있는 사람들을 억압하려고 한다. 그 억압의 수단이 구타요, 폭력이다. 이에 반해 민주주의는 내가 옳다는 생각에서 벗어나 '다른 사람은 그럴 수도 있다'는 것을 인정하고 받아들이는 것이다. 결정이 필요할 때는 토의를 거쳐 한다. 사상이 자유롭고 다양하니 그 사회는 창의적일 가능성이 높다.

독재가 구타라면 민주주의는 설득과 관용이다. 설득과 관용의 능력이나 노력이 부족한 사람들이 구타의 필요성을 주장한다고 생각한다. 구타나 억압을 통해서 국제대회 금메달을 딸 수는 있을 것이다. 그러나 금메달이 인생의 전부일 수는 없다. 그것은 인생의 극히 작은 일부다. 금메달을 따긴 했지만, 그 선수는 금메달은 구타나 억압이 있어야만 가능하다고 생각할 것이다. 그가 지도자가 되면 자신이 선수 때 받은 것과 비슷한 방법으로 선수들을 훈련할 것이다. 어디 선수들뿐인가? 자신의 아이들까지도 그와 비슷한 방법으로 키우려고 할 것이다. 그는 금메달만 얻었을 뿐, 인간관계는 관용과 설득을 통해 이루어져야 한다는, 금메달보다 수백 배는 더 소중한 인생의 가치를 배울 기회를 잃었다.

고등학교 2학년 때 방황을 좀 했다. 야간 자율학습 시간에 일찍 집에 가기도 하고, 기말고사 때는 책을 단 한 쪽도 보지 않고 시험을 보았다. 그때 담임선생님은 나를 조금도 혼내지 않으셨다. 어느 날 운동장 청소시간에 선생님이 나를 벤치로 불러 앉혔다. 그리고는 딱 한 마디 하셨다.

"난 너를 믿는다."

그 말씀은 지금까지 내게 훌륭한 가르침으로 남아 있다.

(2010. 12. 2. 충청투데이)

주머니 속 손수건

며칠 전에 상가喪家에 다녀왔다. 조문하고 자리에 앉아 식사하는데, 밥과 국 모두 일회용 그릇에 담겨 있었다. 수저까지도 플라스틱이었다. 허기 때문에 다 먹긴 하였지만 마음속에서 씁쓸함이 올라왔다. 대우받지 못한다는 생각과 함께, 이렇게나 일회용품을 많이 써도 지구가 살아남을까 하는 생각이 들었다.

내가 일하는 사무실에서도 종이컵을 꽤 많이 사용한다. 수시로 찾아오는 사람들을 상대로 일일이 사기나 유리로 된 컵을 사용하기에는 인력이 부족하다. 다 사용한 종이컵은 한 줄로 모았다가 배출하는데, 나중에 큰 키로 쌓인 종이컵을 보고 있노라면 나도 모르게 불안해진다. 저렇게 한 번만 쓰고 버려도 되는 것일까?

사람들이 일회용품을 사용하는 이유는 편리함 때문이다. 설거지나 빨래 같은 뒤처리를 할 필요가 없다. 그러나 우리는 이 편리함을 얻는 대가로, 환경파괴는 그만두고라도, 소중한 가치들을 잃는다.

먼저, 소비가 천박해지고 획일화된다. 플라스틱 용기 안에 든 밥과 국을 플라스틱으로 된 수저로 떠먹는 상황에서 식사의 품위는 조금도 찾을 수 없다. 획일화된 일회용 기저귀, 컵 등을 사용하니 소비의 개성은 거의 없다. 다른 사람과 다른 나의 영역(개성)은 그만큼 좁아진다.

다음으로, 사물을 바라보는 가치관이 가벼워진다. 일회용품 사용이 일상화되다 보면 사물에 대한 존중과 애착이 줄어들 수밖에 없다. 어차피 한 번 쓰고 버릴 것이므로. 이런 가치관은 사람을 대하는 마음에도 영향을 미칠 수 있다고 본다. 상대방을 고귀한 인격자로 대우하기보다는 그저 일회적인 만남으로 치부할 가능성이 있다.

작년에 검사를 그만두고 문경 뇌정산에 있는 정토수련원에 출가하여 100일간 행자 생활을 하였다. 수련원에서는 일회용품을 전혀 사용하지 않는다. 화장실에서 용변을 볼 때를 빼고는 화장지를 사용하지 않는다. 그래서 방에 화장지가 없다. 다 손수건으로 해결한다. 또 비닐에 든 음식을 먹지 않는다. 혹 비닐에 든 음식이 들어오면 산 아래 마을에 가져다준다. 이렇게 일회용품을 전혀 사용하지 않으니 쓰레기 발생량이 크게 줄 뿐만 아니라, 나 자신이 소중해진다는 느낌이 들었다. 일회용품을 많이 사용하면 그것을 사용하는 사람도 일회용품과 비슷해지는 것 같은 자각 때문 아닐까?

난 오래전부터 일회용품을 쓰지 않으려고 노력하고 있다. 주머니 속에 손수건을 넣고 다니면서 화장실에서 물 묻은 손을 닦고, 식당에서 냅킨 대신 사용한다. 사무실에서 손님들에게는 '어쩔 수 없이' 종이컵을 제공하지만, 적어도 나 자신은 종이컵을 사용하지 않는다. 직원들에게도 가능하면 종이컵을 쓰지 말 것을 권한다. 회사 산악회를 만들면서 회원들에게 등산 컵을 하나씩 돌려 산에 갈 때 쓰도록 하였다. 장을 볼 때는 장바구니를 사용해 비닐봉지를 쓰지 않는다. 아내가 고생스러웠지만, 두 아이를 다 천 기저귀로 키웠다.

　가끔 출근할 때 손수건을 챙기지 못하고 가는 날이 있다. 그런 날은 하루 내내 불안하다. 화장실에서 손을 씻고 손수건 대신 와이셔츠에 물을 닦노라면 집에 놓고 온 손수건 생각이 간절하게 난다. 어느 날 보니 손수건 하나가 닳아 구멍이 나려고 했다. 그것을 본 순간 그 손수건과 참 오랜 시간 같이 지냈구나 하는 생각과 함께 그 손수건이 무척 소중하게 여겨졌다. 스스로에 대한 대견함도 생겨났다. 일회용품을 써서는 경험할 수 없는 느낌이라고 할 것이다.

　우리 모두 주머니 속에 손수건을 넣고 다니자. 손수건을 사용하면, 환경 파괴를 막는 것은 둘째 치고라도, 주변 사물들에 대해 애정이 생기고 나 자신이 개성 있고 소중한 사람이 된다.

(2010. 11. 30. 충북일보)

오늘날 아이들은 행복하다?

얼마 전 택시를 탔다. 아직 쌀쌀함이 남아 있었지만 봄 기운이 기분 좋게 느껴지는 날씨였다.

"날이 많이 풀어졌어요."

"그러게요."

내가 인사말을 건네고 택시기사가 말을 받으면서 말문이 트여 참으로 춥고 눈도 많이 온 지난겨울 이야기를 나누었다.

"겨울이 그렇게 추웠어도 우리같이 사무실에서 일하는 사람들은 추위를 다 겪지는 않는 것 같아요. 밖에서 일하는 분들이 고생이지요."

기사는 자신도 차 안에서만 있으니 추위를 모르고 지낸다고 하였다. 그러면서 요즘 아이들은 참 행복하다는 말을 하였다. 옛날에 비해 옷을 잘 입고 난방도 잘 되니 진짜 추위를 느낄 경우가 크게 줄었다는 의미의 말이었을 것이다. 난 그 말에 어느 정도 수긍은 하면서도 '행복하다'는 말에는 동의할 수 없었다.

"요즘 아이들이 여건이 좋아져 옛날보다 편해지기는 했어도 자연을 가까이 할 수 없게 되었다는 점에서는 오히려 불행하다고 봐요. 흙을 밟을 기회가 거의 없고, 그러니 흙이 만들어내는 생명의 변화를 느껴보지 못하잖아요. 책이나 컴퓨터를 통해서는 다 보상이 되지 않는 실물 자연을 접하지 못하니 그런 아이들이 경험하는 세계라는 것은 전체 자연의 극히 일부에 지나지 않을 겁니다. 그렇게 크는 아이들이 과연 행복하다고 할 수 있을까요?"

"듣고 보니 그러네요."

택시기사는 공감하면서, 옛날 쇠고기로 국을 끓이면 참기름을 떨어뜨린 것처럼 기름이 둥둥 뜨고 맛도 좋았는데 요즘 쇠고기는 퍽퍽하기만 하다고 하였다. 삶이 물질적으로 풍요로워지긴 했어도 행복은 오히려 멀어지고 있다는 것을 그도 인정하는 분위기였다.

옛날 비포장도로는 비가 오면 발이 흙에 빠져 다니기가 여간 고역이 아니었다. 지나가는 차량에 흙탕물 세례라도 한번 받으면 그야말로 기분이 잡치곤 했다. 그런데 이젠 차가 다니는 길은 물론 시골의 좁은 골목길, 농로까지 콘크리트가 덮였다. 몇 년 전 시골에 있는 부모님 집 마당에도 콘크리트를 깔았다. 비만 오면 질퍽거리던 것을 피하고 계속 풀을 뽑아주어야 하는 번거로움을 덜기 위해서였다. 풀이 나고 벌레가 기어 다니는 '지저분한' 흙 마당에서 풀 한 포기, 벌레 한 마리 자라지 못하는 '깨끗한' 콘크리트 마당으로 바뀐 것이 너무나도 어색하였다. 그런데 어머니는 그 마당을 보고 좋아하신다. 내가 사는 집도 아니니 그런 어머니에게 뭐라 말할 수 있는 입장도 아니라 그냥 지나갔지만, 그 후 시골집에 갈 때마다 콘크리트 마당을 밟고 바라보아야 하는 것이 내겐 큰 슬픔이다.

현대문명은 콘크리트 문명이다. 이것의 특성은 획일과 부자연不自然이다. 그것은 다양한 개성을 무시하고 일방적으로 덮어 획일화한다. 그것이 지나간 자리에는 생명이나 변화가 없다. 그곳에서는 자연을 느끼고 경험할 기회가 없다. 사람도 자연의 일부인데, 자연스럽지 못한 환경에서 사니 성인병, 신경증 등 여러 부작용이 생겨난다. 최근 등산 인구가 급속하게 느는 것도 자연성을 회복하기 위한 본능의 작용으로 보아야 한다.

두 아이를 키우면서 산과 들로 많이 데리고 다녔다. 그 덕분에 초등학교에 다니는 아이들은 지금도 어지간한 산은 가뿐하게 오른다. 검사 시절 영국에 1년 연수를 갔을 때도 유럽 대륙을 여행하면서 야영을 많이 했다. 우린 도시를 구경하는 것보다도 풀밭 야영장에 텐트를 치고 배드민턴을 치는 것이 훨씬 더 재미있었다.

그러나 기본적으로 도시에 살고 있는 이상 위와 같은 노력도 그 효과가 너무나도 제한적이다. 가끔 아이들에게서 자연성(야성)보다는 도시 문명에의 중독성을 발견할 때면 아이들이 너무나도 불쌍해진다. 자꾸만 흙과 생명에서 멀어져만 가는 콘크리트 시대에 사는 오늘날 아이들은 불행하기만 하다.

(2011. 2. 22. 충북일보)

참나무한테 배우는 자연스러움

지난 호《두꺼비마을신문》'자연생태놀이'란에 도토리팽이 이야기가 실렸다. '그런 팽이도 있었구나' 하는 호기심으로 죽 읽어내려가다가 도토리가 달리는 참나무의 종류에 대해 소개한 것을 보고는 순간적으로 마음이 흐뭇해졌다.

그 기사에 나와 있듯이 참나무류에는 상수리, 굴참, 떡갈, 신갈, 갈참, 졸참 등 모두 6가지가 있다. 전에 이 나무들을 구별하여 알려고 무척 노력했는데, 이제는 거의 구분이 가능하게 되었다. 산에 갈 때마다 '이건 굴참나무' 하면서 두터운 껍질을 만져보고, 요즘 같은 겨울철이면 바닥에 떨어진 잎을 보고도 굴참나무임을 안다. 굴참나무나 상수리나무는 잎이 직사각형으로 길쭉하여 비슷한데, 굴참 잎이 폭이 좀 더 넓고 부챗살처럼 퍼진 잎맥(곁맥) 끝부분이 가시처럼 튀어나와 있다. 신갈나무 잎은 사람 손이 손가락을 벌린 모양인데, '손가락'이 무척 많다. 떡갈나무 잎은 신갈나무 잎을 2배 정도 뻥튀기한 것으로 보면 된다. 갈참나무나 졸참나무는 잎이 비파형인데, 참나무 중에서 졸참나무 잎이 가장 작다. 이처럼 평소 참나무류에 관심을 갖고 있던 터라 신문에서 참나무 이름의 유래를 재미있게 설명한 것을 보고 자연스럽게 입가에 미소가 생겼다.

약 5년 전, 들과 산에 있는 나무와 풀들의 이름을 알기 위해 나름대로 애를 많이 썼다. 두툼한 식물도감을 사고 주변이나 산에 가서 만나는 식물들의 잎을 채집하기 시작했다. 집으로 갖고 와서는 두툼한 신문지 사이에 끼워 놓고, 그 위에 무거운 돌을 올려놓은 다음, 며칠 지나면 이것을 꺼내어 백지에 붙이는 방식으로 정리하였다. 우선 식물도감 등을 통해 이름을 아는 것부터 수집하였는데, 주변에 흔한 환삼덩굴, 닭의장풀(달개비), 질경이, 국화, 고마리, 여뀌, 나팔꽃, 담쟁이덩굴, 괭이밥, 민들레, 명아주 따위가 그것들이다. 평소 무심코 지나치던 풀에 관심을 갖고 자세히 관찰해 보니 하나하나의 모양이 다 특색이 있고 아름다웠다. 인간의 그 어떤 재능으로도 흉내 낼 수 없는 독특한 디자인에 감탄하지 않을 수 없다.

요즘은 산에 있는 나무들에 이름을 걸어 놓는 경우가 흔하다. 한두 번 봐서는 기억하지 못하지만, 볼 때마다 특징을 살피고 나뭇잎까지 수집하다 보면 어느새 이름을 아는 나무들의 숫자가 늘어간다. 주변 산에서 흔히 볼 수 있는 나무들은 앞서 말한 참나무 외에 쪽동백, 개암나무, 싸리나무, 느릅나무, 신나무, 생강나무, 서어나무, 오리나무, 물푸레, 팥배나무, 중국단풍, 함박꽃나무, 층층나무, 국수나무 같은 것들이다.

5년 전에는 잔뜩 관심을 가졌다가 최근에는 잠시 열의가 식었지만, 지금도 들을 거닐거나 산에 갈 때마다 주변에 있는 풀과 나무를 보고 이름을 확인하곤 한다. 물론 아직도 이름을 알지 못하는 것들이 훨씬 더 많다. 모르는 풀과 나무의 잎을 따 오더라도 식물도감에서 그 이름을 찾아내기는 무척 어렵다. 그러다가 도감이나 인터넷 같은 데서 우연히 이름을 찾아내기라도 하면 이산가족이라도 만난 것처럼 무척 반갑다.

이렇게 식물에 관심을 갖다 보니 아내도 풀과 나무의 이름을 많이 알게 되었다. 같이 산책을 하거나 산에 갈 때마다 내가 확인차 수시로 물어서 아내도 자연스럽게 식물들과 친해지게 된 것이다.

우리 집에는 화분이 하나도 없다. 계속 관리를 해 줄 부지런함에 자신이 없을뿐더러, 자연의 땅속에 뿌리를 박지 못하고 정해진 틀 속에서 인공으로 자라는 모습을 차마 보아줄 수 없기 때문이기도 하다. 어쩌면 그것은 하나의 '생명'인 식물에 대한 학대일지도 모른다는 생각을 하고 있다.

생명, 무생명을 가리지 않고 모든 사물은 자연스러울 때 보기 편하고 아름답다. 사람이라고 결코 예외일 수 없다. 나 자신은 자연스러운지, 내 자녀들을 부자연으로 내몰고 있지는 않은지, 이제 곧 산과 들에서 생명력의 마력을 마음껏 보여줄 풀과 나무들을 살펴보면서 돌이켜 볼 일이다.

(2011. 2. 21. 충북일보)

개성 있는 광고를 기대하며

　자본주의 사회는 기본적으로 경쟁 사회다. 경쟁은 자본주의가 고도화될수록 더 심해지는 것 같다. 이 경쟁에서 살아남기 위해서는 만드는 물건이나 제공하는 서비스의 질이 남보다 앞서야 한다. 그런데 오늘날은 이러한 품질 못지않게 광고도 매우 중요시되고 있다. 이런 이유로 생산비에서 광고가 차지하는 비중도 높아지고 있다.

　얼마 전 차를 운전하고 가다가 구청 직원들이 낫을 이용해 가로수에 내걸린 플래카드를 철거하는 것을 보았다. 이들이 타고 온 트럭 위에는 이미 철거한 플래카드가 상당히 쌓여 있었다. 옆에 타고 있던 아내의 말을 들으니, 업주들이 단속이 없는 주말을 이용해 플래카드를 내걸고, 구청 직원들은 월요일부터 불법 플래카드를 철거한다고 했다. 그러니 이들 플래카드는 그 수명이 며칠밖에 되지 않는다. 플래카드에 찍힌 잉크 냄새가 다 가시기도 전에 쓰레기장으로 간다. 단 며칠이라도 그렇게 플래카드를 내걸려고 하는 것을 보고 한편으로는 살벌한 느낌이 들고, 다른 한편으로는 답답한 마음이 생기면서 실제로 광고의 효과는 있을까 하는 의문이 들었다.

눈에 거슬리는 또 하나의 광고는 대형 풍선 광고다. 이것은 최근 유행이 되어 어지간한 점포들은 거의 다 이런 방법으로 행인들의 눈길을 끈다. 이 광고는 여러 가지로 부작용이 있다. 그 크기가 매우 커 인도의 상당 부분을 차지하여 사람들의 보행을 방해하고, 시야를 가려 미관상으로도 보기에 좋지 않다. 또 전기를 사용하기 때문에 점포와 대형풍선 사이 길바닥에 전선이 늘어져 있는데, 이 또한 미관을 해치고 자칫하면 사람들이 전선에 걸려 넘어질 수도 있다. 상가에 붙어 있는 간판들도 미적인 고려는 거의 없고 오로지 크게, 많이 보이려고만 한다.

위와 같이 사람들이 지나치다 싶을 정도로 광고를 하는 것은 자신을 남들보다 더 많이 알리기 위해서다. 그러나 그런 식의 광고가 과연 의도한 대로 효과를 가져올 것인지에 대해서는 크게 회의적이다. 내가 광고의 규모를 크게 하면 다른 점포들도 따라 그렇게 한다. 그러면 난 다시 더 크게 광고를 하게 되면서 악순환이 이루어진다. 최근에 대형풍선 광고가 우후죽순처럼 늘어난 것을 보면 이를 실감할 수 있다. 이렇게 되면 내 점포의 독특성은 사라지고, 그렇고 그런 점포 중의 하나에 지나지 않게 된다.

전에 유럽에서 1년 살았는데, 그곳에서 본 광고들이 인상적이었다. 우리처럼 요란하지 않고 차분하다. 우리의 광고문화에 익숙해진 눈에는 간판이 어디에 붙어 있나 한참을 찾아야 할 정도로 그네들의 간판은 작고 소박하다. 건물 크기나 주변 환경과의 조화도 고려하여 만들었다는 느낌이 들어 세련되고 아름답다는 생각이 든 적도 자주 있었다. 우리나라에서도 최근 들어 간판문화를 바꿔보자는 분위기가 생기고 있다. 서울 일부 구에서 간판 크기를 작게 하는 등의 노력을 하는 것을 보았고, 치악산 국립공원에서도 줄지어 있는 식당들의 간판을 작고 자연스러운 모습으로 바꾸어 놓은 것을 보았다. 대단히 바람직한 현상이라고 하지 않을 수 없다.

  경쟁력의 핵심은 개성에 있다. 남들과 다른 나만의 특성을 보여주는 것이 사람들의 주목을 끈다. 그렇고 그런 것들 중에 하나여서는 경쟁력이 생기지 않는다. 이는 광고도 마찬가지다. 남들이 요란하게 화장한다고 해서 나도 그렇게 따라 해서는 차별성이 없다. 때로는 남들이 시뻘겋게 화장할 때, 내 얼굴에 맞게 수수하게 화장하는 것이 사람들에게 더 매력적으로 다가갈 수 있다. 또 크고 강하게 하는 광고보다는 작고 차분한 광고가 사람들에게 더 다가갈 수 있는 경우가 많다. 획일적인 문화가 지배하는 오늘날이기는 하지만, 이런 때일수록 개성이 더 빛을 발한다. 광고할 때 이 사실을 환기할 필요가 있다.

(2011. 3. 8. 충북일보)

아이들과 흙

지난주 목요일 저녁, 청주시 개신초등학교 부근에서 고등학교 동문과 술자리를 가졌다. 자리를 다른 곳으로 옮기게 되었는데, 갖고 간 차는 처음 식당 부근에 놓고 집에는 택시를 타고 왔다. 다음 날 아침 차를 찾으러 가는 길에 개신초등학교 옆을 지나게 되었다. 운동장에는 아이들이 그득했다. 아이들은 '새파랗고 시원하게' 깔린 인조잔디 위에서 축구를 하거나 인조트랙을 돌고 있었다. 운동장은 온통 인조물이 뒤덮여 있어 쉽게 흙을 찾아볼 수 없었다.

그런데 아이들 노는 모습을 휘둘러보다가 마침내 흙을 찾아내었다. 좀 더 정확히 말하자면 모래였다. 사각의 틀 안에 갇혀 있었는데, 멀리뛰기를 할 때 착지하는 곳이었다. 그곳 사각의 틀에 한 여자아이가 쭈그리고 앉아 한 손으로 모래를 집어 들어 올렸다가 다시 천천히 아래로 쏟는 행위를 되풀이하고 있었다. 난 울타리에 몸을 기대어 선 채 그 아이의 행동을 관찰하기 시작했다.

언뜻 '다른 아이들과 잘 어울리지 못해 혼자 있는 것 아닌가?' 하는 생각이 들었으나, 바로 그것이 아님을 알 수 있었다. 그 아이는 트랙을 도는 아이들에게 "선생님이 두 바퀴 돌라고 했어."하며 말을 자주 걸었다. 그렇게 다른 아이들에게 관심을 가지면서도 모래를 떠 올렸다가 쏟는 행위를 멈추지 않았다. 그 순간 '저 아이는 지금 아이들과 어울려 놀고 싶은 생각이 굴뚝같지만, 모래를 만지는 것이 더 재미있어 차마 그것을 그만두지 못하고 있다.'고 생각했다. 나의 살펴봄은 계속되었다.

이번에는 트랙을 돌던 아이 하나가 모래를 만지는 아이 쪽으로 말을 걸면서 다가오더니 사각의 틀 안으로 내려가 모래를 사뿐히 밟으며 걸었다. 그 아이는 모래가 자신의 발에 밟혀 아래로 조금씩 꺼지는 것을 몸으로 느끼고 있었다. 인조잔디 따위에서는 도저히 경험할 수 없는 '변화'를 체득하고 있었던 것이다. 흙이 아이들의 교육, 특히 정서에 어떤 영향을 미치는지 실감하는 순간이었다. 그때 아이들에게 인기척을 내면서 "모래랑 노는 게 재미있니?"라고 물었다. 아이들은 그렇다고 했다. 인조잔디 운동장에서도 흙을 가까이하려는 아이들이 있다는 것이 반갑고 고마웠다.

전에 대전지검 공주지청에서 검사로 일할 때, 관내에 있는 치료감호소에 들른 적이 있었다. 치료감호소 측으로부터 업무 현황 등을 설명받은 뒤 시설을 둘러보다가 온통 콘크리트로 덮여 있는 운동장을 보고 깜짝 놀랐다. 치료감호소에 온 사람들은 대부분 정서적으로 어려움이 있는 사람들이다. 정서적으로 아주 세밀하게 치료를 받아야 할 사람들에게 콘크리트 운동장이라니. 그곳에서 운동하면서 정서적으로 과연 도움을 받는 것이 있기는 할까? 동행하던 치료감호소 관계자에게 그런 취지로 물으니 납득할 만한 답을 하지 못했다.

조작된 간첩단 사건으로 13년간 감옥살이를 한 황대권 님이 쓴 『야생초

편지』를 보면, 운동장 한쪽에서 자라는 풀 한 포기가 수용자의 정서에 얼마나 민감하게 영향을 미치는지 잘 알 수 있다. 나도 전에 서울에서 사법시험 공부를 하면서 마음이 울적하고 깊게 가라앉았을 때, 콘크리트 갈라진 틈에서 난 풀 한 포기를 계속 바라보는 중에 불안이 눈 녹듯 사라지면서 삶에 대한 의욕이 샘물처럼 솟아났던 경험이 있다.

지난 토요일에 감자를 심었다. 밑거름을 뿌리고 삽으로 땅을 뒤집은 다음 두둑을 만들고, 그 안에 조각낸 씨감자를 심었다. 심으면서 '이것들이 다 살아날까' 하는 의심이 생겼다. 작년에도 똑같은 의심이 들었는데 실제로는 90%가 훨씬 넘게 싹을 틔웠다. 흙이 생명을 키워내는 힘은 정말로 경이롭다. 아이들이 가까이할 것은 이 자연스러운 생명의 흙이지, 무늬만 그럴듯하고 생명이 없는 가짜 풀(인조잔디)이 아니다.

(2011. 4. 5. 충북일보)

민들레와 해바라기

아주 좋은 봄날이 계속되고 있다. 지난 토요일에 아내와 함께 마늘밭에 가 풀을 뽑고 흙을 긁어 주었다. 흙을 긁어 주면 땅이 숨쉬기가 좋아진다. 땅속에서 겨울을 난 마늘은 제 세상을 만난 듯 힘차게 자라고 있었다. 내가 뿌린 씨라 그런지 정말로 내 자식 같았다. 풀을 다 뽑고 물을 주었다. 마늘잎에 떨어진 물이 쪼르르 굴러 줄기 쪽으로 모여 아래로 떨어졌다. 일을 마치고 그늘에 앉아 아내와 이야기를 나누는데, 괜히 집(아파트)에 오기 싫었다.

집에 돌아온 후 다음 날 정토불교대학에서 경주로 순례 가는데 가져갈 과일을 사기 위해 다시 집을 나섰다. 바로 옆에 있는 원마루 시장을 향해 보도블록이 깔린 길을 걸어갔다. 느티나무 가로수 잔가지에서는 연초록 잎들이 꼬물꼬물 터져 나오고 있었다. 나무 밑동 주변은 보도블록이 깔리지 않고, 쇠로 만든 덮개가 놓여 있는데, 그 덮개 틈 사이로 노란 민들레와 보라색 제비꽃이 피어 있었다. 전에 볼을 가까이 대어 느껴 본 민들레 꽃잎의 부드러움이 바라만 보고 있어도 전해져 오는 듯했다.

아내도 민들레를 보았는가 보다. 내게 말을 걸어왔다. 며칠 전 한 아이가 쪼그리고 앉아 그 민들레를 열심히 바라보는 것을 보게 되었다고 한다. 그 아이는 손으로 민들레 꽃잎을 만지작거리면서 "야, 해바라기다."라고 했다고 한다. 이 이야기를 들으면서 갑자기 슬퍼졌다. 물론 이름이야 사람들이 붙인 것이라 그 꽃을 민들레로 부르든 해바라기로 부르든 별 문제는 없을 것이다. 내가 슬펐던 것은, 그 노란 꽃을 바라보는 아이의 예쁜 마음이 고작 가로수 밑 쇠 덮개 틈새 따위를 통해서 드러날 수밖에 없다는 사실 때문이었다. 그 아이가 시골 밭둑을 걷는다면 어떨까? 무궁무진하게 펼쳐진 온갖 풀들의 다양한 몸짓에 황홀할 것 같다. 거기서 아이는 자신도 풀과 다름없는 존재라는 사실을 무의식으로라도 느끼고, 풀처럼 자연스럽고 당당하게 자라려고 할 것이다.

  이 도시는 어떤가. 많은 사람이 모여 사는 곳이라 피할 수 없는 한계는 있겠지만, 가능하면 자연성을 확보하기 위해 노력해야 한다. 그런데 불행하게도 '잘난' 인간들은 자연(다양성)보다는 인공(획일성)을 향해 자꾸만 나아가려고 한다. 학교 운동장은 우레탄과 인조잔디로 덮어 질식시키고, 아이들은 시험성적을 올리는 쪽으로만 몰아간다. 탐욕스러운 자본은 곳곳에 대형마트를 세우는 것도 모자라 이젠 동네 골목까지 체인점을 깔아 영세상인을 죽이고 획일적인 소비를 강요한다. 천편일률적인 텔레비전 뉴스, 드라마는 사람들의 문화마저도 일정한 틀을 씌우고 있다. 이런 획일화는 사람들에게서 개성(자연성)을 빼앗고, 사람들을 자본의 노예로 전락시킨다. 자본이 사람을 위해 존재하는 것이 아니라 사람이 자본을 위해 존재하는 꼴이 된다.

  우리가 종종 들르는 과일가게 아주머니는 유쾌하다. 손님들과 진실된 마음으로 대화한다. 아내가 오렌지를 사려고 하는데, 장난기가 발동한 나는 가게 아주머니가 들으라는 뜻으로 오렌지는 까기도 힘든데 왜 사느냐고 딴지를 걸었다. 아주머니는 무슨 소리냐면서 내게 오렌지를 하나 건네주고는 까 보라고 하였다. 그거 공짜냐고 했더니 그냥 웃기만 한다. 오렌지를 3만 원어치 샀다. 이게 사람 사는 세상이다. 대형마트에서 이런 경험을 할 수 있는가? 진열된 물건을 그저 '색깔 없이' 고를 뿐 아닌가?

오늘날 사람들은 민들레를 해바라기로 알고 살아간다. 더 심하게 말하면, 꽃 모양만 갖추면 그것이 민들레든 해바라기든 상관없다고 생각한다. 그것이 인공(조화)이라도 좋다. 아이들도 그렇게 키운다. 사람들은 그렇게 자연에서 멀어지면서 죽어간다. 자연이 어떤 것인지도 모르면서.

(2011. 4. 19. 충북일보)

프랜차이즈 영업과 몰개성

 난 결벽증이 좀 심한 것 같다.
 오늘 새벽에 비가 오는데도 무심천으로 산책 겸 운동을 나갔다. 난 무심천을 사랑한다. 개울물의 자연스러운 흐름, 개울가에 군데군데 서 있는 버드나무, 물억새와 갈대로 뒤덮인 둔치, 이것들을 그냥 바라만 보고 있어도 눈이 시원해지고 도시의 복잡함에 얽힌 정서가 막 풀리는 느낌이다. 풀숲에서 나는 벌레나 새 소리도 귀를 통해 내 영혼으로 기분 좋게 파고든다.
 무심천 제방에서 울려 나오는 음악 소음을 견뎌낼 자신이 없어서 선뜻 나서지 못하다가 모처럼 용기를 낸 것인데, 오늘 새벽에도 여지없이 음악은 흘러나왔다. 경박한 트로트 노래 소리가 풀잎과 땅바닥에 떨어지는 빗소리를 사정없이 짓뭉갰다. 도저히 참을 수 없어서 5분도 되지 않아 바로 무심천을 빠져나오고 말았다. 원평중학교 운동장으로 가 내 발에 밟혀 나는 흙 소리를 들으며 무심천에서 받은 상처를 달랬다. 이쯤 되면 내 결벽증이 너무 심한 것인가?
 내 결벽증은 요즘 체인점(프랜차이즈)을 향해 나타나고 있다. 내 변호사 사무실 옆에 체인 식당이 하나 있다. 많은 종류의 음식이 있고, 맛도 그런대로 괜찮아 자주 이용했다. 야근할 때 같이 밥 먹을 사람이 없으면 혼자 가기도 했다. 하루는 동료 변호사들과 함께 가서 보쌈 정식을 시켰다. 먹다 보니 돼지고기인가 굴이 떨어졌다. 종업원에게 떨어진 음식을 추가로 달라고 했더니, 본사에서 보쌈 정식을 세트로 가져오기 때문에 떨어진 것만 따로 더 줄 수 없다고 하였다. 더 먹고 싶으면 세트를 하나 더 시켜야 할 판이었다. 체인점이다 보니 판매하는 음식물의 선택, 요리방법, 판매방법 등 거의 모든 것이 본사나 다른 체인점과 획일화되어 있고, 각 체인점은 자율성이 없는 것 같았다. 그날 이후 그 식당에 가지 않게 되었다. 개성 있는 사람의 냄새는 나지 않고 돈(자본)의 냄새만 나기 때문이다.

 내 변호사 사무실 건물에는 커피숍이 세 개나 된다. 건물에서 나와 법원 쪽으로 스무 발자국만 옮기면 커피숍이 연속하여 두 개 나오고, 두 건물을 지나 하나 더 있다. 도로 건너 맞은편에도 비슷한 숫자의 커피숍이 있다. 많은 수의 커피숍이 생기는 것이 수요를 반영한 것일 터이므로 거기에 대해 따질 생각은 없다. 다만 유감스러운 것은, 그렇게 생겨나는 커피숍의 대부분이 체인점 또는 프랜차이즈라는 것이다. 두 군데 프랜차이즈 커피숍에 한두 번 갔다가는 다시 가지 않는다. 무심천에 가 음악 소음을 들었을 때와 식당 체인점에 가 돈의 냄새를 맡았을 때와 비슷한 거부감이 생겼기 때문이다.

 체인점이나 프랜차이즈 방식의 영업은 오늘날 자본주의 사회에서는 피할 수 없는 것인지도 모른다. 재래식 방법을 통해서는 체인점이나 프랜차이즈 영업의 자본력과 홍보력을 따라가기가 쉽지 않을 것이다. 이런 식의 영업은 앞으로 더 확대될 가능성이 높다. 그렇게 되면, 엄청나게 불행하게도,

우리 인간들의 삶은 더욱더 무미건조해질 것이다. 소비에 있어서 개성은 점점 사라지고, 전국적으로, 아니 전세계적으로 획일화된 제품과 서비스를 '세뇌'당하고 '강요'당할 것이다. 이것은 자본주의가 안고 있는 근원적인 문제일지도 모른다.

우리 사무실 옆 체인 식당에 가는 것을 그만두고 난 후 혼자 밥을 먹어야 할 때는 그곳보다 4배는 더 먼 곳에 있는 식당으로 가곤 한다. 그곳 식당의 주메뉴는 올갱이 해장국이다. 주인아주머니는 호박잎도 쪄서 내고, 계란후라이도 준다. 계절에 따라 반찬도 조금씩 달라지는 것 같다. 경우에 따라서는 조금 떨어진 곳에 앉아 말을 걸어온다.

"오 변호사님, 농사는 잘 지어요?"

올 연초에 한 텔레비전 다큐멘터리에 내가 잠깐 나온 것을 보고 건네는 말이다.

"올핸 바빠서 제대로 못 하고 있어요."

실제로 올해는 다른 일들이 바빠 텃밭 농사에 소홀한 편이다. 어쨌든 그렇게 밥을 먹고 나오면 배도 부르고 마음도 부르다. 기계가 아니라 사람으로 살아가는 느낌이 든다. 불쌍하다. 고작 그런 것에서 '사람인 것'을 확인해야 하다니. 내 결벽증이 문제인가?

(2011. 7. 24. 충북일보)

걸어서 가는 도서관

작년에 이어 올해도 여름휴가를 제대로 즐기지 못했다. 작년엔 변호사 개업 첫해라 이것저것에 쫓겨 편하게 쉬지 못했고, 올해도 휴가 중 이틀은 사무실에 나왔고 나머지 기간은 도서관에 나가 글을 썼다. 책을 한 권 내기 위해 준비하고 있는데, 모처럼의 휴가가 그 글을 쓰는 데는 아주 좋은 시간이다. 다행히 아내도 나름대로 바쁘고 큰애도 방학이지만 학교에 가야 했기 때문에 가족들의 불만은 별로 없었다.

우리 집은 분평동에 있다. 분평동에는 도서관이 없다. 그래서 전에 아이들이 친구들과 함께 버스를 타고 수곡동에 있는 '기적의 도서관'에 깄던 것을 떠올려, 조그만 컴퓨터를 들고 그곳으로 갔다. 그런데 생각과 달리 도서관의 규모는 작았고, 컴퓨터를 올려놓고 글을 쓸 만한 공간도 여유가 없었다. 그곳은 주로 초등학생들이 이용하는 곳 같았다. 아침 이른 시간이라 빈 책상이 있었다. 한 곳에 앉아 글을 쓰고 있노라니 얼마 지나지 않아 아이들이 몰려들었다. 내가 앉은 책상 맞은편에도 한 엄마와 딸이 나란히 앉아 책을 읽었다. 내가 오래도록 앉아 자리를 차지하고 있기에는 눈치가 보였다.

두 시간 정도 글을 쓰다가 자리에서 일어났다.

오후에는 용암동에 있는 시립도서관으로 갔다. 전에 얼핏 그 부근을 지나다가 도서관을 본 기억이 있어서다. 주차공간이 널찍했는데, 오후임에도 빈 자리가 있었다. 도서관을 이용하는 학생들이 많았다. 열람실은 오래전에 내가 가 본 도서관의 풍경과 달랐다. 전에는 주로 학생들이 학교 시험공부를 하였는데 이제는 전혀 그런 분위기가 아니었다. 도서관 측에서도 그런 시험공부를 위해 오랜 시간 열람실 자리를 차지하지 못하도록 하고 있었다. 특히 3층에 있는 정보자료실은 모두 64개의 컴퓨터가 설치된 좌석을 보유하고 있었는데, 사람들은 그곳에서 정보를 검색하고, DVD를 보거나 음악을 들었다. 그곳 좌석은 도서관에 있는 예약용 PC나 시립도서관 홈페이지를 통해 예약하여야 하는데, 1일 최대 2회, 1회 최대 120분, 1일 최대 240분 이용이 가능하다. 나도 한 자리를 잡고 앉아 두 시간 동안 글을 썼다. 컴퓨터가 설치되어 있기 때문에 USB만 있으면 된다. 도서관이 시설로 보나 운영상으로 보나 대단히 마음에 들었다. 다음 날도 오전과 오후 시립도서관에 가서 글을 썼다.

청주에는 용암동에 있는 도서관 말고도, 시립으로 사천동에 북부도서관, 복대동에 서부도서관, 수동에 상당도서관이 있다. 분평동에는 현재 남부도서관을 짓고 있는 중이다.

전에 검사로 있으면서 영국의 케임브리지대학에서 1년간 연수를 받을 때 가족들과 함께 그곳 마을 도서관을 많이 이용하였다. 시내 곳곳에 도서관이 있어 찾아가기가 아주 쉬웠다. 우리가 살던 집에서도 걸어서 10여분이면 도서관에 갈 수 있었다. 도서관끼리 연계가 되어 있어 한 도서관에서 빌린 책을 다른 도서관에서 반납할 수 있었다. 그때에는 도서관을 아주 쉽고 편안하게 이용할 수 있는 것이 신기했다.

　이제 우리 청주도 선진국과 비슷하거나 그 이상 수준의 도서관을 확보하게 되는 것 같다. 내가 가 본 기적의 도서관이나 용암동 시립도서관의 경우 그 시설만 놓고 봐서는 케임브리지의 그것보다 훨씬 더 낫다. 도서관에 이렇게 예산을 투자하는 것에 대해 굉장히 긍정적으로 본다. 이것은 시민들의 내적인 정서를 살찌우는 것이다. 시민들의 정서가 스스로 공부하여 순화純化되어야만 정치·경제·사회·문화가 다 원만해지고, 민주주의가 실질적으로 발전하게 된다. 연말이면 인도의 보도블록을 갈아치우거나, 문의면 소재지에서 청남대까지 자전거도로를 설치하는 것 따위의 전시행정과 감히 어찌 비교할 수 있으랴.

　분평동에서 짓고 있는 남부도서관은 올해 11월께 완공된다고 한다. 그곳은 우리 집에서 10여 분밖에 걸리지 않는다. 식사를 마치고 아내와 아이들과 함께 걸어서 도서관에 가 책을 읽고, 집으로 돌아오면서 각자 책 읽은 것에 대해 이야기를 나누는 모습을 미리 기분 좋게 상상해 본다.

(2011. 8. 9. 충북일보)

환경운동 실천 이야기

　어제 모처럼 한 산악회를 따라 강원도 홍천에 있는 공작산에 다녀왔다. 아직 나뭇잎은 짙은 초록이지만, 한결 높아져 색깔이 분명한 하늘과 시원하게 부는 바람이 가을을 느끼게 해 주었다. 6시간 조금 넘게 걸었는데, 자연의 기운 속에 푹 파묻혔다가 돌아온 느낌이다.
　그런데 바깥 활동을 하다 보면 언제나 문제 되는 것이 쓰레기다. 어제 산행 준비를 미리 하지 못하고 급하게 짐을 꾸려 집을 나서는 바람에 등산컵을 빼먹었다. 작년 봄 우리 법인에서 산악회를 만들고 난 지 얼마 지나지 않아 내 비용을 들여 등산컵을 사 회원들에게 돌렸다. 산에 갈 때마다 종이컵을 쓰는 것이 마음에 걸렸기 때문이다. 그런 경험이 있음에도 산에 갈 때 가끔 등산컵을 빠뜨린다. 그럴 때면 마음이 계속 불안하다.
　어제도 결국 산에 오르면서 맥주를 마실 때 다른 사람이 준비해 온 종이컵을 사용했다. 마음이 불편했다. 어제 따라간 산악회는 비교적 일회용품을 많이 사용하지 않았다. 그래도 물티슈, 나무젓가락 같은 것이 눈에 띄었다. 산행을 마치고 뒤풀이로 고기를 구워 먹을 때는 쓰레기가 꽤 많이 나왔다.

내가 다니는 정토회라는 단체에서는 얼마 전부터 환경 실천 운동에 박차를 가하고 있다. 오래전부터 빈그릇 운동 등을 실천해 왔지만, 부족하다는 생각에서 새로운 의지를 갖고 실천하기 위해 환경수행일지까지 작성하고 있다.

이곳에서 하는 환경 실천 운동의 내용을 보면 내 컵 갖고 다니며 쓰기, 음식물 남기지 않기, 육식 자제하기, 사용한 물 재활용하기, 사용하지 않는 전원 코드 뽑기, 대중교통 이용하기, 캔 음료 먹지 않기, 인스턴트 식품 먹지 않기, 장바구니 사용하기 등이다. 이 가운데 난 사용한 물 재활용하기, 대중교통 이용하기, 육식 자제하기가 잘 안 되고 있다.

집에서 가끔 설거지할 때면 낭비를 막기 위해 물을 받아서 한다. 첫 번째, 두 번째 사용한 물이야 탁하기 때문에 그냥 버린다손 치더라도, 세 번째로 헹군 물은 깨끗하여 그냥 버리기에는 아깝다. 환경수행일지를 작성하다 보니 그것이 눈에 보였다. 그 후론 가능하면 설거지 때 세 번째로 사용한 물은 화장실 변기의 물 내릴 때 사용하고 있다. 채소를 마지막으로 씻은 물도 가능하면 위와 같이 재활용하려고 노력하고 있다.

대중교통 이용하기는 거의 실천을 하지 못하고 있다. 변호사 일을 위해서는 불가피한 측면이 있기는 하지만, 그렇지 않은 많은 경우에 습관적으로 자가용을 이용하고 있다. 참고로, 간디나 스콧 니어링* 같은 분들은 여행할 때면 언제나 최하 등급의 대중교통을 이용하였다고 한다.

오늘날 사람들의 소비 행태를 보면 그 자원이 무궁무진한 것처럼 생각하

---

*역동적인 사회활동을 하다가 20세기 중반 시골로 들어가 석유를 쓰는 농기계를 사용하지 않고 소박하게 농사를 지으며 자연 친화적인 삶의 모범을 보여준 근본주의자

는 듯하다. 도대체 무엇을 믿고 그렇게 자신만만하게 낭비하는지 바라보는 눈이 불안하다. 그런 소비를 위해 지구의 산림이 무자비하게 훼손되고 있다. 또 우리가 먹는 음식물은 고기나 채소를 불문하고 항생제, 성장촉진제, 농약, 화학비료 등으로 오염에 찌들어 있다. 우리가 필요 이상으로 먹고 쓰고 버리기 때문에 위와 같은 문제가 생겨난다. 이런 문제의 부작용이 머지않아 구체적인 현실로 나타나지 않을까 두렵다.

  환경 실천 운동의 이로움은 자연을 보존하는 것에서 그치지 않는다. 정성스러운 마음으로 적게 쓰고 적게 먹으면 내 몸과 마음이 건강해진다. 적게 먹고 운동을 많이 하게 되니 몸이 건강해질 것이고, 물건들을 아껴 쓰다 보면 자연스럽게 주변 사물들을 사랑하게 되어 마음 또한 건강해질 것이다.

  언젠가 아내와 함께 결혼식장에 갔다. 특이하게 생맥주를 따라 마실 수 있게 키가 큰 종이컵을 쌓아놓았다. 사람들이 많이 이용했다. 나도 쌓아놓은 종이컵을 사용했다. 그런데 아내는 가방에서 컵을 꺼내더니 당당하게 그 컵에 생맥주를 따랐다. 같이 갔던 집안 형수가 그 모습에 충격을 받았다고 했다. 그런 아내의 당당함이 보기 좋았다.

(2011. 9. 6. 충북일보)

빼빼로데이와 허례허식

지난 11월 11일 아침 출근하려는데 보니 중학교 1학년인 큰애 책가방 앞에 빼빼로가 잔뜩 쌓여 있었다. 빼빼로데이에 친구들끼리 빼빼로를 주고받는다는 것은 알고 있었지만, 그 양이 상상을 뛰어넘을 정도로 많았다. 아이에게 "왜 그리 많으냐?"고 물으니, "반 친구들 모두에게 돌려야 한다."고 했다. "친한 친구들에게만 주면 되지 않느냐?"고 조금은 짜증 섞인 말투로 맞서니 "다른 아이들도 다 그렇게 한다."고 말하였다. 녀석은 자신의 한 달 용돈의 절반이 넘는 돈을 빼빼로 사는 데 쓴 것이다. 집 밖으로 나오니 바로 옆 편의점은 잔뜩 쌓여 있는 빼빼로를 사려는 학생들로 무척 붐볐다.

빼빼로데이는 우리나라에서 생겨난 기념일이라고 한다. 다 알다시피 11월 11일의 숫자 모양과 빼빼로를 나란히 세워놓은 모습이 비슷한 것에 착안한 것이다. 이 기념일의 유래에 대해서는 1990년대 중반 부산의 여중생들이 친구들에게 빼빼로처럼 날씬해지라며 빼빼로를 선물한 것에서 비롯되었다는 등 여러 말이 있지만, 그것이 전국적으로 널리 보급되는 데에는 빼빼로 제조사의 상술이 절대적으로 영향을 미쳤을 것이다. 혹자는 과소비를 부추기는 제조사의 위와 같은 상술을 비난한다. 그렇지만 그에 앞서 우리 사회에 만연한 허례허식을 짚어보고 싶다.

빼빼로데이에 친구들 사이에 빼빼로를 주고받는 참뜻은 친구들에 대한 사랑과 배려다. 물론 내 아이처럼 반 아이 모두에게 빼빼로를 돌리다 보면, 전에는 별로 가까이 지내지 않던 아이들에게도 마음을 쓰게 되는 효과는 있을 것이다. 그러나 이런 마음 씀은 사람과 사물에 대한 따뜻한 관찰과 이해를 통해서 생겨난 것이 아니라 자본의 논리에 의한 천박하고 획일적인 풍토에서 일시적으로 생겨난 것이라 깊이가 없다. 한 번 쓰고 버리는 일회용 컵처럼 그것은 소모적이다. 이런 것을 통해서는 진정한 인간관계를 기대할 수 없다. 그런데 그런 정도의 마음 씀으로 인간관계에서 해야 할 도리를 다했다고 치부하는데 문제의 핵심이 있다.

아이들 사이에서 벌어지고 있는 빼빼로데이 문제의 근원은 어른들의 허례허식에 있다.

먼저 아이들 돌잔치를 보자. 천편일률이다. 뷔페식당에서 축하하러 온 사람들은 음식을 가져다 먹고, 그러는 사이 생뚱맞게도 낯선 사람이 마이크를 들고 사회를 본다. 어느 돌잔치에서나 들을 수 있는 식상한 멘트로 손님들의 집중을 유도해 보지만 쉽지 않다. 말을 제대로 알아듣지 못하는 주인공 아이에게 실, 돈, 연필 같은 것들 가운데 하나를 집어 들게 하려는 노력은 눈물겹다. 같은 시간에 식당 군데군데서 이렇게 비슷한 방식으로 돌잔치가 이루어진다. 그렇게 돌잔치를 마치면 아이에게 할 일을 다한 것이 된다.

결혼식이나 장례식도 다를 바 없다. 가족이나 몇몇 친지를 빼놓고는 대부분은 돈 봉투 놓고 밥 먹는 행사에 지나지 않을 때가 많다. 장례식장 빈소에 길게 늘어선 조화들은 리본에 적힌 것처럼 망자의 죽음을 애도하기보다는,

유족들이나 조문온 사람들에게 '내가 조화를 보낸 것을 알아달라'는 것이 진심일 것이다.

지난여름 어머니 칠순 잔치가 있었다. 어머니, 아버지의 형제들과 그 가족을 모시고 조용한 식당에서 이루어졌다. 내가 사회를 보고, 형님이 어머님과 친지분들에게 감사의 마음을 전했다. 이어서 손자, 손녀들이 서툰 솜씨지만 그동안 배운 기타, 플룻을 연주하고 노래를 불렀다. 준비를 좀 더 알차게 했으면 하는 아쉬움이 있었지만, 가족들 간에 유대감이 생기는 걸 느끼는 데는 부족함이 없었다.

평생 자신의 양심을 지키며 소박하게 살다 간 스콧 니어링은 생전에 "내가 죽은 뒤 되도록 빨리 보통의 나무상자에 뉘어 조용히 화장되기를 바란다. 어떤 장례식도 열려서는 안 된다."고 유언했고, 실제 죽은 뒤 그렇게 자연으로 돌아갔다.

친구들끼리 우정을 표현하는 방식은 따뜻하고 다양하고 개성이 있어야 한다. 그러려면 어른들이 먼저 허례허식을 벗어던지는 모범을 보여야 한다. 그렇지 않고는 빼빼로데이의 천박한 행태는 결코 사라지지 않을 것이다.

(2011. 11. 15. 충북일보)

내복을 입는 이유

어르신들에겐 죄송하지만, 요즘 나이가 들어가는 탓인지 한결 추위를 탄다. 창가에 앉아 일하는 탓도 있을 것인데, 천정에서 내려오는 기본 난방만으로는 추위가 가시지 않는다.

사무실 직원 일부는 책상 아래에 전열기를 놓고 추위를 달랜다. 그러나 난 아무리 추워도 전열기는 쓰고 싶지 않다. 전열기를 사용하면 전기료도 문제지만 공기가 건조해져 호흡기와 피부에 좋지 않다. 정확히 규명되지는 않았지만 전열기에서 나오는 전자파의 해로움도 걱정이 된다.

결국 추위에 맞서는 방법은 내복을 입는 것밖에 없다. 전에는 내복을 입으면 답답하더니 올핸 견딜 만하다. 오히려 몸을 따뜻하게 해 주는 느낌이 좋았다. 젊을 때는 한겨울에도 내복을 입지 않는 것이 건강과 힘을 과시하는 것이었지만, 이젠 그런 허영을 떨 나이는 지난 것 같다. 올핸 아무래도 내복을 입는 날이 많을 것 같다.

겨울 추위가 다가오면서 전력 소비량이 크게 늘고 있다고 한다. 전열기 때문일 것이다. 한겨울이 되면 몇 달 전에 있었던 전력 대란을 또 겪을 우려도 있다고 한다. 지난번 전력 대란이 전력 수급체계의 잘못에서 비롯된 측면이 있다고 하더라도 가능하면 전기를 아껴야 할 것이다. 전기에너지원인 화석연료는 매장량에 한계가 있고, 원자력도 안전성을 100% 담보하지 못하고 있다.

내복을 입는 것 말고 주변에서 전기를 아낄 수 있는 방법을 살펴보자. 집 안이나 사무실을 오랜 시간 비울 때는 반드시 전등을 끈다. 텔레비전, 컴퓨터는 사용 후 전원을 끄는 것 외에 플러그를 콘센트에서 빼 기본전력까지 차단한다.

엘리베이터 사용과 관련해서도 걸어 다니는 것 외에 전기를 절약할 방법이 있다. 먼저, 엘리베이터가 두 개인 경우 보통은 두 곳의 버튼을 다 누르고, 먼저 다가온 엘리베이터를 사용한다. 그러면 나중에 다가온 엘리베이터는 사람도 태우지 못하고 혼자 쓸모없이 이동한 꼴이 된다. 그만큼 전력 낭비다. 이런 경우에는 조금 늦더라도 두 개의 엘리베이터 가운데 한 곳의 버튼만 누른다. 다음은, 예를 들어 7층과 8층에 가는 사람이 같이 탄 경우 8층에 가는 사람은 7층에 내려 한 층은 걸어 올라가는 방법이다. 난 아침에 출근할 때 학교에 가는 아이와 함께 내려가면서 이렇게 한다. 1층에서 내려 아이를 배웅하고는 걸어서 차가 있는 지하까지 가는 것이다.

사실 절약은 불필요한 낭비를 막는 경제적인 효과를 넘어서는 의미가 있다. 절약하는 사람은 절약이 필요한 순간들을 계속 살펴야 하니 집중력이 있고, 전기를 이용하면 금방 갈 것을 걸어서 가야 하니 부지런하지 않을 수 없다. 그만큼 활력이 생긴다. 또 절약하는 마음은 단순히 거기서 그치지 않는다. 그 마음은 다른 사물들을 대할 때 그들에 대해 애착을 갖는다. 그만큼 그의 심성은 긍정적으로 고양되고 풍부해진다. 편리만을 추구하는 이기적인 사람들의 속 좁은 각박함에 대비된다.

  어릴 때 시골집은 외풍이 심했다. 자기 전 윗목에 갖다 놓은 물이 아침이면 꽁꽁 얼어붙을 정도였다. 옛날에는 그 추위를 목화솜을 두껍게 넣은 이불로 버티었다. 그렇게 살면서도 쉽게 감기에 걸리지 않았는데, 그것은 신체에 부담을 주는 자연력에 대해 가능한 한 최소한의 인공으로 대응하였기 때문이다. 그것은 삶의 지혜였다.

  오늘날 우리의 아파트 대부분은 한겨울에도 반 팔을 입을 정도로 난방을 한다. 그렇게 난방을 해 건조해지면 가습기를 틀고 공기 청정제를 뿌린다. 이것은 과도한 인공 반응이다. 그러니 밖에 나가 실제 자연에 어느 정도 노출되면 금방 감기에 걸린다. 그러면 병원에 가 주사를 맞고 약을 먹는다. 그러나 아파트의 근본환경이 바뀌지 않으니 또다시 감기에 걸리는 악순환이 반복된다. 자연 속에서 살 수밖에 없으면서도 어리석게도 자꾸만 부자연不自然으로 도망간 업보다.

  올겨울에는 자연스럽고 건강한 삶을 위해 정말로 내복을 열심히 입어야겠다.

(2011. 12. 13. 충북일보)

자본의 정글에서 살아남기

지난 주말 내가 몸담고 있는 법무법인 산악회에서 괴산군 사리면에 있는 보광산(531m)에 다녀왔다. 모래재에서 정상까지 오르막은 싱거웠다. 정상에서 시산제를 지낸 다음 북쪽 능선을 따라 산행을 이어갔다. 그곳에는 눈이 쌓여 있어 그때까지 밋밋하던 산행에 재미가 붙었다.

왼쪽 둔터골로 내려가는 하산길을 찾지 못해 골짜기를 따라 길을 만들며 가야 했는데, 순간순간 제대로 내려갈 수 있을까 하는 두려움이 솟았다. 마침 산짐승이 눈 위로 만들어놓은 발자국이 그나마 안전한 곳을 찾아 내려가는 데 도움이 되었다.

요즘 가끔 자본의 지배력이 더욱더 커가는 지금 사회의 모순과 불합리를 떠올리며 마음속으로 반발하곤 한다. 전국적으로 체인화된 대형마트나 커피숍 등에 가는 것을 극도로 꺼리고 있다. 그런 곳은 나름의 개성은 없고 전국 어디서나 천편일률이다.

소비의 주체인 우리는 남과 다르고 또 달라야 하는데 자본에 의해 획일적인 소비를 강요당한다. 그에 따라 각자의 고유한 인간성은 사라지고 마치

가축처럼 자본의 지배에 길들어 간다.

　최근《한겨레》에 따르면(2012. 2. 13.), 5대 재벌 그룹(친족 그룹 포함)의 2010년 매출액 비중이 국민총생산의 70.4%에 이르렀다고 한다. 인구의 0.1%도 안 되는 재벌 총수와 일가친척들이 나라 경제력의 70%를 쥐고 흔드는 셈이다.

　이 신문은 이제 재벌이 부의 집중을 넘어서 정치·사회·문화의 각 영역에서 강한 지배력을 구축하는 단계라고 진단하였다. 자본은 돈이 된다면 어디라도 손을 뻗어 그의 지배 아래 두려고 한다. 무서운 탐욕이다. 자본독재라는 말이 조금도 어색하지 않다.

　우리는 이처럼 자본이 지배하는 정글 속에서 살아남기 위해 몸부림치고 있다. 살아남는 방법에는 크게 두 가지가 있다. 그 하나는 자본이 제공하는 먹이를 기꺼이 받아먹으며 자본에 가까이 가려고 하는 것이다. 고위공직에서 정의를 외치다가 퇴직 후 대기업에 들어가 전직 동료를 상대로 로비하며 재산을 축적하려는 사람들, 자본주의 문명의 폐해를 제대로 보지 못하고 분수에 넘는 소비를 하면서 조금이라도 더 큰 평수의 아파트로 가려고 하는 사람들이 여기에 해당한다. 이들의 삶은 겉으로는 그럴듯해 보이지만, 결코 욕심을 다 채울 수 없어 항상 조바심을 내며 불안하다. 온전한 살아남기는 아니다.

　그 둘은, 자본이 주는 먹이를 가려 먹고 때로는 자본에 맞서면서 개성 있는 인간으로 살려고 하는 것이다. 온갖 불이익과 고난을 무릅쓰고 소수자의 이익을 위해 헌신해온 분들, 과소비를 부추기는 자본의 유혹에 굴하지 않고 소박한 삶을 살면서도 당당함과 주체성을 잃지 않는 사람들이 여기에 속한다. 겉은 허름해도 내실이 있다. 제대로 살아남는 사람들이다. 이들은 자본의 정글 속에서 길을 잃고 두려워 떨고 있는 많은 사람에게 희망의 빛이요,

눈 위로 난 산짐승의 발자국 같은 존재다.

  자본의 정글에서 보다 많은 사람을 구제할 수 있는 강력한 방법은 국가권력이다. 헌법은 우리 경제 질서가 개인과 기업의 자유와 창의를 기본으로 한다고 하면서도 '국가는 적정한 소득의 분배를 유지하고, 시장의 지배와 경제력의 남용을 방지하며, 경제 주체 간의 조화를 통한 경제의 민주화를 위해 경제에 관한 규제와 조정을 할 수 있다.'고 규정하고 있다(119조).

  그런데 지금 정부 들어서 자본의 지배력은 더욱더 심화되었다. 올해 치르는 두 번의 선거에서 민주정권을 수립해야 하는 이유가 여기에 있다. 소수자에게도 귀를 기울일 줄 아는 참된 민주정권이야말로 이정표가 달린 등산로처럼 자본 밀림에서 빠져나오는 가장 확실한 방법이다.

(2012. 2. 16. 충청리뷰)

아토피가 주는 가르침

요즘 작은애가 아토피로 고생이다. 오른 다리에 제 주먹 반 정도의 크기로 염증이 생겨 진물이 나고 딱지가 생기기를 반복하고 있다. 팔에도 몇 군데 작은 크기로 부스럼 비슷한 것이 났다. 한 달 전쯤에는 얼굴에도 붉은 기운이 돌았는데, 다행히 2~3일 만에 사라졌다.

애가 스트레스를 많이 받고 있다. 때때로 우울해하기도 한다. 나와 아내는 여러 말로 안심을 시키려고 하지만, 다리에 난 염증을 무거운 얼굴로 바라보는 녀석을 지켜보노라면 우리 마음도 무거워질 수밖에 없다. 녀석은 "반바지를 입어야 하는 여름에는 다 낫느냐?"고 물어온다. 확신하지 못하면서도 우린 "그땐 다 나을 거야."라고 말할 수밖에 없다.

녀석은 태어날 때도 귀에 약간의 아토피가 있이 걱정이 많았다. 얼마 지나지 않아 사라져 안심했는데, 초등학교 6학년에 올라가는 지금 다시 나타나니 걱정이 여간 아니다. 병원이나 한의원에 가도 뚜렷한 대책이 없다.

어제는 마음먹고 '위키피디아' 백과 사이트에 들어가 아토피atopy에 대해 공부했다. 아토피의 원인은 명확히 규명되지는 않았지만, 유전적 또는 환경적 요인에서 찾고 있다. 환경적인 측면에서 요인을 찾고 있는 측에서는 꽃가루, 비듬, 진드기, 특정 음식, 화학적 또는 물리적 자극물과 같은 다양한 항원allergen에 노출되었을 때 대단히 예민하게 반응하는 것이 아토피라고 한다. 치료법도 확실한 것은 없다고 한다. 스테로이드 성분의 연고를 많이 사용하는데 이것도 부작용의 위험 때문에 마음대로 사용할 수 없다. 답답하다. 아이를 위해 무엇을 할 수 있을까? 아내는 아이가 먹는 것을 통제하고 있다. 일반 슈퍼에서 파는 음료수, 과자 따위를 먹지 못하게 하고, 조리하는 음식도 직접 텃밭에서 농사를 짓거나 생협에서 산 것만 사용한다. 제 누이가 콜라 마시는 것을 옆에서 부럽게 바라보기만 하는 녀석의 눈빛이 애처롭다. 여기서 더 나아가 무엇을 할 수 있을까?

얼마 전 법정에서 재판 차례를 기다리다가 후배 변호사와 이야기를 나누게 되었다. 후배는 내가 텃밭 농사를 짓는 것에 대해 관심이 많은지 볼 때마다 무슨 농사를 얼마나 짓느냐고 묻는다. 그냥 대충 형식적으로 대답했는데, 후배는 뜬금없이 지금도 아파트에 사느냐고 물었다. 평소 내가 귀농 어쩌고저쩌고하면서도 아직도 도시 아파트에 사는 것을 책망하는 듯한 기분이 들었다. 충격을 받은 것은 그 다음이었다.

후배는 청주시 변두리에 단독주택을 지어 이사 갔다고 했다. 마당이 있는 집에서 아이들을 키우고 싶었다면서, 계속 미루면 아이들이 기다려주지 않을 것 같아 결단했다고 하였다. 그 말을 듣고 스스로 돌아보지 않을 수 없었다. 그동안 고작 '텃밭 농사'를 짓는 주제에, 흙의 중요성을 그렇게 떠들어 왔으면서도 정작 우리 아이들에게는 그렇게 중요한 흙을 경험할 기회를 제대로 주지 못하고 있었던 것이다. 어쩌면 둘째 녀석의 아토피는 게으르고 용기를 내지 못하는 이 아빠를 정신 차리라고 때리는 채찍인지도 모르겠다.

기본적으로 아토피는 몸이 주변 환경과 조화를 이루지 못하기 때문에 생기는 것일 게다. 마늘을 아파트 안에 오래 두면 시골집 처마에 걸어둔 것과 달리 물러진다. 그만큼 아파트 안의 공기는 부자연스럽다. 그 부자연 속에 있는 우리의 몸과 마음도 다 드러나지 않아서 그렇지 실제 속으로는 마늘처럼 물러지고 있을 것이다. 아토피는 빙산의 일각처럼 겉으로 드러난 극히 일부라고 보아야 한다. 우리는 아이들을 위해 모든 것을 바칠 수 있다고 말하면서도 그 실천은 문제가 심각해진 다음에야 하려고 한다. 그때는 이미 늦다. 후배 변호사의 말처럼 아이들은 기다려주지 않는 것이다. 올해는 꼭 흙 마당 있는 집으로 이사 가자.*

(2013. 2. 1. 두꺼비마을신문)

---

*이 글을 쓰고 2년이 지난 2015년 충북 보은군에 흙집을 지었다. 큰애가 고등학교 2학년, 작은애가 중학교 2학년이었다. 지금은 금요일 저녁에 보은에 갔다가 월요일 새벽에 나온다. 머지않아 완전히 들어갈 생각이다.

아내와 함께하는 출근길

연애할 때 아내는 교육청 공무원이었다. 난 합격을 기약할 수 없는 고시생이어서 가끔 만날 때면 아내가 주로 밥과 술을 샀다. 운 좋게(?) 시험에 합격하고, 2년간의 연수원 시절을 마치고 검사에 임용되면서 아내는 직장을 그만두었다.

그 후 아내는 집에서 아이들 키우는 것에 전념했다. 집안일을 열심히 했는데, 내 근무지가 자주 바뀌다 보니 주변에 친구가 없는 아내는 가끔 내게 짜증을 내기도 했다. 그 때문에 짧은 기간이지만 둘 사이가 서먹해지기도 했다. 그 무렵 아이들도 어느 정도 커서 집안일에 여유가 생긴 터라 아내는 법당에 나가기 시작했다. 아내가 나간 법당은 종교수행뿐만 아니라(사실 수행과 삶이 별개는 아닐 것이다) 환경, 통일, 제3세계 구호 등에도 열심인 단체다. 아내의 시각이 서서히 넓어졌고, 그런 아내를 보면서 나도 그 법당에 나갔다. 몇 년이 흘렀다.

아내와 난 작년 대선을 계기로 법당을 그만두었다. 지난 대선은 우리의 종교 생활에도 영향을 미쳤다. 그때 마침 평소 알고 지내던 생협 이사장님에게서 전화가 왔다. "말을 꺼내기가 조심스러운데…"라고 운을 뗐다. 분평동에 생협 매장을 새로 내는데 아내가 거기서 파트타임으로 일할 수 있겠냐고 했다. 변호사 사모님이라 말 꺼내기가 조심스럽다고 했다.

아내는 몸으로 하는 일을 좋아한다. 어린 시절 농사경험이 없으면서도, 밭에 가서 김을 맬 때는 자칭 '삼매경'에 빠질 정도다. 아내는 이사장님 제안을 흔쾌히 받아들였다. 시급時給은 최저임금법에서 정한 최저다.

아이쿱 생협은 회원들 회비로 운영된다. 국산 유기농 제품만 취급하기 때문에 가격이 다소 비싸다. 품질 관리도 주기적으로 엄격하게 해, 기준에 달하지 못하는 공급자는 탈락시킨다. 반대로 기준을 넘은 공급자는 안심하고 생산에 전념할 수 있다. 생협 구조에서 이 부분이 마음에 든다.

오늘날 고도화된 자본주의 사회에서 '정직한' 공급자는 거의 없다. 정직하고 싶어도 그렇게 하면 다른 '부정직한' 공급자와 경쟁이 될 수 없기 때문에 정직할 수가 없다. 자본주의의 태생적 한계일 것이다. 그러나 나의 '정직함'을 누군가 꾸준히 알아만 준다면 나는 계속 정직하고 당당하게 물건을 만들어 공급할 수 있을 것이다. 요즘 많이 이야기되는 협동조합의 논리적 근거는 여기에 있다.

아내가 생협에서 일을 시작한 후부터 우린 다른 소매점엔 거의 가지 않는다. 아내는 자신이 번 시급을 다 바쳐서(넘어서) 그곳에서 물건을 사 온다. 그 전에는 사 먹는 식자재에 대해 '괜찮을까' 하는 불안이 있었지만 지금은 없다. 누군가를, 뭔가를 믿을 수 있다는 것은 참 좋다. 인간사회가 원래는 이렇게 믿을 수 있는 구조로 되어야 한다. 그런데 탐욕스러운 자본은 오로지 이윤에만 관심이 있을 뿐 위와 같은 믿음 구조는 철저히 무시한다. 그 결과 인간은 인간성을 잃고 돈의 노예, 자본주의 구조의 한 부속품으로 떨어지고 만다.

  생협에서는 생협 물건을 이용하는 것에 대해 '윤리적 소비'라고 홍보한다. 착한 소비, 합리적인 소비라고 보아도 좋을 것이다. 정권이 바뀌지 않은 지금 상황에서 자본주의의 폐해를 줄이는 일은 소비를 바꾸는 데서부터 시작해야 한다. 가능하면 대자본이 관여하는 대형매장이나 체인점에 가지 않아야 한다. 나도 그런 식으로 소비생활을 해온 지 몇 년이 지났다. 생협 물건이 다소 비싸긴 하지만 회원으로 가입하면(한 달 회비가 만원 조금 넘는다) 할인이 되기 때문에 부담스러울 정도는 아니다. 윤리적 소비가 사회를 바꾼다.

  아내가 일하는 매장은 내 출근길에 있다. 같이 차를 타고 가다가 내려주는데, 전날 음주로 차가 없으면 함께 매장까지 걸어간다. 우린 그런 시간이 좋다. 요즘은 가는 길 울타리에 핀 덩굴장미가 장관이다.

(2013. 7. 해밀)

획일화는 더 불공정하다

요즘 우리 사회에서 가장 큰 화두는 '공정公正'이다. 아주 다양한 사람들이 모여 사는 사회에서 '공평하고 올바르게' 일을 처리한다는 것은 대단히 어렵다. 가진 자는 더 가지려 하고, 갖지 못한 자는 어떻게든 가진 자의 자리에 가려고 한다. 거기서 벗어나 '나눠 가진다'는 것은 혁명적인 생각과 실천 없이는 공염불에 불과하다.

조국 전 장관의 취임을 놓고 사람들 의견이 크게 갈렸다. 반대하는 이들은 그토록 공정을 부르짖던 조 전 장관이 스스로는 아이들을 좋은 학교에 보내려고 문서를 위조하고, 많은 돈을 벌기 위해 사모펀드 투자 과정에서 위법을 저질렀으니 법무부 장관이 되어서는 안 된다고 주장했다. 지지하는 이들은 이번 수사는 검찰이 그동안 검찰 개혁을 강하게 주장해 온 조 전 장관의 취임을 막기 위해 대다수 언론과 일부 야당을 활용해 먼지떨이 식으로 벌인 위법한 것이라며 검찰 개혁을 강하게 주장했다.

한 사람의 장관 취임을 놓고 언론과 검찰이 이번처럼 하이에나같이 달려들어 물어뜯은 적은 없었다. 언론은 어떻게 해서든 조국의 이중성을 만천하에 드러내려고 했다. 기득권 세력을 대변하는 대다수 언론이 그 기득권 타파를 주장하는 조국이 달가울 리 없다. 검찰도 자신들 권력을 지키려면 필사적으로 저항해야 했다.

언론과 검찰이 싸움을 위해 든 무기가 '공정'이다. 이 싸움에 일부 야당도 가세했다. 그런데 조국에 맞서 '공정'이라는 칼을 든 언론과 검찰, 일부 야당은 그동안 공정했던가? 아니 공정해지려고 노력은 했던가? 촛불에 무너진 권력이 무너진 원인은 돌아보지 않고 촛불만 드는 형국이다. 이들이 든 '공정'의 칼끝은 스스로에게도 아프게 돌아갈 수밖에 없다.

이번에 조 전 장관을 지지한 분들 가운데서도 상당수는 마음 한쪽이 허전했을 것이다. 위법 여부는 확정되지 않았지만, 합법적인 틀 안에서라도 입시를 위해 스펙 쌓는데 상당한 노력을 기울이고 거기에 부모의 지위가 영향을 미친 것에서 실망감과 상대적 박탈감을 느꼈을 것이다. 어찌 되었든 조 전 장관 부부의 행위가 십자포화를 맞을 만큼의 잘못은 아니라도, 우리 사회에 끼친 충격은 어마어마해서 이제 '공정'은 돌이킬 수 없는 화두가 되었다.

사람들 관심은 바로 대학입시로 향했고, 많은 이들이 정시 비중을 크게 늘려야 한다고 주장한다. 일부는 수시를 없애고 옛날처럼 학력고사만으로 선발해야 한다고 주장하기도 한다. 누구도 부정할 수 없는 객관적인 시험 점수가 있으니 그 방법이 가장 공정하다고 한다.

둘째 녀석이 수능을 코앞에 둔 고3이다. 우리 아이들 고등학교 생활을 지켜본 결과 조별공부, 발표, 독서, 봉사활동, 동아리 활동 등 내가 다니던 때보다는 인간과 사회를 배울 기회가 훨씬 더 많다. 나 때는 오로지 시험공부가 다였다. 그렇게 시험공부만 해서 어떻게 인간과 사회를 제대로 알 수 있겠는가. 그렇게 공부한 사람들이 지금 '불공정'을 만들고 그 혜택을 누리고 있지 않은가?

지금의 수시가 그 성격상 공정한 기준과 절차를 마련하는 것이 어렵긴 해도 그동안 학교 교육을 정상화하는데 상당한 기여를 해 왔다. 문제가 있다면 이 기준과 절차를 정비하는 것이 우리가 할 일이지, 그것이 힘들다고 다시 기계적인 인간을 만들어내는 정시(학력고사) 일변도로 가서는 안 된다. 모든 사람을 획일적인 기준으로 평가하려는 것은 더 이상 인간사회가 아니다. 기준과 절차에 의문이 있는 상황에서 수시와 정시 사이에 다소간의 비중을 조절하는 것은 있을 수 있지만, 수시의 교육적 효과를 크게 반감시키는 정도의 조절은 위험하다고 본다.

가장 무서운 것은 획일화다. 언뜻 보면 공정한 것 같지만 자본이나 정치권력에 우르르 따라다니는 줏대 없는 무리를 만들어낼 뿐이다. 이런 사람들은 더 가지려고만 하지 내려놓고 나눌 줄은 모른다. 혁명적인 가치관을 갖고 실천할 수 있는 사람도 다양성 교육에서만 나올 수 있다.

(2019. 11. 14. 충청리뷰)

자전거 출퇴근이 주는 설렘

"자유는 물리적인 속도와 정확히 반비례한다. 그건 자동차와 자전거와 걷는 행위를 비교해 봐도 알 수 있다. 멈추고 싶을 때 누가 멈출 수 있는가? 되돌아가고 싶을 때 누가 되돌아갈 수 있는가?"

청주에서 노동인권센터 일을 하다가 함양으로 농사지으러 간 한 노무사님이 쓴 표현이다. 그는 철저한 생태주의자다. 오줌과 똥을 퇴비로 만들고, 빗물을 받아 쓴다. 집을 지으면서 정화조도 쓰지 않으려고 법적으로 가능한지 나와 이야기를 나누기도 했다. 자신의 행위로 생겨나는 그 어떤 것도 함부로 버리지 않으려 한다. 그는 그렇게 속도를 줄여 더 큰 자유를 얻으려 하고 있다.

작년 4월 사무실을 새로 내면서 가까운 주차장에서 매달 정액 주차권을 샀는데, 이번 3월부터는 그만두었다. 최근 6개월 동안 주차장을 이용한 것이 한 달에 한두 번 정도였으니 이젠 이용할 필요가 없음을 분명히 알았기 때문이다. 그 기간에 자전거가 차를 대신했다. 모질게 추운 날에도 거의 빠짐없이 자전거로 차가운 공기를 가르며 출퇴근했다. 교도소 접견이나 교육청 회의에 갈 때도 가능하면 자전거를 이용하고 있다. 이제 자전거는 일상이 됐고 차를 운전하는 것이 어색할 지경이다. 이렇게 삶의 속도를 줄이며 자유를 늘려가고 있다.

봄이 오면, 봄바람이 전해 오는 생명을 느낄 수 있어야 한다. 땅과 나무껍질을 뚫고 터져 나오는 생명을 가만히 바라보면서 그 놀라운 몸짓에 감동할 수 있어야 한다. 비바람과 따뜻한 햇볕을 온몸으로 맞으며 파고 들어가 봐야 자연과 하나가 될 수 있다. 팔다리와 오감을 다 동원해 자연이 펼치는 변화를 제대로 느끼려고 노력해야만 행복해질 수 있다고 굳게 믿고 있다. 자연스러움이 행복이다.

그런데 자본은 사람의 행복을 가로막는 장애물이다. 자본은 사람이 행복해질 수 있는 길을 곳곳에서 다 막고 탐욕으로 가득 찬 자신의 몸뚱어리를 끝없이 키우고 있다.

자동차로 갈 수 있는 곳이 아주 많은 것처럼 보인다. 멀리, 여러 곳을, 빨리 갈 수 있으니 말이다. 그러나 자동차로 이동하면서는 자연과 거의 교감할 수 없으니 도착한 곳만 갈 수 있다. 걷거나 자전거로 움직이면 자동차처럼 멀리, 여러 곳을 가지는 못해도 움직이며 닿는 모든 곳이 가는 곳이다. 지나는 곳들을 오감으로 다 느낄 수 있으니 말이다. 자동차는 이렇게 **빠름**으로 사람을 현혹하며 행복을 가로막는다.

휴대폰은 소통의 대명사처럼 보인다. 온갖 정보를 순식간에 검색하고, 수많은 사람과 동시에 연결될 수도 있다. 그러나 휴대폰에 익숙해진 사람들은 마주 앉아서도 휴대폰을 본다. 상대방의 눈빛을 보지 않고 자연의 변화도 살피려 하지 않는다. 이제 그것은 번거롭고 귀찮은 일이 되었다. 왜 그것이 참다운 행복이 되는 것인지도 모르고 휴대폰 놀이에만 빠져든다.
 자연스러움이 행복이라는 말에는 많은 이가 고개를 끄덕일 것이다. 그런데 자본이 만들어낸 문명의 이기利器란 것이 대개는 참다운 행복의 방해꾼이 되고 있다는 말에는 얼마나 동의할까? 문명이 아무리 발달해도 그것이 자연과 멀어지는 것이라면 불행의 씨앗이 될 수밖에 없다.
 오늘도 자전거 페달을 밟으며, 오가는 길에서 어떤 기운을 느끼려나, 내 맘은 설렌다.

(2021. 3. 3. 충청매일)

제4부

생태농사

자연스러운 삶을 위해

작지만 강했던 그날의 결단

지난 12월 몸을 담고 있는 법무법인 산악회에서 경남 사천에 있는 와룡산(798m)에 다녀왔다. 와룡산은 바로 옆에 한려해상국립공원을 끼고 있어서 바다와 섬을 바라보며 걸음을 옮기는 산행의 맛이 그만이다. 북쪽으로도 끝없이 펼쳐진(멀리 지리산 천왕봉까지 보인다) 산줄기가 우리 눈과 마음을 활짝 열어젖힌다.

이렇게 바다와 산에 홀딱 빠져 능선을 걷고 있는데, 뒤따라오던 직원이 보들보들한 흙길이 무척 좋다며 연신 감탄사를 터뜨렸다. 와룡산 등산로는 흙길이 많다. 그 위로 솔잎이 떨어져 부드러움을 더해주었다. 나도 그 느낌에 빠져있었는데, 직원의 감탄사를 들으니 그 부드러움이 더 절절하게 다가왔다. 그곳에서 도시의 콘크리트, 아스팔트 바닥을 걸을 때의 느낌을 연상했다. 우리 몸의 구조는 굉장히 예민해서 조금만 집중하면 바닥이 두꺼운 신발을 신었어도 흙과 콘크리트를 밟았을 때의 차이를 분명하게 느낄 수 있다. 이 차이는 사람의 심성에도 그대로 영향을 미친다. 흙길을 밟으며 감탄사를 토해낼 수 있는 사람은 틀림없이 그 심성도 부드럽다. 와룡산의 부드러운 흙길을 밟으며 '자연스럽다'는 것의 소중함을 다시 한번 확인할 수 있었다.

오래전부터 이 '자연스러움'을 화두로 삼고 있다. 자연스러움은 억지스럽지 않음이다. 자연스러움은 보는 이를 편안하게 하지만 억지스러움은 보는 이를 힘들게 한다. 대기와 땅속을 단절시키는 콘크리트 바닥이 억지스러움이라면, 대기와 땅속이 서로 통하는 흙바닥은 자연스러움이다. 시민과 소통하지 않는 정권이 억지스러움(독재)이라면, 시민의 목소리에 귀 기울이는 정권은 자연스러움(민주주의)이다. 나름 자연스러운 삶의 소중함을 통절痛切하게 느끼며 그렇게 살려고 노력하고 있다.

지난 2009년 5월 노무현 대통령이 서거하신 다음 10년 넘게 해온 검사직을 그만두었다. 평소 흠모하던 분이 내가 몸담고 있던 조직에서 모욕적인 수사를 받다가 돌아가신 것을 더는 견뎌낼 수 없었다. 사표를 던질 때 꼬이고 꼬인 억지스러움 속에서 빠져나오는 것 같아 얼마나 홀가분했는지 모른다. 그것은 작지만 자연스러운 삶을 위한 나름의 결단이었다.

서울중앙지검 검사를 그만둔 후 바로 변호사 개업을 하지 않고 전북 부안에 있는 변산공동체에서 3주간 농사를 짓고, 이어서 경북 문경에 있는 정토수련원으로 100일간 출가해 행자 생활을 했다. 그동안의 부자연스러운 도시 생활에서 벗어나 자신을 돌아보며 자연스러운 삶을 자신 있게 살아갈 수 있는 힘을 키우고 싶었다.

본격적으로 시작한 귀농 공부

농사는 평생소원이었다. 가난한 소작농의 아들로 태어났지만, 성장기에 농사의 경험은 흙이 내가 디디고 살아가야 할 바탕임을 무의식에 심어주었다. 흙에는 진짜 생명이 있다. 지렁이를 비롯한 무수한 생물들이 터를 잡고 살아가며, 그 속에서 식물은 싹을 틔운다. 한마디로 흙은 살아 있다. 사람도 그 흙과 함께해야만 제대로 된 생명이다. 어려서 부모님의 농사일을 도우며 그 '살아 있음'을 몸으로 느낄 수 있었던 것 같다.

눈을 돌려 도시를 살펴보자. 주변은 온통 콘크리트와 아스팔트로 덮여 있다. 학교 운동장도 인조 잔디로 도배되어 가고 있다. 사람은 생명이다. 마땅히 살아 있는 가운데 있어야만 온전한 생명이다. 그런데 도시의 주변 환경은 거의 다 죽어 있다. 그런 환경 속에서 사람들은 육체적·정신적으로 병들어간다.

우리 가족은 산에 다니고 텃밭 농사를 하는 것으로 '자연스러운' 삶을 추구하고 있다. 검사로 일하던 2002년경부터 주말농장을 해왔다. 그런데 주말농장은 그저 상추, 고추 따위의 채소만 키우는 것일 뿐 생태농업을 제대로 배울 수 없었다. 본격적으로 귀농 공부를 하고자 서울중앙지검에서 근무하던 2009년 봄 서울생태귀농학교에 입학했다. 2개월 과정이었는데, 주중에는 화요일과 목요일 저녁에 용산에 있는 학교에 가서 강의를 듣고 주말에는 실습을 갔다. 직장 일과 병행하는 것이라 힘들었지만 처음으로 학교다운 학교를, 내가 원하는 학교에 다닌다는 생각에 무척 행복했다. 생태귀농학교에서는 농사의 기술보다는 왜 생태농업을 해야 하는지를 철학적으로, 그리고 경험적으로 가르쳤다.

생태농업은 자급자족을 위해 작물의 다양성을 추구한다. 농약과 화학비료를 쓰지 않는 것은 물론 좀 더 근본적으로는 비닐을 사용하지 않고, 석유를 연료로 사용하는 농기계도 사용하지 않는 것을 요구한다. 물론 생태귀농학교를 나온 분들도 실제 귀농해서는 현재의 관행농에서 크게 벗어나지 못한다고 들었다. 그만큼 근본적인 생태농업은 어렵다. 그래도 이것을 철저하게, 또 성공적으로 실천하고 있는 분들이 계시다. 아직 본격적으로 귀농을 한 처지는 아니지만 그런 분들에게서 용기를 얻고 있다.

내가 머문 변산공동체에서는 인분을 퇴비로 만들어 사용하는 등 생태농업을 철저하게 실천한다. 그들은 소박하고 검소한 생활을 하며, 자급자족하고 남는 것으로 불우한 학생들을 모아 가르치고 있다. 검사를 그만두고 바로 변호사 개업을 하지 않고 변산공동체에 간 것은 내겐 커다란 결단이었다. 처자식을 둔 상황에서 생계 활동에서 벗어나는 것이었으니까. 그것은 내가 사법시험 공부를 시작한 이래 처음으로 삶에 대한 조바심을 내려놓은 것이라고 볼 수 있다. 그전에는 그렇게 하면 내 삶에 엄청난 재앙이라도 닥쳐올 것이라고 느꼈다. 물론 불안함이 있기는 했지만, 변산공동체에서 농사를 짓고 사람들을 만나면서 전에는 경험하지 못한 자유를 느꼈다. 흙과 함께하는 육체노동만이 참다운 행복을 가져다준다는 것도 경험했다.

백일 출가까지 마치고 난 후 청주에서 변호사 개업을 했다. 청주 변두리에 있는 장인어른의 땅 40여 평을 빌려 텃밭 농사도 시작했다. 그리고 어느새 두 해가 지났다. 상추, 쑥갓, 시금치, 열무 같은 잎채소 외에 감자, 옥수수, 고추, 오이, 참외, 콩, 참깨, 들깨, 마늘 등 여러 가지 작물을 심으면서 농사를 배우고 있다. 지금은 꽁꽁 언 밭에 마늘이 싹을 틔울 봄날을 기다리며 겨울잠을 자고 있다.

자연스럽고 행복한 삶이란

새로 시작한 변호사 일과 텃밭 농사를 함께 하는 것은 쉽지 않다. 주말에 시간을 내지 못하면 새벽에 가 한 시간 정도 일을 하고 출근하기도 한다. 아직 바쁘고 틀이 잡히지 않아 파종 시기를 놓치거나 김을 제때에 매지 못하기도 하지만 텃밭 농사는 내게 '살아 있음'이 무엇인지, '자연스러움'이 무엇인지를 구체적으로 깨닫게 해 준다. 호미질하면서 흙의 소리를 듣고, 흙의 냄새를 맡고, 다양한 생명의 변화를 지켜보면서 자연스럽게 살아가는 것의 행복을 누리고 있다. 언젠가 할 완전한 귀농은 보다 '완벽한' 행복을 가져다줄 것이라 믿으면서.

앞으로 이 지면을 통해 필자의 경험을 바탕으로 '자연스러운 삶'에 대해 이야기하고자 한다. 주된 소재는 텃밭 농사가 되겠지만 변호사로서 겪는 일, 아이들을 키우면서 느끼는 것 등도 이야깃거리로 삼을 생각이다. 독자들도 저와 함께 한 해 농사를 지으면서 흙과 함께하는 자연스럽고 행복한 삶을 경험해 보셨으면 좋겠다.

(2012. 1. 레이디경향)

농부 되는 것의 어려움

한겨울에 꺼내 먹는, 내가 기른 무

요즘 밭은 눈으로 덮여 있다. 사람의 발길이 닿지 않으니 눈은 오로지 햇볕으로만 녹아 없어질 수 있다. 봄이 되어야 눈이 스러져 흙이 드러나고, 거기에서 연초록 생명이 터져 나올 것이다. 그러고 보면 눈은 겨우내 추위로부터 땅속 생명 들을 지켜내는 역할을 하는지도 모른다. 눈밭이 포근해 보이는 것은 그와 같이 생명에 대한 따뜻한 사랑 때문이 아닐까? 지난 늦가을 심은 마늘도 눈의 포근함 속에서 단잠을 자고 있을 게다.

밭에는 마늘 말고 무도 있다. 무 구덩이를 만들어 그 안에 무를 보관해 놓았다. 시골 어머니에게 물어 만들었는데 막상 해보니 쉽지 않았다. 구덩이 위로 굵은 나무, 가느다란 나무, 짚을 차례로 덮고, 그 위에 비닐을 씌우고 흙을 덮었다. 비닐은 사용하지 않으려고 했으나 흙으로만 덮어 놓으면 비가 스며들 것 같았다. 혼자서 처음 해보는 것이라 구덩이 모양도 예쁘게 나오지 않았다. 구덩이 안에 들어가는 무도 잎이 나오기 시작한 지점을 칼로 도려내야 한다는 것을 뒤늦게 장인어른에게서 들었다. 그렇게 하지 않으면 땅속에서 무가 싹을 틔운단다.

얼마 전에 처음으로 무 구덩이에서 무를 꺼내 먹었다. 싹이 나기도 하고 바람도 들어 속이 조금은 허옇게 변했다. 아무래도 구덩이에 문제가 있는 모양이다. 그래도 맛은 있었다. 내가 기른 무를 한겨울에도 자연상태에서 보관하면서 먹는 재미와 보람이 적지 않다. 정서적으로 살이 찌는 느낌이다.

전에 서울생태귀농학교에 다닐 때 강사로 나온 전석호 정농생협 이사장에게 들은 이야기다. 무는 본래 기침과 가래에 좋다고 한다. 요즘 마트에 나오는 무들은 크고 길쭉한데, 이것은 다 물이나 거름을 많이 주어 그렇단다. 제힘으로 자라지 않고 물이나 거름에 의해 웃자라다 보니 모양만 무일 뿐 본래 무의 효능은 없다는 것이다. 그런 무는 오히려 기침과 가래를 악화시킨다고 한다.

그것과 비교하면 내가 기른 무는 덩치는 작아도 알차다. 작년 가을, 같이 모임을 하는 누님 한 분이 감기가 심한 것 같아 밭에 가서 무를 몇 개 뽑아다 준 적도 있다. 재작년부터 텃밭 농사를 통해 내 먹을거리를 일부라도 스스로 길러 먹는 즐거움을 누리고 있다.

이번 2월호에서는 산에서 나무를 베어 고추와 오이 지지대를 만들고, 지지대에 매어줄 새끼 꼬는 것을 보여드리고 싶었는데 게으름 때문에 실천하지 못했다. 다른 일과 마찬가지로 농사일도 미리미리 준비해 놓아야 막상 닥쳤을 때 여유롭다. 텃밭 농사 2년을 한 나는 아직도 벼락치기 농사를 짓고 있다. 또 농사 일기의 중요성을 인식하면서도 제대로 쓰지 못하고 있다. 올해는 《레이디경향》에 글을 연재해야 하는 의무감에서라도 좀 더 열심히 해보자고 마음을 먹어 본다.

아직은 완전한 귀농으로 가는 여정

지난 1월호에 실린 글에 대해 '귀농 일기'라 하고, 또 나의 직업을 '변호사·농부'라고 소개했다. 이것을 보고 상당한 부담을 느꼈다. 아직 변호사가 주된 직업이고, 그저 40평 정도의 텃밭 농사를 하는 것에 지나지 않아 '귀농'이라는 말을 쓰기에는 턱없이 부족하다. '농부'란 표현도, 언젠가 그렇게 불리고 싶은 바람은 있지만, 지금은 가당치 않다. 완전히 귀농해 온몸으로 부딪치며 농사를 짓는 분들을 생각하면 이와 같은 표현은 부끄럽기 짝이 없다.

물론 나의 꿈은 완전 귀농이다. 나름 준비도 하고 있다. 텃밭 농사지만 채소류에 그치지 않고 감자, 마늘, 콩, 참깨, 들깨, 옥수수 등 여러 가지를 심어 보면서 공부를 한다. 전국귀농운동본부에서 보내오는 계간지《귀농통문》을 꼼꼼히 보고, 그 외 농사 관련 서적들도 틈나는 대로 보고 있다. 요즘은 후쿠오카 마사노부의『짚 한오라기의 혁명』(녹색평론사)을 읽고 있다. 책은 퇴비를 쓰지 않고 땅도 갈지 않는, 철저한 자연농법으로 관행농 이상의 수확을 올린 사례를 소개하고 있다. 저자는 30, 40년간 자연농법을 연구하고 실험했다. 자연스러운 생태농업에 대한 확고한 철학이 없으면 불가능한 일이다.

나의 귀농 준비는 생활습관에서도 이루어지고 있다. 시골에서는 굉장히 소박하게 살아야 한다. 지금 몸은 비록 도시에 있지만 소박함은 실천하려고 노력하고 있다. 컵이나 휴지 같은 일회용품의 사용을 극도로 자제하고 항상 손수건을 갖고 다니며, 세면대 물도 받아서 쓴다. 집에 전기 청소기가 없고 소파, 침대, 식탁도 없다. 새벽 다섯 시에 일어나 아내와 함께 한 시간 동안 백팔배와 기도를 하니 아침의 부지런함도 얻었다.

사실 지금 당장 시골에 들어가더라도 나름 살 수는 있을 것 같다. 어린 시절 가난 속에서 농사를 도운 경험, 사법시험 준비 때 속리산 암자에 노스님과 단둘이 머물면서 8개월 동안 군불 때고 밥을 지어 먹은 경험, 검사를 그만두고 3주간 변산공동체에 가서 농사를 지은 경험, 백일 출가 동안 청정한 규율 속에서 소박하게 산 경험 등에 비추어 보면 앞에서 한 장담이 허황된 것은 아니다.

그런데 왜 나는 바로 지금 시골로 들어가지 못하는 것일까? 생태농을 하면서 의료, 통신, 생필품 구입 등에 필요한 최소한의 현금은 마련할 수 있을지, 조금이라도 안정적으로 귀농을 하려면 땅을 사고 또 귀농 초기 몇 년간 버텨야 할 돈은 벌어야 하는 것은 아닌지, 지금 중학교 1학년, 초등학교 4학년인 아이들의 장래 교육은 어떻게 되는 것인지, 검사를 그만둘 때 크게 놀랐던 부모님이나 장인·장모님이 변호사마저 그만둔다고 하면 심하게 반대할 터인데 과연 그들을 설득할 수 있을지 등 여러 가지 생각이 떠오른다. 가끔은 내가 정말로 귀농을 원하는 것일까 하는 원초적인 불안이 생겨날 때도 있다. 이런 여러 가지 불안을 바라보고 달래는 것도 귀농의 준비일 것이다.

'다행스럽게도' 귀농에 대한 불안이 일어났다가도 밭에 가 흙을 밟고 냄새를 맡으면 다시 귀농이 내가 가야 할 길임이 분명하게 확인된다. 이런 것들이 무르익다 보면 검사를 그만두고 공동체에 가고 절에 들어갔던 깃처럼 어느 순간 직업을 '농부'라고 말하는 것이 조금도 부끄럽지 않을 날이 오리라고 믿는다.

농부만큼 행복한 직업이 또 있을까

지난 주말, 밭에 가서 장인·장모님이 솥을 걸고 나무를 때 소뼈를 우려 내는 것을 보았다. 연기를 내며 타는 나무를 바라보면서 마음속으로 '저렇게 살아야 하는데…'를 되뇌었다. 밭 한쪽에 설치한 컨테이너 안에 들어가 이불 속에 발을 넣고 모여 앉아 이런저런 이야기를 나누었다.

시내에 집이 있는 장인·장모님은 밭에 오는 것을 무척 좋아하신다. 시설도 잘 갖춰져 있지 않아 불편하실 텐데 어떤 때는 저녁까지 지어 먹고 가신다. 두 분이 그렇게 사시는 것을 보면 자연과 농사가 사람을 얼마나 행복하게 해 주는 것인지를 새삼 깨닫는다. 욕심을 버리고 가난을 자연스럽게 받아들일 내공만 있다면 농사만큼 행복한 직업은 없을 것이다.

장인어른께서 밭일을 잠시 멈추고, 아는 부동산에 땅이 나온 것이 있다며 같이 가보자고 하셨다. 2년 동안 옆에서 보시더니, 그래도 내가 농사짓는 것에 어느 정도 믿음이 생기신 것 같다. 아쉽게도 땅은 거대한 철탑 부근에 있어 전혀 호감이 가지 않았다. 마음에 드는 땅을 만나기가 쉽지 않다. 이번 《귀농통문》은 특집으로 농지를 다루었는데, 농지를 구입하려면 면장으로부터 농지자격취득증명을 받아야 한다는 것을 처음 알았다. 농부가 되는 것이 생각만큼 쉽지 않다.

(2012. 2. 레이디경향)

모든 문제는 나로부터 나온다

지난 2월 22일 청주에서 평화재단 이사장인 법륜 스님의 강연이 있었다. 고인쇄박물관에 마련된 강연장 좌석과 복도를 다 채우고도 모자라 청중은 무대에까지 올라가 앉았다. 나도 무대에서 스님의 옆모습을 보며 강연을 들었다. 강연 방식은 즉문즉설卽問卽說, 그 자리에서 청중이 묻고 스님이 바로 답한다. 그 때문에 청중의 집중력이 대단하다.

초등학교 6학년 딸을 둔 어머니가 물었다.
"딸아이를 장차 민족사관고등학교에 보낼 생각으로 키우고 있습니다. 딸아이는 초등학교 회장 선거 때 한복을 입고 유세를 했습니다. 이렇게 계속 키워도 되는지요?"

그녀는 자신 뜻대로 커 주는 딸아이를 은근히 자랑하는 눈치였다. 스님이 답했다.

"아이한테 옷을 맞춰야 하는데, 미리 좋은 옷을 골라놓고 그 옷에 아이를 맞추려고 하는 꼴이다. 선생질 그만하고 아이 엄마로 돌아가라. 아이는 자연스럽게 스스로 크도록 해야 한다. 엄마는 옆에서 최소한도로 안내만 할 뿐이다. 남을 때리고, 남의 물건을 훔치고, 성추행하고, 거짓말하고, 지나치게 술을 많이 마시거나 마약을 하는 것을 빼놓고는 간섭하지 마라."

이어서 다른 어머니가 아들 문제로 질문했다.

"전에 아들이 국문학과에 진학하고 싶어 했는데 당시는 벤처 열풍이 부는 상황이라 정보학과에 가도록 했습니다. 그런데 아들은 학과에 적응하지 못하고 시나리오 쓰는 일에 몰두하고 있습니다. 명상하는데 토굴(암자)에 가려고도 합니다. 어떻게 해야 되나요?"

스님은 "딸아이를 민사고에 보내려고 한 엄마와 똑같다. (이때 질문자는 민사고 질문자의 문답 때 공감이 갔다고 했다) 아들에게 더 이상 간섭하지 말고 그냥 내버려 둬라. 대신 남편에게 그동안 내 마음대로 해온 것에 대해 참회하라."라고 하셨다.

위 두 문답을 통해 우린 아이들을 어떻게 키워야 하는지를 깨달을 수 있다. 가장 중요한 것은 부모가 자신의 생각에 맞춰 아이들이 가야 할 길에 대해 미리 틀을 만들지 않는 것이다. 자유로운 생명력을 가진 아이들이 스스로의 동력과 느낌과 생각으로 자라도록 해야 한다. 스님 말씀처럼 부모 역할은 옆에서 최소한의 격려와 통제만 하는 것으로 그쳐야 한다.

나의 경우 젊은 시절 남들이 추구하는 대로 사법시험을 공부하고 검사가 됐지만, 끝내는 내가 정말로 원하는 농사와 불교 수행을 위해 검사를 그만두고 지금 불교대학에 다니면서 조금씩 농사를 늘려가고 있다. 이처럼 자신이 원하는 길을 갈 때 사람은 행복하다. 아내와 난 두 아이를 키우면서 가능한 한 위 원칙을 그대로 적용하려고 한다. 성적 스트레스를 주지 않는다. 남에게 피해를 주는 것에 대해선 엄하게 다스리지만 그 외에는 자유롭게 놓아둔다. 아이들은 성적을 올리기 위한 학원엔 다니지 않는다. 대신 중학교 1학년인 큰애는 기타와 킥복싱을 배우고, 작은애도 그가 원하는 플루트와 태권도를 배우고 있다. 밭에 가 흙을 만지고 씨앗도 심어보게 하는데, 특히 이러한 경험이 아이들의 정서에 아주 긍정적인 영향을 미칠 것으로 생각한다.

나를 내려놓기

이번에는 학창 시절 내내 폭력에 시달렸다는 한 대학생이 질문했다. 질문하는 표정이나 태도에서 그동안 자신을 괴롭힌 사람들, 또 자신에게 일정한 길을 강요하는 부모에 대한 분노가 매우 크다는 것을 알 수 있었다.

"전 기타를 치고 싶은데, 부모님은 공부해서 공무원을 하라고 강요합니다. 친구들도 내가 돈이 떨어지면 필요 없다고 다 떠납니다. 세상에 대해 배신감, 분노를 느낍니다. 살아야 할 이유를 모르겠습니다. 그동안 부당하게 대우받은 것에 대해 보복이라도 하고 싶습니다. 어떻게 해야 하나요?"

역으로 스님이 물었다.

"산의 다람쥐는 사는 이유를 알고 사는가?"

"아니요."

"그럼 사람은 사는 이유를 알고 살아야 하는가?"

"사람은 동물과 달리 생각이라는 게 있잖아요."

"그런데 질문자는 생각이 있다면서 그 생각 때문에 지금 괴로워하고 있지 않은가?"

"……."

"세상에 대한 분노를 행동으로 옮기면 나만 손해다. 세상에 배신이라는 것은 없다. 내가 바라니까 그런 것이 생겨난다. 나는 다만 내가 할 일을 할 뿐이다. 상대방이 반응하고 안 하고는 그들의 자유다. 내가 설악산을 좋아한다고 해서 설악산이 반드시 나를 좋아해야 하는가? 기타 치는 것도, 지금 스무 살이 넘었으니 내 밥벌이는 하고서 해라. 밥벌이도 하지 못하고 부모에게 의지하면서 기타만 치려고 하는 것은 바르지 못하다. 일하면서 기타를 치고, 실력이 늘어 기타 치는 것으로 밥벌이가 되면 그때 해라. 세상에 대한 보복보다는 지금 갖고 있는 문제가 내 문제임을 깨닫고 열심히 살면서 부당하게 대우받지 않는 세상(학교 폭력 없는 세상)을 만드는 데 힘을 기울이면 더 낫지 않겠는가?"

질문자가 스님의 말씀을 다 받아들이는 것 같지는 않아도 세상에 대한 분노가 상당히 가라앉는 것을 확인할 수 있었다.

나도 전에는 아버지나 가진 사람들에 대한 분노가 매우 컸고, 그것 때문에 성장 시절 정서적으로 매우 힘들었다. 그런데 검사를 그만두고 법륜 스님이 지도법사로 계신 정토회에 백일 출가해 나를 내려놓는 공부를 하면서 모든 것이 내 문제임을 알게 됐다. 내 기준으로만 세상을 보려 하고, 다른 사람들의 기준은 인정하지 않기 때문에 내 기준에 미치지 않는 아버지를 미워하고 다른 사람들을 원망한 것이다. 모든 괴로움과 미움이 실은 다 내 문제다. 나의 기준, 내가 옳다는 생각을 내려놓을 때 밖을 향한 괴로움과 미움이 다 사라진다.

문답을 통한 스님의 강연은 청중을 강한 흡입력으로 빨아들였다. 두 시간의 강연이 어찌나 빨리 지나가는지, 그 시간을 꼭 붙들어놓고 싶었다.

봄을 맞는 농부의 마음

이제 농사철이 다가오고 있다. 얼었던 밭의 흙도 거의 다 녹았다. 지난 일요일에는 밭에서 냉이를 캤다. 겨우내 꽁꽁 얼었던 흙 속에서도 냉이 뿌리는 아주 싱싱하게 살아 있었다. 그런 냉이를 먹으면 몸에도 강한 기운이 전달될 것이다. 마늘이 정력제로 통하는 이유도 한겨울을 땅속에서 나기 때문일 것이다. 비닐을 씌우지 않은 우리 마늘밭에는 아직 싹이 올라오지 않았다.

이번 일요일에는 퇴비를 밭 곳곳에 옮겨 뿌렸다. 퇴비는 집에서 가져간 음식 찌꺼기 등을 발효시킨 것이다. 이 퇴비는 화학비료나 항생제 같은 것들로 오염된 가축의 똥을 원료로 한 퇴비에 비하면 무척 가치 있고 귀한 것이다. 난 인분을 퇴비화해 사용하는 것에 커다란 관심을 갖고 있다. 올해는 밭 바로 옆에 있는 논을 일부 메워 밭 면적이 크게 넓어진다. 밭에 인분을 퇴비화할 수 있는 시설을 만들고, 대나무를 이용해 비가 와도 작업이 가능한 비닐하우스도 세울 생각이다. 농사일이 작년보다 두 배 이상 늘어날 듯하다.

(2012. 4. 레이디경향)

도구로부터의 자유

사람이 도구를 사용한다는 것은 사람을 다른 동물과 구별하는 중요한 기준이다. 도구를 사용함으로써 사람은 인식과 행동의 영역을 크게 넓히면서 다른 생명체들을 압도하는 만물의 영장이 됐다. 또 사람들에게 물질적 풍요를 가져다주었다. 최근 300여 년간 과학기술의 발달은 이런 흐름의 속도를 극대화하고 있다.

흔히들 과학기술(도구)이 인류의 행복을 추구한다고 말한다. 그런데 그것이 고도화될수록 사람들이 느끼는 행복감은 오히려 낮아지고 있다. 왜일까? 인간은 틀림없는 생명체인데 그 생명이 주인이 되지 못하기 때문이다. 어느 순간부터 인간은 고도화된 도구에 예속되기 시작했다. 주객이 전도된 것이다.

딱 적절한, 이만큼의 행복

텃밭에서의 봄 농사는 감자 심기로부터 시작된다. 씨감자는 농장을 하는 종학 형을 통해 두 박스 구했다. 전에도 형에게서 씨감자와 씨마늘을 받았는데 값을 치르려 해도 한사코 거부하면서 막걸리나 한잔 사라고 한다. 아직 나를 온전한 농부로 인정하지 않고 '어떻게 농사짓나 한번 보자'는 태도다. 감자를 수확하면 한 박스 달란다.

작년엔 허겁지겁 감자를 심었는데 올해는 제대로 키워보자는 생각에 거름을 충분히 뿌리고 심기 하루 전날 씨감자를 눈 두세 개가 붙어 있도록 조각을 내어 재로 소독까지 했다.

농사에서 가장 힘든 일 중 하나는 씨앗을 심거나 뿌릴 수 있도록 밭의 흙을 부드럽게 만드는 것이다. 이것은 경운기나 트랙터를 이용하면 간단하다. 그러나 텃밭 농사를 하는 나는 경운기가 없을뿐더러 석유를 동력으로 한 농기계의 사용을 꺼리는 마음도 강하다. 그래서 지난해까지 일일이 삽을 이용해 흙을 파 뒤집고는 괭이로 흙을 골랐다.

그런데 올해 우리에게 새로운 농기계가 하나 생겼다. 파쟁기, 다른 이름으로는 '손쟁기'라고 한다. 이름 그대로 소나 석유를 이용한 동력을 사용하지 않고 손으로 끄는 쟁기다. 앞에서 한 명이 줄을 잡아끌고 뒤에서 쟁기를 밀면서 나간다.

감자를 심는 데 아내와 아이들도 다 함께 나섰다. 맨 처음 손쟁기를 이용해 밭을 갈 때는 아내가 앞에서 끌고, 그 후 간 밭을 다시 고를 때는 비교적 힘이 덜 들기 때문에 아이들이 앞에서 끌었다. 아이들은 처음 해보는 그 일을 재미있어했다. 심어야 할 씨감자의 양이 많은데도 내가 만든 구멍 속에 씨감자 조각을 앉히고 그 위로 흙을 덮어주는 일을 끝까지 해냈다. 씨감자를 다 심고 마지막으로 다시 고랑을 따라 파쟁기로 밀면서 흙을 다듬었더니 밭 모양이 아주 예쁘게 나왔다.

인간이 도구에 예속되지 않고 도구를 지배하면서 스스로 행복할 수 있는 것은 어디까지일까? 아직 텃밭 농사이긴 하지만 적어도 내게는 경운기와 비닐, 농약과 화학비료를 사용하지 않는 것이다. 만일 거기에까지 이른다면 농사는 더 이상 내게 행복을 가져다주지 못할 것 같다. 흙이 만들어내는 생명의 변화를 제대로 느끼지 못할 것이기 때문이다.

    삶은 모든 순간순간 의미가 있다. 지금 이 순간을 희생하면 언젠가는 행복한 순간이 올 것이라는 기대는 착각이다. 지금 이 순간 나의 삶이 참다운 이치(자연의 순리)에 맞지 않으면 바로 바꾸고 거기서 행복을 찾아내야 한다. 그렇지 않으면 나의 삶은 고통스러운 윤회를 거듭하다가 죽음에 다다를 뿐이다. 비닐과 농약을 쓰고 항생제와 성장촉진제를 쓰는 것이 우리 몸과 주변 환경에도 좋지 않다면 그만두어야 한다. 이미 필요의 두세 배 이상으로 먹고 있는 우리는 좀 덜 먹어도 괜찮다. 체르노빌이나 후쿠시마의 원자력 발전소 사고에서 보듯 원자력 발전이 가공할 위험을 안고 있는 것이라면 지금 당장 그것을 없애는 노력을 해야 한다. 우리가 지금 필요 이상으로 낭비하는 전기량이 얼마나 많은가?

자유로운 노동의 뿌듯함

    지난주에는 대나무로 비닐하우스를 만들었다. 앞서 비닐 쓰는 것을 비판해놓고 정작 본인이 비닐하우스를 지었다고 하면 독자들로부터 비난을 받을지도 모르겠다. 그러나 이 비닐하우스는 작물을 재배하기 위한 용도는 아니고 농작물을 말리는 등 작업 공간을 확보하기 위한 것이니 너그럽게 이해해주기 바란다. 오히려 눈을 돌려 대나무를 사용한 것에 주목해 주시면 고맙겠다.

    요즘 대나무를 이용해 비닐하우스를 짓는 사람은 거의 없다. 대부분 이미 틀이 잡혀 나오는 쇠기둥을 이용한다. 그런데 이 쇠기둥은 모양이 잘 나오고 튼튼하다는 장점이 있지만, 시간이 지나면서 녹슨다. 내가 더 마음에 꺼리는 이유는 비닐하우스를 철거할 때 재활용이 되지 않으면 그냥 밭 부근에 흉하게 방치된다는 것이다. 대나무는 쇠와 달리 태우거나 썩힐 수 있어 뒤처리가 매우 간단하다.

청주 육거리시장 부근에 있는 '충남죽제사'에 갔다. 가격을 물으니 의외로 쌌다. 50개 한 다발에 75,000원이었다. 만 원을 더 주면 밭까지 배달해 준다고 했다. 생각보다 싸게 대나무를 산 마음에 주인아저씨에게 5,000원을 더 얹어 모두 9만 원을 주겠다고 하니 85,000원만 받겠다고 했다. 5,000원은 더 받지 않았지만 '자신이 생각하는 정당한 대가 이상은 욕심내지 않겠다'라는 신념을 고수한 뿌듯함이 있었을 것이다. 나 또한 그런 주인아저씨를 바라보는 마음이 흐뭇해졌다. 무릇 사람 사이의 관계는 이래야 하지 않을까?

아저씨와 함께 대나무를 실은 트럭을 타고 밭에 가면서 이런저런 이야기를 나누었다. 전에는 대나무의 주된 용도가 비닐하우스의 골격 재료였다. 지금은 그 수요처가 대부분 사라졌고 그에 따라 죽제사도 거의 없어져 충북에서는 충남죽제사 한 곳만 남았다고 한다. 지금 주인아저씨 가게에서 판매하는 대나무는 대부분 플래카드에 쓰는 것이다. 한창 제19대 총선 선거운동 기간이었는데 아저씨 말로는 대나무 판매량이 급증했다고 한다. 아저씨는 밭에 와서도 대나무를 비닐하우스 짓는 곳까지 옮기는 것을 도와주셨다. 또 반드시 줄을 띄워놓고 높이를 일정하게 맞춰야 한다고 도움말까지 주셨다.

최근 들어 아내는 바빠졌다. 그래서 나 혼자서 비닐하우스를 지어야 했다. 하우스는 폭 5m, 길이 6m의 크기인데, 한쪽에 세워놓은 대나무를 휜 채 반대쪽으로 가 다른 손으로 그곳에 있는 대나무를 휘어 다시 중간으로 온 다음 미리 줄을 띠어놓은 높이에서 묶었다. 혼자서 하는 그 작업이 여간 어려운 일이 아니었다. 높이도 들쭉날쭉 고르지 않았다. '생태'를 고집하는 마음에 묶음 줄도 짚으로 꼰 새끼를 썼는데 고정력이 약해 중간중간 철사를 사용했다. 가끔 주변 밭의 나이 든 아저씨들이 찾아와서는 대나무로 비닐하우스 짓는 것을 신기한 듯 지켜보면서 조언을 해주었다. 전에는 그들도 다 그렇게 대나무를 썼을 것이다.

다음 날에는 장인어른, 아들과 함께 대나무 위로 비닐을 씌우고 하우스 가장자리를 따라 말뚝을 박고 고정 줄을 맸다. 오래전부터 비닐하우스를 짓고 싶었지만 엄두를 내지 못했다는 장인어른은 그것을 해낸 사위를 대견스러워하시는 듯했다. 몇 년 전 교장 선생님으로 정년퇴직한 장인어른도 농사를 짓지만 아직 세밀한 부분까지는 잘 모르신다. 한창 마무리 작업을 하는데 아들 녀석이 다가와서는 불쑥 컵을 내밀었다. 막걸리였다. 이 아비의 수고로움을 조금이라도 덜어주겠다는 녀석의 마음이 컵을 붙들고 있는 고사리손만큼이나 예뻤다.

비닐하우스를 지은 다음 몸살을 좀 앓았다. 그러나 조금도 싫지 않았다. 그것은 행복한 아픔이었다. 내가 도구에 예속되지 않고 도구를 도구로만 사용한, 자유로운 노동의 결과물이니 말이다.

(2012. 5. 레이디경향)

생태뒷간 짓기

오래전부터 인분을 퇴비화하는 데 대해 많은 관심을 가져 왔다. 언젠가 꼭 농사를 지으리라 마음먹었던 차에 검사 시절인 2005년 8월 전북 부안에 있는 변산공동체학교에 3박 4일간 머물면서 농사일을 했다. 그때 인분을 퇴비로 만들어 쓰는 것을 처음 보았다. 아주 놀라운 경험이었다.

인분을 퇴비로 만드는 과정에서 가장 중요한 것은 똥과 오줌을 분리하는 것이다. 이 둘이 섞이면 냄새가 많이 나고 구더기가 생긴다. 이렇게 분리한 뒤 대변에 톱밥이나 왕겨 같은 것으로 덮어주면 냄새가 거의 나지 않고 자연스럽게 발효된다. 그렇게 1, 2년 정도 묵히면 퇴비로 쓸 수 있다. 변산공동체학교의 퇴비장에 쌓인 인분 퇴비를 하루종일 뒤집어주는 일을 했는데 약간 시큼한 냄새만 날 뿐이었다. 난 그때 인분을 퇴비로 만드는 것이 생태농업의 핵심이라고 생각했다.

대한민국에서 가장 좋은 화장실

밭에서 난 것을 먹고 배설한 인분을 다시 밭에 돌려준다. 아주 자연스러운 생태 순환이다. 지금 일반 가정에서 사용하는 수세식 화장실은 위와 같은 순환과는 거리가 멀다. 우린 우리의 똥오줌이 어디로 가는지도 모른다.

변산공동체학교에서 생태뒷간을 경험한 뒤 내 손으로 직접 뒷간을 지으리라는 꿈을 꾸어 왔다. 내 몸에서 나온 것을 헛되게 버리지 않고 퇴비로 재활용하는 것은 얼마나 가치 있는 일인가. 사실 옛날에는 쓰레기가 거의 없었다. 설거지하고 남은 물도 함부로 버리지 않고 퇴비장에 부었다. 나는 쓰레기가 나오지 않는 삶을 지향한다. 최근 생태뒷간에 대한 꿈을 일부 이루었다. 밭에 생태뒷간을 만든 것이다.

작업은 지난 4월 초부터 시작했다. 다행히 나무는 바로 옆 산에서 벌채해 놓은 것을 사용할 수 있었다. 기둥을 세우고 그 위로 도리(기둥과 기둥 위에 건너 얹는 나무), 들보, 서까래를 얹었다. 아주 작은 건물이지만 기본적인 것은 다 갖추어야 한다. 처음으로 해보는 일이라 시행착오가 많았다. 장인어른께서 기둥의 수평 잡는 일을 도와주셨다.

지붕은 솔가지를 썼다. 일단 솔가지로 지붕을 덮었다가 가을에 이엉으로 다시 덮을 생각이다. 밭 주변에서 억새를 베어 지붕 위로 올려 편평하게 깐 다음, 벌채된 소나무에서 꺾어 온 솔가지를 아랫부분부터 차례로 꽂아 올라갔다. 생각보다 들어가는 양이 많아 솔가지를 구하러 여러 번 산에 다녀와야 했다. 혼자서 하는 것이라 일이 더디고 힘들었다. 어느 일요일엔 비를 쫄딱 맞으면서 작업했다.

벽은 높이의 1/3 아래는 돌로 쌓고, 그 위로는 나무를 가로 대고 못으로 박는 방식으로 했다. 전면 벽은 비닐하우스 지을 때 사용하고 남은 대나무를 쓰고 나머지 벽은 벌채된 나무를 가져다 썼다. 주말을 이용해 3주 정도 걸려 뒷간이 완성됐다.

뒷간 안에서 사용할 똥통과 오줌통은 아내의 제안으로 아파트 분리수거장에서 구했다. 이번에 생태뒷간을 만들면서 못과 왕겨 통, 오줌 받는 바가지만 돈을 주고 샀는데, 만 원 정도 들어갔다. 발판(부춧돌)은 한쪽 면이 평평한 돌을 흙을 파고 심어 높이를 맞추었다. 모양이 기대 이상으로 예쁘게 나왔다. 쭈그리고 앉아 변을 보면서 밖을 볼 수 있도록 눈앞에 창문도 냈다. 은은한 송진 냄새를 맡고, 밖의 자연 풍경까지 바라보며 볼일을 보는 것은 도시인들은 쉽게 맛볼 수 없는 호사豪奢다. 아내에게 대한민국에서 제일 좋은 화장실이라고 으스댔다.

생태뒷간의 사용 방법은 이렇다. 먼저 쓰레받기에 왕겨를 깔고 그 위에다 대변을 받는다. 소변은 앞쪽에서 따로 바가지로 받는다. 용변을 다 본 뒤 쓰레받기 위의 대변은 똥통에 붓고 그 위에 왕겨를 뿌려준다. 이렇게 처리하면 인분 특유의 냄새가 거의 나지 않는다. 오줌은 2주 정도 오줌통에서 발효시키면 바로 웃거름으로 사용할 수 있다. 아내나 아들 선재는 아직 생태뒷간 사용하는 것을 어색해하지만 곧 익숙해질 것이다. 버리지 않고 재활용할 때의 행복감은 무엇과도 비교할 수가 없다.

서서히 농부 가족이 되어가다

요즘 우리 밭에는 마늘, 감자가 쑥쑥 자라고 있다. 감자는 한 달 만에 줄기와 잎이 많이 올라왔다. 농작물이 한창인 만큼 풀들도 앞다투어 자란다. 비닐을 쓰지 않았기에 일일이 손으로 뽑아주어야 한다. 아내는 자칭 김매기의 달인이 됐다. 햇볕이 아무리 강해도 밀짚모자와 수건을 뒤집어쓰고 끈기 있게 앉아 풀을 뽑는다. 아내는 마늘밭, 감자밭을 매고도 아직 그 여운을 이어가고 싶었는지 이번에는 장인어른이 심어놓은 더덕과 도라지밭에도 손을

댔다. 아내가 뽑은 풀은 비닐하우스 안에서 말려놓고 있다. 나중에 인분을 퇴비화할 때 사용할 생각이다.

아내는 시골서 자라지 않았어도 이미 훌륭한 농부의 자질을 갖추었다. 생태적인 삶의 가치를 제대로 인식하고 있기 때문일 것이다. 아내는 일상생활에서도 그러한 가치를 실천으로 옮기고 있다. 설거지할 때 나오는 맑은 물은 따로 모아 변기 물 내릴 때 사용한다. 천으로 된 생리대를 쓰고 개인 컵을 가지고 다니며 사용한다. 종종 다른 사람들에게 아내와 함께 농사짓는 이야기를 하면 많이 놀란다. 농사에 뜻을 품고 있는 사람들도 상당수는 아내를 설득하는 것이 관건이라는 말을 많이 한다. 소비 지상주의인 현대인의 도시적 삶의 허무함을 간파한다면 생태적 삶에 대한 이해와 실천은 자연스럽게 되지 않을까 싶다.

아내가 2주 전에 풀을 뽑아준 감자밭엔 어느새 쇠비름 같은 풀들이 막 솟아나고 있었다. 그것들을 바라보노라면 솔직히 두려운 마음이 생긴다. 앞으로 내가 저 풀들과 싸워 이길 수 있을까? 비닐멀칭을 하지 않은 대가는 톡톡히 치러야 할 것이다. 그런데 다행히 올해부터 사용하기 시작한 파쟁기가 풀을 제거하는 데 무척이나 유용하게 쓰이고 있다. 밭고랑을 따라 쟁기질을 하면서 흙을 파 뒤집어주면 제초 효과뿐만 아니라 이랑 위에 있는 작물에 북까지 주는 효과(식물 주변에 있는 흙을 긁어모아 뿌리 부분을 덮어주는 것을 '북준다'라고 한다.)가 있다. 오늘 감자밭의 김매기는 이 방법으로 했다. 이를 본 장인어른이 파쟁기의 뛰어난 효과에 놀라움을 감추지 못하셨다.

장인, 장모님은 주말마다 우리와 함께 밭에 나가는 것을 무척 좋아하신다. 밥도 밭에서 같이 해 먹을 때가 많다. 나무로 불을 때서 만든 데다가 자연 속에서 먹는 것이라 맛이 그만이다.

언젠가 비가 오는 날 비닐하우스 안에서 장인어른과 단둘이 막걸리를 마시게 됐다. 그 자리에서 장인어른이 말씀하셨다. 큰아들도 사위처럼 주말에 아이들 데리고 밭에 왔으면 좋겠다고. 이렇게 자연 속에서 바람을 쐬는 것이 아이들 정서에 얼마나 좋겠냐고.

사실 자연 속에 있으면 아이들 놀 거리는 무궁무진하다. 초등학교 5학년인 아들 선재는 아내와 내가 농사일을 하는 사이 혼자서 흙장난이나 불장난을 하고, 그것도 이내 싫증 나면 방 안에 들어가 자기도 한다. 요새는 컵라면 끓이는 법을 배웠는데, 출출할 때 녀석을 시켜 라면을 끓여 오도록 한다. 고사리손으로 끓인 라면이 얼마나 맛있겠는가. 녀석도 아빠를 위해 그런 일을 한다는 것이 자랑스러운 눈치다. 자연 속에서 흙과 함께 있으면 아이들은 작물처럼 스스로 자란다. 자연보다 더 나은 공부 거리는 없다. 우린 아이들을 그렇게 키우려고 노력해 왔다. 건강하게 자라준 아이들이 고맙다.

(2012. 6. 레이디경향)

어디서나 잘 쓰일 수 있는 사람들

얼마 전 백일 출가 동기 행자님들이 내가 사는 청주에서 모였다. 난 3년 전 검사 사직 후 문경 정토수련원으로 출가해 100일간 행자 생활을 했다. 모두 20여 명이 회향했는데 이번 모임에는 10명이 왔다. 서울은 물론 멀리 창원, 부산, 대구에서도 올라왔다. 100일간 서로 미워하기도 하고 배려하기도 하면서 깨달음을 향해 경쟁했던 도반들에 대한 그리움이 먼 걸음을 마다하지 않게 한 것이리라. 회향 후 두 번째 모임이다. 구성원은 다양하다. 대학교를 막 졸업한 20대 아가씨가 있는가 하면, 환갑을 몇 해 남기지 않은 분들도 있다. 나이 차가 아무리 많이 나더라도 우리끼리는 존댓말을 한다. 깨달음이 나이 따라오는 게 아니기 때문이다.

정토수련원은 요즘 방송에 자주 나오고, 『스님의 주례사』, 『엄마수업』, 『방황해도 괜찮아』 등의 베스트셀러를 저술하신 법륜 스님이 지도법사로 있는 정토회가 운영하는 수련기관이다. 수련원에서는 백일 출가 말고도 4박 5일 일정의 깨달음의 장, 나눔의 장, 명상수련 등도 진행하는데 최근에는 아주 많은 사람이 지원해 접수하는 것 자체가 쉽지 않다고 한다.

백일 출가를 위해 들어온 사람들은 처음 3일 동안 만 배를 하는 것부터 시작한다. 이 만 배를 통과해야만 행자 생활을 시작할 수 있다. 동기 가운데 몇 명은 만 배를 다 마치지 못해 발걸음을 되돌려야 했다. 불가의 계율은 엄격하다. 절은 만 배가 끝난 후에도 매일 500배씩 계속됐다. 얼마나 지긋지긋하던지…….

절은 참회하는 가장 좋은 공부 방법이다. 참회는 내가 옳다는 생각을 내려놓는 것이다. 우리는 내가 옳다는 생각에서 온갖 시비 분별심을 낸다. 남이 내 기준에 맞지 않는다고 미워하고 무시한다. 그런데 내 기준만 내세우는 것이 과연 정당한가? 남이 꼭 내 기준에 맞춰주어야 하는 것인가? 절을 계속하다 보면 조금씩 내 기준을 내려놓게 된다. 그러면서 남을 미워하고 시기하는 마음도 줄어들게 된다. 백일 출가 공부의 핵심은 참회, 즉 내가 옳다는 생각을 내려놓는 것이다.

도반이 있는 것의 소중함

오랜만에 만난 우리는 청주 정토법당에 모여 300배를 하는 것으로 일정을 시작했다. 창원에서 온 행자님이 목탁을 잡았다. 나머지는 관세음보살을 소리 내어 염하면서 절을 했다. 백일 출가 출신이라 그런지 절하는 모습이 여법如法, 질서가 있어 흐트러지지 않음했다. 청주 법당의 공기가 새로워지는 느낌이었다. 3일간 만 배, 97일간 매일 500배씩 한 저력이 남아 있었다.

절을 마치고 나서는 둘러앉아 한 사람씩 돌아가며 마음 나누기를 했다. 지금 이 순간 내 마음에서 올라오는 감정을 '그대로' 내놓는 것이다. 이것은 마음속에 떠오르는 것을 '정리해서' 내놓는 것과 다르다. 후자는 편집된 것으로 사실이 왜곡될 여지가 크고 재미도 없다. 그만큼 깨달음 공부에는 별 도움이 되지 않는다. 이에 반해 전자는 내 마음을 '바로' '그대로' 보는 것이기 때문에 참 나를 찾아가는 데 아주 유용한 수단이다. 가감 없이 생생하게 터져 나오므로 흥미도 있다. 백일 출가 동안 이 나누기도 매일같이 정말로 '지겹도록' 계속됐다.

내가 먼저 했다. 전날 내 책『검사 그만뒀습니다』를 감명 깊게 읽었다는 독자를 만난 흥분에 과음했다. 300배를 하는 내내 그 후유증으로 속이 울렁거렸다. 그것에 걸려 마음을 제대로 살피지 못했고 그 탓에 내 나누기는 밋밋했다. 부끄러웠다. 다른 행자님들은 오랜만에 도반들을 만나 함께 정진하니 마음이 편하다고 했다. 같이 염불을 하며 절을 하니 전혀 힘들지 않다고도 했다. 그러면서 회향 후 살아온 이야기들을 곁들였다. 한 보살님은 남편과 다시 결합해 나름 행복하게 살고 있다고 했다. 다시 취직하신 분, 귀농하신 분도 있고, 나처럼 아직도 술에 휘둘리는 분도 있었다. 각자 그 어떤 식으로 살아간다 하더라도 우리 행자들끼리 만나면 편하다. 백일 간 같이 절하고, 나누기하고, 밥하고, 청소하고, 똥 치우면서 서로의 꼬락서니(우리는 '꼬라지'라고 한다)를 누구보다 더 잘 알고 이해하기 때문이다.

나누기를 마치고 내 텃밭으로 이동했다. 시간은 초저녁으로 접어들고 있었다. 밭은 새벽과 초저녁 기운이 좋다. 새벽은 깨어나는 것이고, 초저녁은 잠들어가는 것이어서 방향은 다르지만 시원하고 변화를 느낄 수 있다는 점에서 비슷하다.

아홉 명의 손님이 적지 않지만 난 준비하는 데 거의 부담을 느끼지 않았다.(아내는 1박 2일 일정으로 정토수련원에 갔다.) 백일 출가 행자들은 어디에 가더라도 자기가 할 일을 스스로 알아서 할 수 있는 사람들이기 때문이다. 자연스럽게 일 나누기가 됐다. 상추를 뜯어 씻는 사람, 밥을 안치는 사람, 자리를 펴는 사람, 불을 피우고 고기를 굽는 사람 등등. 어색하게 있는 사람은 하나도 없다. 이들은 세상 어디에 갖다 놓아도 그 자리에서 잘 쓰일 수 있는 공부를 한 사람들이다. 그런 그들과 함께 있어 나 또한 마음이 흐뭇했다. 시간이 빨리 흘러 헤어질 시간이 금방 다가온 것이 아쉬울 뿐이었다. 세 명의 행자님들은 우리 집에서 하룻밤 묵고 갔다. 도반이 있는 것의 소중함, 즐거움을 새롭게 경험한 모임이었다.

푸르른 아른거림

이젠 텃밭으로 가보자. 지난 호에서 밭에 생태뒷간 지은 이야기를 했는데, 실제 제대로 이용하는 사람은 장인어른과 나뿐이다. 다른 사람들은 소변은 몰라도 대변까지는 엄두를 내지 못한다. 수세식 화장실에 아주 깊게 세뇌가 된 때문이다. 여기서 부자연스러운 것이 오히려 자연스러운 것처럼 행세하는 현대 도시 문명의 모순을 엿볼 수 있다.

똥통은 처음에는 똥과 왕겨가 섞여 표면이 울퉁불퉁하더니 어느 정도 지나면서 평평하게 됐다. 속에서 발효가 제대로 진행되기 시작한 모양이다. 똥통은 왕겨나 마른 풀을 넣어주니 역겨운 냄새가 전혀 없고 벌레도 끼지 않는다. 똥의 발효가 시작되기는 했지만 퇴비로 쓰려면 1, 2년은 더 숙성시켜야 한다. 그래야만 안전하다고 한다. 오줌은 숙성 기간이 짧은데 얼마 전에 물에 희석해서 토마토, 오이 등에 웃거름으로 주었다.

심은 지 두 달 조금 더 된 감자는 노란색을 가운데 안은 흰 꽃이 피고 지면서 땅속에서 알이 굵어가고 있다. 제천으로 귀농한 행자님은 감자 꽃을 따주어야 영양분이 땅속에 있는 알로 집중되어 알이 커진다고 했다. 그래도 예쁘게 핀 꽃을 함부로 꺾고 싶지 않았다. 마늘은 작년보다 더 잘 자랐는데,

줄기 곳곳이 벌레를 먹는 것 같았다. 지난 5월에는 고구마와 참깨를 심었다. 참깨 싹이 의외로 쉽게 나왔고 올해 처음 심어본 고구마도 대부분 죽지 않고 살아났다. 이런 것을 보면 생명에 대한 경외심이 저절로 일어난다.

올해는 주중에도 새벽마다 밭에 나가 한 시간 정도 일을 하고 출근한다. 그렇게 정성을 쏟는 덕분인지 작물들이 더 잘 자라는 것 같고 밭의 모양도 아주 그럴듯하게 잘 나오고 있다. 토마토, 고추, 오이의 지지대도 다 나무로 하고 지지대와 작물을 이어주는 끈도 비닐이 아닌 지푸라기를 쓰고 있다. 그렇다 보니 비닐을 깔지 않은 흙바닥 위로 여러 작물이 조화를 이루며 자연스럽게 자라는 모습이 무척이나 보기 좋다.

얼마 전 밭에서 김을 매고 와 잠자리에 들었는데 눈에 풀이 아른거렸다. 그 아른거림이 싫지 않다고 느껴지는 순간, 옆에서 자고 있던 아내가 말했다.

"여보, 눈에 풀이 아른거려."

우린 잠자리에서도 같이 밭의 풀을 매고 있었다.

(2012. 7. 레이디경향)

야생과의 싸움? 아니 조화!

인류는 신석기 시대부터 농경을 시작했다. 자연상태에서의 채집과 수렵에서 나아가 자신들이 먹을 것을 스스로 조달할 수 있게 됐다. 이를 바탕으로 다른 야생 동물에 비해 우월적인 위치에 올라선 인류는 점차 자신들의 탐욕을 위해 자연을 수탈하기 시작했다. 인류의 자연에 대한 지배와 수탈은 과학기술의 발달과 함께 시간이 갈수록 속도가 붙으면서 확대됐고, 지금은 역사상 최고의 시기를 구가하고 있다. 이제 인간의 손길이 뻗은 곳에서는 자연을 쉽사리 찾을 수 없다. '놀이를 위해' 4대강을 따라 난 자전거도로가 그것에 깔린 자연을 능가하는 가치가 있는 것으로 대접받는 세상이나. 유감스럽게도 이것은 앞으로 더 심해질 가능성이 크다. 그런데 자연은 가만히 당하고만 있을까?

자연스러운 공생을 바라며

농사(여기서 농사는 지붕이 덮여 있지 않은 노지 농사를 말한다. 비닐하우스 재배는 계절이 따로 없다.)에서 6월은 수확이 시작되는 계절이다. 상추 같은 잎채소야 5월부터 뜯어 먹지만 작년 늦가을에 심은 마늘과 올봄 맨 먼저 심은 감자는 6월 중순부터 캔다. 올봄은 유난히도 가물었다. 논바닥이 거북 등처럼 갈라지는 시련 속에서 이 나라 대통령은 외국에 나가 4대강 사업을 거론하며 그 덕분에 가뭄과 홍수를 극복했다고 자랑하는 난센스가 벌어지기도 했다. 4대강 사업과는 전혀 무관하지만 다행스럽게도 우리 텃밭에는 지하수를 끌어댈 수 있어 가뭄을 심하게 타지는 않았다. 마늘과 감자 상태가 그런대로 괜찮았다. 씨앗의 네 배 이상은 거둔 것 같다. 주변 몇 분들에게 조금씩 나누어주기도 했다.

농부들은 밭을 놀리는 것을 죄스러워한다. 옛날 산비탈의 나무와 풀을 불 사르고 화전火田을 일구기까지 하던 농토에 대한 간절한 마음이 아직 남아 있는 탓일 것이다. 나도 빈 밭을 그대로 놓아두면 괜스레 불안해진다. 마늘 캔 밭을 손 쟁기로 갈고 서리태(껍질은 검고 속은 푸른 콩으로 서리가 내린 뒤에 거둔다고 하여 이런 이름이 붙었다.)를 심었다. 하지만 걱정이 생겼다. 바로 야생 비둘기 때문이다.

비둘기는 콩을 무척 좋아한다. 흙 속에 파묻힌 콩 씨앗을 부리로 헤쳐 먹을 뿐만 아니라 싹이 올라왔을 때 그 싹을 잘라 먹기도 한다. 걱정은 현실로 나타났다. 나중에 보니 싹이 나와 제대로 자란 것은 전체의 1/5도 되지 않았다. 장인어른 밭은 나보다 먼저 심은 콩이 한창 줄기를 뻗어 잎이 무성해지려고 하는 찰나였는데, 어느 날 고라니가 침입해 사정없이 잎을 뜯어 먹었다. 장인어른이 밭 둘레에 그물망을 쳤지만 고라니는 이것을 넘어 들어온 것이다. 이 일을 겪으면서 농사는 '야생과의 싸움 아닌가'라는 생각이 언뜻 들었다.

사실 지금 인간들이 농사를 짓는 땅은 본디 인간의 전유물이 아니다. 그곳에서는 다양한 야생 동식물이 자연스럽게 공존하고 있었다. 그런데 인간은 임의로 그곳을 배타적으로 지배하면서 야생 동식물을 내쫓고 자신들만의 먹거리를 기르기 시작했다. 자연의 질서는 오로지 인간에게만 그 땅을 허락한 것은 아닐 것이다.

인간의 이와 같은 횡포에 야생 동식물의 저항은 필연적이다. 뽑고 또 뽑아도 자라나는 잡초들, 농작물에 달라붙어 자신의 생명을 유지하려는 해충들(인간의 기준으로 볼 때), 들로 내려와 콩잎을 따 먹고 고구마밭을 헤집는 산짐승들. 삶의 터전을 빼앗긴 야생 동식물은 그렇게 인간에게 저항하면서 자신의 생명과 종족을 유지하려고 한다.

여기에 가만히 있을 인간들이 아니다. 탐욕스러운 이들은 도시 문명을 확장하면서 야생 동식물의 터전을 추가로 빼앗을 뿐만 아니라 농약, 제초제 같은 치명적인 독약으로 그들에게 맞서는 야생의 생명체들을 말살시킨다. 밭을 온통 비닐로 덮어 다른 생명체들의 숨통은 끊어놓고 돈이 되는 작물만 화학비료라는 촉진제를 주면서 키운다. 그들의 눈앞에는 돈만 보일 뿐 그들의 무자비한 횡포로 말미암아 죽고, 경우에 따라서는 종족 전체가 사라지는 야생의 생명체는 보이지 않는다. 돈벌이에 도움이 되지 않는 것들은 무관심이나 제거의 대상일 뿐이다.

인간도 자연의 일부다. 자연의 기본은 다양성이다. 인간이 먹는 것도 다양성을 바탕으로 해야 한다. 농약, 제초제, 화학비료와 비닐이라는 너무나도 제한된 조건 속에서 단조롭게 자라난 작물을 먹는 사람들은 그 작물처럼 웃자랄 수는 있으나 다양성을 기초로 한 균형을 이루지 못하기 때문에 건강하지 못하다. 웃자란 식물이 주변과 어울리지 못하고 혼자만 잘난 척하다가 한순간 비바람에 쉽게 꺾이는 것처럼, 웃자란 사람도 주변을 지배하려고만

하다가 끝내는 버티지 못하고 몰락하고 만다. 자연은 인류의 탐욕스러운 독재를 무한정 참아내지는 않을 것이다. 우리가 자연(야생)과 조화를 이루어야만 하는 이유가 여기에 있다.

농사, 더불어 사는 지혜

얼마 전 2009년 1월 용산 참사를 다룬 다큐멘터리 영화 '두개의 문'을 봤다. 난 이제까지 현 정권의 비민주성, 반 생명을 가장 상징적으로 보여주는 것이 용산 참사라는 생각을 해왔다. 재개발로 삶의 터전을 빼앗긴 철거민들은 5층짜리 남일당 건물 옥상에 올라 망루를 설치하고 자신들의 생존권을 보장하라며 농성을 했다. 이 철거민들은 어찌 보면 인간의 탐욕에 의해 삶의 터전을 빼앗긴 야생 동식물의 처지와 같다고도 볼 수 있다. 이들의 저항에 대해 자본에 바탕을 둔 이 정권은 돈에 눈먼 인간들이 농약과 비닐로 야생의 생명체를 질식시킨 것과 마찬가지로 농성을 시작한 지 단 하루 만에 그 어떠한 설득이나 협상도 시도하지 않고, 또 농성 진영 내부의 위험 상황을 제대로 파악하지도 않은 상태에서 무자비하게 진압을 하다가 여섯 명(철거민 다섯 명, 경찰 한 명)의 목숨을 잃게 했다. 이 정부의 생명에 대한 대단히 저급한 가치관을 분명하게 확인할 수 있는 사건이다.

새벽에 밭에 가면 장인, 장모님을 뵐 때가 많다. 두 분을 뵙는 반가움이 크다. 오늘 새벽일을 마치고 집에 가려는데 장모님이 아침에 따서 바로 찐 옥수수를 주며 아이들 갖다 주라고 하셨다. 옥수수에 담긴 외할머니의 사랑을 아이들에게 배달하는 내 마음은 행복으로 가득했다.

(2012. 8. 레이디경향)

자급자족의 기쁨

농부의 정성을 먹고 자란다

올핸 텃밭 농사가 꽤 잘되고 있다. 전에는 애를 먹었던 고추나 방울토마토도 괜찮다. 농작물은 농부의 발소리를 듣고 큰다더니 다른 때보다 더 열심히 밭에 들락거린 보람이 있다.

고추는 농약을 치지 않고서는 키우기가 매우 어렵다. 바로 옆에서 농사를 짓는 장인어른도 다른 작물에는 농약을 치지 않지만 고추는 어쩔 수 없다며 농약을 뿌린다. 짧지만 내 경험으로도 그동안 고추에 농약을 치지 않은 대가를 톡톡히 치렀다. 풋고추를 조금 따 먹은 뒤 장마철이 닥치면 내가 키우던 고추는 영락없이 시들면서 병이 들곤 했다. 고추가 빨갛게 익는 것을 보기가 힘들었다.

그런데 올해는 지금까지 하나도 죽지 않고 빨간 고추를 만들어내고 있다. 웃거름이 부족해서인지 크기나 두께가 조금 부실하긴 해도 빨간 고추를 수확할 수 있다는 것만으로도 뿌듯하다. 이처럼 고추가 예년과 다른 것이 꼭 올해 장맛비가 적었기 때문만은 아닐 것이다. 출근 전 새벽 시간을 쪼개 밭으로 나가 이슬을 밟으며 살아있는 것들을 어루만져준 초보 농부의 정성도 분명히 한몫했을 것이다. 그런 정성으로 자란 우리 밭의 고추는 지난여름 우리 가족과 사무실 직원들의 떨어진 입맛을 제대로 보충해주었다.

지난봄부터 회사 직원들 몇몇과 함께 점심에 도시락을 먹는다. 밥은 사무실에서 순번을 정해 밥솥으로 하고, 집에서 반찬을 하나씩 싸 와서 먹는다. 이렇게 먹는 점심의 이로운 점은 과식하지 않게 되고, 먹고 싶지 않은 음식을 먹지 않아도 되며, 직원들 간에 오순도순 사이가 좋아지는 것이다. 점심값을 아끼는 것은 덤이다. 모두 일곱 명이 시작했는데 지금까지 한 명의 탈락자도 없다.

도시락을 먹을 때 우리 밭에서 나온 푸성귀들의 인기가 무척 좋았다. 직원들도 내가 무비닐, 무농약, 무화학비료를 고집하며 키운 것을 다 안다. 봄날에는 상추가 인기를 끌었고, 뜨거운 여름이 되면서는 풋고추가 바통을 이어받았다. 뜨거운 여름날 우리 몸에는 그 뜨거움 속에서 같이 자란 풋고추가 어울리는 법인가 보다. 이래서 예부터 제철 음식을 먹으라고 하는 것일 게다.

아름다운 공생

방울토마토도 올핸 제 역할을 톡톡히 해냈다. 이것도 작년까지는 잘 자라다가 빨갛게 익을 무렵이 되면 죽곤 했다. 올해도 한두 그루가 그렇게 죽기 시작해 무척이나 걱정했는데 다행스럽게도 거기서 그쳤다. 나머지 그루들은 동료의 죽음에 아랑곳하지 않고 힘껏 파란 열매를 붉게 물들였다. 새벽에 갈 때마다 듬뿍 따 와 집에 놓으면 아이들이 오가며 수시로 집어 먹었다.

이처럼 잘 달리던 방울토마토에 어느 날 문제가 생겼다. 벌레가 열매를 파먹기 시작한 것이다. 벌레가 입댄 열매는 곧 물러져 썩어 버렸다. 이젠 방울토마토가 끝났구나 싶었는데, 가만히 지켜보니 벌레들은 자기들이 필요한 만큼만 먹었다. 벌레 때문에 물러진 것보다 싱싱한 열매가 훨씬 더 많아 우리가 따 먹는 양에는 거의 영향을 미치지 않았다. 벌레와 방울토마토의 아름다운 공생을 확인하는 순간이었다.

벌레가 생긴다고 거기다 농약을 쳤다면 어땠을까? 벌레가 없는 토마토 열매는 모양 좋고 색깔도 예쁘기는 하겠지만, 주변 생명체들과는 조화를 이루지 못하고 자라기 때문에 사람들에게도 배만 부르게 할 뿐 별다른 도움은 되지 못한다. 오히려 그것을 먹은 우리도 우리를 둘러싼 생명체들과 조화를 이루지 못하고 힘들어할 가능성이 크다. 사실 농약으로 키운 농작물의 매끈한 모양이나 화려한 색깔이 예쁘다는 것도 편견이다. 난 그런 것들보다 내가 키운 농작물이 투박하긴 해도 훨씬 더 예쁘다. 오늘날 자본주의는 예쁘다는 것의 기준도 자신들이 획일적으로 정의해 놓고 강요한다. 사람들에 대해서도 그렇다. 이 강요에서 벗어나는 것이 진정한 인간 해방이다.

여름이 다 가는 지금, 우리 밭의 방울토마토들은 늙었다. 새로이 꽃을 피우지 않으니 열매는 더 생기지 않고 기왕에 있던 것들만 조금씩 물들이고 있는데 예전만 못하다. 그래도 한세월을 살아온 무게와 여유가 느껴진다. 그 모습에서 한평생 열심히 살다가 노년기를 맞은 사람들을 떠올린다. 거기에는 우리 어머니도 있다.

"자식들 키우느라, 비민주적인 사회의 억압 속에서 살아오느라 얼마나 힘드셨나요? 이제는 당신의 몫(책임)이라고 생각하는 것들을 조금은 내려놓고 쉬세요. 그렇게 쉬는 것이 이젠 당신의 몫(권리)입니다."

분수에 맞는 삶

어제 처 할머니의 발인이 있었다. 구십의 연세를 훌쩍 넘겨 돌아가셨으니 꽤 장수하신 셈이다. 그러나 말년에 몸이 편찮으셔서 오랜 기간 요양원에 계셨다. 그런 탓에 몇 번 뵙지 못했는데, 이런 사정에 처 할머니라는 점까지 더한 탓인지 장례식이 내 것처럼 느껴지지 않았다.

장례식을 더욱 어색하게 만든 것은 전문 상조회사다. 상조업체에서 나와 대부분의 장례식 절차를 대신해주었다. 조문 온 사람들에게 음식을 내주는 것은 물론 제를 지내는 것도 다 그들이 주관했다. 축문을 읽는 것도 그들이었다. 상주들은 그들이 시키는 대로 술을 따르고 절을 하면 됐다. 이런 사정은 장지에서도 마찬가지였다.

이번 장례식을 겪으면서 그것과 비슷한 모양으로 이루어지는 아이들 돌잔치나 결혼식을 떠올렸다. 내 아이의 돌잔치, 나나 내 자식의 결혼식인데 정작 그들은 그 행사를 위해 이렇다 할 노력을 하지 않는다. 그들이 하는 것이라곤 사람들에게 연락해 모임을 알리고, 전문업체에게 돈을 주고 일을 맡기는 것뿐이다. 행사가 천편일률적으로 형식화됐다.

이런 모임에 다녀오면 나도 모르게 화가 난다. 이게 정말 사람 사는 길인가? 돌아가신 부모님을 제 마음으로 보내지 못하고, 돌을 맞은 아이의 축하도 스스로 하지 못하는 우리. 우리가 지금 이 시대를 살아가면서 스스로 할 수 있는 일이 과연 무엇이 있는가? 의식주 가운데 뭐 하나라도 스스로 만드는 것이 있는가?

우리가 하는 것은 오로지 돈벌이뿐, 그 나머지는 다 돈이 한다. 심지어는 아이들도 돈이 키운다. 이런 삶은 온전하지 못하다. 그것은 자본이 만들어낸 기계적 구조 속에서 부품으로 기능하는 것일 뿐이다. 이런 불완전한 삶에서 정말로 벗어나고 싶었다. 그래서 찾아 나선 길이 농사다.

우리 집 먹을거리의 절반은 우리의 청정한 밭에서 나온다. 이것들을 계속 먹다 보니 몸과 마음이 청정해지는 느낌이다. 이제는 일반 식당에서 음식 먹기가 꺼려진다. 3년 전 검사를 그만둘 때까지는 컴퓨터를 보거나 운전할 때 안경을 썼는데 지금은 쓰지 않는다. 그만큼 시력이 좋아졌다는 거다. 아내도 눈이 좋아졌다. 증명할 수는 없지만 건강한 먹을거리를 자급자족하는 즐거움이 크게 작용했다고 믿는다.

앞으로 내 삶의 방향은 가능한 한 내가 필요로 하는 것은 돈에 의지하지 않고 스스로 만드는 것이다. 먹을거리의 자급자족을 늘려갈 것이고, 시간이 조금 걸리겠지만 집도 내가 지을 생각이다. 그동안 내 인연 따라 분수에 맞게 살려고 노력해온 것처럼 앞으로도 그렇게 진정한 나만의 삶을 살아갈 것이다.

(2012. 9. 레이디경향)

방 안에 들어앉은 호박

자연의 시인

주로 법조인들이 보는 《법률신문》이 있다. 법조계에 관련된 기사나 판례 등이 실린다. 이것도 신문인지라 사설과 칼럼이 있기는 하나 보통은 무미건조해 읽는 맛이 없다. 법을 다루는 신문의 특성이기도 하고, 평소 경직돼 부드럽지 못한 법조인의 사고 탓이기도 하다. 읽지는 못하고, 그래서 차마 버리지도 못하는 신문들이 사무실 한쪽에 두껍게 먼지를 이고 쌓이는 때가 많다.

그런데 오늘 뜻밖에도 눈에 확 들어오는 칼럼을 만났다. 박철 변호사가 「자연에 대한 철학」이라는 제목으로 쓴 글이다. 글은 설악산이 세계자연유산 등재에 실패한 이유를 적는 것으로 시작한다. 세계자연유산으로 지정되면 개발에 제약이 많아 재산 가치가 떨어질 것이라는 생각에서 강원도 의회가 등재를 반대하고 주민들도 이에 동조했기 때문이라고 한다.

박 변호사는 현대의 자연철학에 대해, 인간이 뛰어난 능력으로 지구라는 한정된 자원을 너무 많이 이용하고 있다는 반성에서 출발하는데, 인간의 더 좋은 삶을 위해서가 아니라 지구에서 함께 살아가는 다른 종의 동식물들의 공간을 더 이상 빼앗지 않아야 한다는 새로운 윤리와 지구 그 자체에 대해서도 존경과 경외감을 가질 것을 요구한다고 소개했다. 그는 갈라파고스 제도를 세계자연유산으로 보호하는 이유는 가급적 인간의 간섭 없이 오래 이어온 진화 과정이 자연 그대로 계속되기를 바라기 때문이라고 했다.

박 변호사의 이 같은 생각은 내가 텃밭 농사를 지으면서 느낀 것과 거의 같다. 뽑아도 뽑아도 계속 나오는 풀, 지렁이를 비롯한 땅속의 온갖 벌레, 수많은 발짐승과 날짐승, 그들은 인간에게 삶의 터전을 빼앗길 위기에 놓여 생존을 위해 몸부림을 친다. 만일 인간이 그들을 귀찮게 여겨 농약, 제초제 등으로 박멸한다면 우선은 좋을지 모르지만, 다양성의 토대를 잃은 인간도 언젠가 무기력하게 쓰러지고 말 것이다. 이처럼 다른 동식물들은 우리 인간과 더불어 살아가야 할 대상이므로 인간의 생존을 위해 필요한 것이라도 그들에게 미치는 피해는 최소화해야 한다.

시인 도종환은 「내 안의 시인」이라는 시에서 "제비꽃만 보아도 걸음을 멈추고 쪼그려 앉아 / 어쩔 줄 몰라 하며 손끝 살짝살짝 대보던 / 눈빛 여린 시인"이라고 표현했다. 여러분은 어떤가? 길에서 자라는 풀 한 포기를 바라보며 그것을 어루만지면서 생명에 대한 경외감을 느낄 수 있는 시인의 마음이 있는가? 난 텃밭 농사일망정 이를 통해 내 안에서 시인을 키우고 있다. 새벽에 간 밭에서 만나는 이슬 머금은 풀 한 포기, 거미줄 한 가닥도 내겐 벅찬 기쁨이다.

농부의 땅, 개발자의 땅

그런데 요즘 우리 밭은 난리가 났다. 주변에서 택지 조성 공사가 한창이다. 원래 동쪽과 남쪽으로는 나지막한 산이 있고, 나머지 방향으로는 다른 사람들의 논밭이 있었는데, 이제는 사방이 다 황폐해졌다. 중장비를 동원해 순식간에 산을 깎고 논밭을 메웠다. 침입자들은 그 옆에 있는 밭 주인인 할머니에게 땅을 팔라고 했으나 할머니는 거절했다. 할머니는 거의 매일같이 밭에 와 일을 했는데, 그것이 할머니에게는 커다란 낙이었다. 자식들 키우듯 농작물을 키우는 것이 말년의 그녀에게는 쉽게 포기할 수 없는 즐거움이었던 것이다.

그러나 할머니의 저항은 오래가지 못했다. 택지를 만드는 사람들이 할머니의 밭 남쪽으로 4, 5m 되는 축대를 쌓은 것이다. 햇볕과 바람을 제대로 받지 못하는데 어떻게 농사를 짓겠는가? 장인어른께 전해 들으니, 할머니는 그 축대를 보고 울었다고 한다. 어느 날부터 그 할머니 밭도 흙으로 메워지고 있었다.

업자들은 장인어른께도 땅을 팔라고 했으나 장인어른은 거부했다. 그들은 경계를 분명히 한다며 측량을 새로 했는데, 내가 지은 생태뒷간이 있는 부분이 그들이 산 땅에 들어와 있었다. 뒷간을 헐어야 했다. 뒷간을 부수는데, 지난봄 비를 쫄딱 맞으며 산에서 솔가지를 꺾어와 지붕에 꽂던 생각이 떠오르며 마음이 울컥해졌다. 우리 땅이 아니니 당연히 비워줘야 하는데도 괜히 억울했다. 그나마 다른 곳에 터전이 있는 우리도 이럴진대, 마구잡이 개발로 삶의 터전을 송두리째 빼앗긴 산과 밭의 동식물들의 비명과 절규는 어떠했을까?

업자들은 그런 것에는 전혀 아랑곳없이 이번에는 장인어른 밭의 동쪽과 남쪽을 따라서 높은 축대를 쌓았다. 이제 우리 밭에서 산을 바라볼 수 없게 됐다. 우리 밭은 인공물로 둘러싸인 섬이 돼버렸다. 앞으로 전원주택 같은 것들이 본격적으로 들어서기 시작하면 또 얼마나 시끄러울까? 장인어른은 언제까지 그곳에서 농사를 지을 수 있을까? 나는?

미소를 자아내는 누런 호박

뒷간을 허물기 전, 짙은 갈색으로 바뀐 솔가지 지붕 위로 자리를 잡은 누런 호박을 땄다. 한 아름 됐다. 올 농사에서 멋은 이 호박이 다 부린 것 같다. 일찌감치 지붕 위로 올라가 뒷산과 하늘을 배경 삼아 덩치를 키우고 색깔을 바꾸며 농사철 내내 내 시선을 사로잡았다. 그렇게 내게 사랑을 받던 녀석은 지금은 우리 집 거실 그릇장 위에 올라가 있다. 밭에서와 마찬가지로 녀석은 우리 집에서도 최고의 장식품이다. 녀석을 바라볼 때마다 입가에 미소가 절로 떠오른다. 그 커다란 녀석의 몸 안에 있을 무수한 씨앗들을 생각하면 금방이라도 껍질을 뚫고 새 생명이 터져 나올 것 같다. 처음 그 호박을 집에 가져올 때 아이들에게 밭 뒷간 지붕에 있던 것이라고 하니, 호박에서 냄새라도 나는 것처럼 코를 잡고는 치우라고 했다. 아이들도 언젠가는 자연스럽게 그 호박을 미소 지으며 바라볼 날이 올 것이다.

요즘 밭에는 무, 당근, 쪽파, 양파 같은 것들이 있다. 가을이 한창 깊어가도록 크기가 작아 언제 다 크나 싶던 무는 싸늘해지는 날씨에 맞춰 뒤늦게 무럭무럭 덩치를 키운다. 몸통의 절반 가까이가 땅 위로 솟아 있는데도 잘 자라는 것을 보면 신기하다. 당근은 늦게 심은 탓에 뿌리가 가느다랗다. 그래도 깨물어 먹으면 당근 특유의 향긋함이 그대로 느껴진다. 낼모레 아침에는 기온이 크게 떨어진다고 한다. 내일 아침 출근 전 일찍 밭에 가 무와 당근을 뽑을 예정이다. 때론 즐겁고, 때론 힘겹고, 때론 쫓겼던 한 해 농사가 이렇게 저물어 간다.

이제 '행복한 귀농 일기'를 마치게 됐다. 그동안 부족한 글을 읽어주신 분들께 감사드린다. 매달 글을 쓰는 것이 쉽지 않았다. 변호사 일에 많은 시간을 투자해야 하는 탓도 있지만, 더 큰 이유는 '귀농 일기'란 표현이 실제에 맞지 않았기 때문이다. 1백 평 정도의 텃밭 농사를 짓고 있을 뿐인데 '귀농'이라고 하기에는 좀 그렇지 않은가? 이미 지난 2월호에서 말씀드린 것처럼 편집자께서 내 직업을 '농부'라고 소개한 것도 부담스러웠다. 언젠가는 '농부'라고 불리는 게 소원이지만, 아직 '농부'라고 말하기는 부끄러운 수준이기 때문이다. 시골에서 농업에만 전념하는 분들이 내 글을 어떻게 볼지도 두려웠다. 꾸미거나 숨기려고 하지는 않았지만, 내공 있는 농부의 눈에는 아기의 걸음마 정도로 보였을 것이다.

남 앞에 나를 드러내는 것은 자기 점검의 좋은 기회다. 1년 동안 이 지면에 글을 쓰면서 나는 왜 귀농하려고 하는지, 정말로 귀농할 수 있는지, 언제 귀농할 것인지를 끊임없이 살펴야 했다. 지금은 귀농에 대한 마음이 시작할 때보다는 한층 더 구체화 됐다. 내가 10년간 한 검사를 그만두지 않고는 배겨낼 수 없었던 것처럼, 완전히 귀농하는 순간도 그렇게 다가오리라 생각한다.

(2012. 12. 레이디경향)

때를 놓치지 않기

모든 일이 다 그렇듯 농사에서도 제 때에 할 일을 놓치지 않는 것이 중요하다. 때가 지난 다음에는 수습이 불가능하거나 정상으로 되돌려놓는 데 많은 희생이 따른다.

올해 텃밭 농사는 '건달농사'다. 지난번에 말한 대로 주변 공사 현장에서 갖고 온 흙(산을 깎아내고 그 안에서 파낸 것)으로 밭을 덮은 탓에 풀씨가 없어 풀이 거의 자라지 않기 때문이다. 비닐을 전혀 씌우지 않았는데도 그렇다. 풀을 잡는 것이 농사의 절반인데, 그것으로 따지자면 올해 농사는 한가하기 그지없다.

그러나 세상은 공평한 법. 새 흙이라 풀이 자라지 않는 대신 땅에 거름기가 없어 농작물도 잘 자라지 않는다. 그렇다면 밑거름을 충분히 주고, 웃거름도 때에 맞춰 잘 주어야 한다. 그런데 아직 거름 주는 일이 무척 서툴다. 특히 웃거름은 언제, 얼마나 주어야 하는지 잘 모른다. 생태뒷간에서는 똥과 분리한 오줌(대부분은 매일 밭에서 사시는 장인어른 것)이 적지 않게 나오는데, 그것을 어떻게 써야 하는지 모른다. 지난봄에는 양파밭에 오줌을 주었다가 낭

패를 보았다. 양파는 오줌을 주어서는 안 된다고 한다.

　모르면 묻고 찾아서 공부해야 한다. 지금의 텃밭 농사가 4년째고, 해마다 웃거름 주는 것 때문에 스트레스를 받으면서도 제대로 공부를 하지 않고 있다. 변호사 일이 바쁘다는 핑계로 덮으려는 마음이 있지만 게으름 때문임을 숨길 수 없다. 번잡함 속에서도 정신을 차려 기운을 유지해야 하는데, 계속되는 무분별한 과음과 과식으로 몸과 마음이 지치다 보니 정작 시간이 나도 농사공부를 할 엄두를 내지 못하는 때가 너무나도 많다. 이것이 게으름이 아니고 무엇이랴. 게으름 때문에 우리 밭 고추는 키도 크지 못하고 탄저병에 걸리고 말았다. 장모님은 그 고추를 가리키면서 거름이 부족해서 그렇다고 말씀하신다. 에둘러 나의 게으름을 질책하시는 것이다.

　그래도 올 참깨 농사는 아직은 성공이다. 참깨는 거름을 많이 먹지 않는다. 오히려 많이 주면 피해가 생긴다. 호미의 길이 정도로 줄뿌림(호미로 줄을 긋듯이 땅을 파고 그 골에다 씨를 뿌리는 것)을 하고, 나중에는 10센티미터 정도 간격으로 솎아준다. 두 포기를 붙여 경쟁시키다가 나중에 하나를 뽑아 낸다. 올해는 때를 놓치지 않고 비교적 열심히 했다. 덕분에 참깨가 잘 되었다. 밭에 가면 이 참깨나 또 달리 공을 기울인 박은 흐뭇한 마음으로 바라보는데, 고추에는 애써 눈길을 주지 않으려고 한다. 자신의 허물을 돌아보기 싫은 탓이리라.

　어찌 보면 밭은 끊임없이 다양한 모습으로 변하면서 나의 게으름을 꾸짖는 스승 같다. 때를 놓친 다음에 찾아오는 자책감은 견디기 쉽지 않다. 다시 새롭게 기운을 내 보자. 아직 농사가 많이 남아 있다. 참깨와 콩을 잘 돌봐 거두어야 하고, 무, 배추, 양파, 마늘 등 가을 농사도 나를 기다리고 있다. 농사는 그저 먹을 것을 길러내는 노동이 아니다. 몸과 마음으로 부딪치면서 나를 돌아보고 자연의 이치를 알아가는 커다란 공부다.

　잠시 밭에서 눈을 거두어 우리 사회를 돌아보자. 국정원의 대선개입을 규탄하고 민주주의를 지켜내기 위한 촛불집회가 언론의 의도적인 무관심 속에서도 전국적으로 계속 커가고 있다. 청주에서도 매주 금요일 성안길 입구에서 진행되고 있다. 국정원의 대선 개입과 남북 정상 대화록의 무단 공개는 민주주의의 근간을 뒤흔드는 엄청난 범죄다. 국민을 자신들 뜻대로 길들이겠다는 것이다. (나나 우리 아이들이) 길들임 당하지 않으려면 내가 이 나라의 주인임을 '겉으로' '분명하게' 보여주어야 한다. 때를 놓치면 돌이킬 수 없는 것이 어디 농사뿐이겠는가.

(2013. 8. 14. 두꺼비마을신문)

도시농부의 반쪽짜리 시골살이

　작년에 텃밭 농사를 지으며 전과 다르게 한 것들이 있다. 주말에 밭에 가서 잠자고, 음식물 찌꺼기(이제는 '음식물 쓰레기'라고 하지 않는다)를 퇴비로 만들고, 김장김치를 땅속에 묻은 것 등이다. 다 흙에 더 가까워지려고 하는 노력이다.
　작년 초 초등학교 6학년인 둘째에게 아토피가 생기는 것을 보면서, 그것이 흙과 같은 자연의 기운에서 멀어진 탓이라고 믿고 도시를 벗어나 꼭 흙마당이 있는 집으로 이사 가리라 마음을 먹었더랬다. 절실함이나 의지가 부족했던 때문인지 그 다짐을 실천에 옮기지는 못했다. 대신 우린 주말에 밭에 가서 자는 것으로 아쉬움을 달랬다.
　우리 밭에는 장인어른이 만든 컨테이너 방이 있다. 봄부터 그곳에 가 자기 시작했다. 추울 땐 산악용 매트리스를 깔거나 전기장판을 켰다. 수도도 없고 수세식 화장실도 없어 불편할 텐데, 아내나 아이들은 밭에 가는 것을 전혀 싫어하지 않았다. 오히려 그날을 기다렸다. 왜일까?
　우리가 밭에 가는 시간은 주로 밤이었다. 도시를 벗어나 어둠 속 밭에 도착하여 차 문을 열고 나오면 밭과 주변 산에서 밀려오는 맑고 싱그러운 기운이 우리를 반갑게 맞는다. 하늘에는 별들이 빼곡하게 붙어 있을 때가 많다. 어느 날에는 고라니를 보기도 했다. 비 오는 날에는 지붕을 때리는 빗소리를 들으며 기분 좋게 잠 속으로 빠져들었다. 새벽에 일어나 문을 열고 나오면 밭에서는 신비스럽기까지 한 옅은 안개가 피어오르고, 잎에 맺힌 이슬로 작물들은 한결 더 싱싱해 보였다. 밭에서 풀을 뽑거나 일을 하노라면 어느샌가 아내와 아이들도 깨어난다. 사내인 둘째는 밭 구석 아무 데나 가서 오줌을 갈긴다. 이렇게 밭에서 하룻밤을 자고 나면 몸과 마음이 한결 편해진다. 아직 한참 멀었지만 미약하나마 자연에 가까워졌기 때문이다. 이것은 아파트 생활만 해서는 도저히 경험할 수 없는 일이다.

여름에는 모기 등 벌레들과 싸워야 했다. 문에 방충망을 치기는 했지만, 방에 드나들기 위해 문을 열 때마다 방충망에 붙어있던 날벌레들이 방 안으로 들어온다. 모기장을 치고 잤다. 가을로 접어들어 날이 싸늘해지는데도 가족들은 밭에 가려고 했다. 조금 더 추워진 후에 밭에 가면 불을 피워 우리가 기른 고구마나 감자를 구워 먹었다. 갓 구운 감자나 고구마의 껍질을 막 벗겨냈을 때 모락모락 피어나는 김을 여러분은 상상할 수 있는가? 아이들은 이렇게 구워 먹는 것을 무척 좋아했다. 감자를 내가 키워 만든 박 바가시에 담아 놓은 모습이 내 딴에는 하나의 예술작품이었다. 오래전부터 '삶이 예술이다 Life is art'라는 말을 믿고 있다. 밭에서 잠자는 것은 지난 12월초까지 이어지다가 지금은 너무 추워 하지 못하고 있다. 아내는 이런 '반의 반쪽도 안 되는' 시골살이 말고 정말로 '온전한' 시골살이를 하루라도 빨리 하자고 은근히 독촉한다. 그날이 멀지는 않은 것 같다. 성큼성큼 다가오는 느낌이다.

작년 또 하나의 특별한 일은 김장독을 땅에 묻은 것이었다. 무는 전에도 밭에 묻어 겨울에 꺼내 먹은 적이 있지만 김장김치는 처음이다. 이것도 시골살이가 절실한 아내가 먼저 말을 꺼냈다. 다행히 처가에 쓰지 않은 항아리가 있었다. 짚을 태워 그 연기로 항아리 안을 소독한 다음 땅을 파고 묻었다. 옛날 이런 경험이 있는 장인, 장모님도 관심을 가지며 방법을 알려주셨다. 안에 들어갈 김치는 친가에서 가족들이 모두 모여 만든 것이었다. 미리 땅속에 묻어 놓았던 빈 항아리 안에 한 포기 한 포기 재우는 맛이 그만이었다. 내가 먹는 것을 스스로 키우고, 거두고, 저장하는 것은 그 무엇과도 바꿀 수 없는 즐거움이다. 정서가 살찐다는 표현은 이런 때 딱 적당한 것 같다.

딸인 큰아이는 꿈이 커서 과수원을 하는 것이다. 가만히 들어보니 과수농장은 아니고 시골집 마당 여기저기에 여러 과실나무를 심고 가꾸는 것이었다. 도시에서만 산 녀석이 이제는 흙 맛을 알고 조금씩 표현하기 시작하는 것 같다. 다행이다. 아이들이 나중에 뭣이 되든, 모든 생명의 바탕은 흙이고 흙과 함께 하는 삶만이 참다운 행복임을 분명히 깨달으면 좋겠다.

(2014. 1. 두꺼비마을신문)

제철 음식, 제철 사람

요즘 마트에는 딸기가 한창 나오고 있다. 변두리로 나가면 딸기를 파는 비닐하우스들이 벌써 부산하다. 조금만 더 날이 풀리면 이곳을 찾는 사람들이 무척 많을 것이다. 지금 딸기는 다 노지露地가 아니라 비닐하우스에서 키운 것들이다. 노지서 자라는 딸기를 보지 못한 사람들은 지금이 딸기의 제철이라고 생각할 것이다. 그런데 원래 노지 딸기는 5월에 나온다. 그렇다면 딸기의 제철은 지금인가, 5월인가.

제철이란 땅과 대기, 햇볕, 바람, 비 같은 자연의 기운에 그대로 딱 맞는 것을 말한다. 비닐하우스 안에서 나오는 딸기가 위와 같은 자연의 기운에 그대로 딱 맞는가? 아니다. 그렇다면 지금 나오는 딸기는 결코 제철 딸기가 될 수 없다. 그것은 겉모습은 그럴듯하지만 비닐하우스 등을 통해 자연의 기운을 조작하여 '만들어 낸' 부자연스러운 딸기다. 우리가 먹는 것들 대부분이 다 딸기와 같다. 이런 것들을 먹는 우리도 '제철 사람', '자연스러운 사람'이 되기는 어렵지 않을까? 가만히 생각해 보면 이것은 굉장히 심각한 문제다.

우리 아이들 키우는 것도 그렇다. 초등학교 때부터 영어를 배우고 학원에 다닌다. 이번에 고등학교에 들어가는 딸아이한테 들으니 입학한 다음 날부터 밤 10시까지 야자(야간 자율학습)를 한다고 한다. 기가 막힐 노릇이다. 그렇게 '무식하게' 배우는 것들이 세상을 이해하는 데 도움이 되기는 한가? 기본적인 학교 공부도 중요하지만, 자연을 접하고 친구들이나 다른 사람들이 살아가는 모습을 살펴보는 것도 중요하다. 이 두 가지가 같이 보조를 맞춰 나가야만 정상적으로 자란다. 지금 아이들은 겉모습은 그럴듯해 보일지 모르나, 자연의 기운을 제대로 느낄 줄 모르고 다른 사람들을 배려할 줄도 모르는, 비뚤어진 사람이 될 가능성이 크다. '제철 사람'이 못 되는 것이다.

얼마 전 밭에서 톱질을 했다. 가끔 땔나무가 필요해, 장인어른께서 주변 산에서 넘어지거나 베어놓은 나무를 가져온 것을 자른 것이다. 톱질은 요령이 없으면 힘만 든다. 왕복운동을 하는 톱이 좌우로 흔들리지 않고 그대로 직선으로 오가야 하고, 밀 때는 힘을 빼고 잡아당길 때 힘을 주어야 한다. 내 옆에서 나무를 붙잡아주던 둘째 녀석(초등학교 6학년)이 자기도 해보겠다고 나섰다. 요령도 없고 힘도 부족하니 잘 될 리가 없다. 가느다란 것 하나를 간신히 자르고 나더니 힘들어 죽겠다면서 톱을 내려놓았다. 잠시 다른 걸 하면서 놀다가 다시 와서는 또 톱질했다. 요령을 말해주니 조금 나아졌다.

이번에는 두엄탕을 손봤다. 겨우내 그 위에 쏟아부은 음식물 찌꺼기가 얼어 뾰쪽하던 것을 평평하게 만들고 땅콩 대 마른 것으로 덮어주었다. 다시 그 위에 뒷간 안에 모아둔 오줌을 뿌려주려고 하는데 오줌통 안이 얼었다. 어쨌든 두엄이 잘 썩어 밭에 뿌려질 것을 생각하니 마음이 뿌듯해졌다. 다음에는 콩을 심었던 밭이 눈에 들어왔다. 이미 흙은 다 녹았다. 괭이를 가져다 작년에 콩을 베고 남은 밑동과 뿌리를 캐니 쉽게 되었다. 그 일을 하고 있노라니 옆에 있던 아내가 둘째에게 '아빠가 캐 놓은 것을 한곳에 모으라'고 시킨다. 녀석은 입을 삐죽 내밀면서도 시키는 대로 했다.

둘째는 일은 거의 하지는 않지만 밭에 오는 것을 좋아한다. 시원한 바람과 부드러운 흙이 녀석을 부르는 것이다. 이렇게 흙과 바람에 가까워지려고 노력하는 것이 바로 제철 인간이 되는 길이라고 확신한다.

우리 밭에도 딸기가 있다. 작년 봄에 몇 포기 심었다가 늦은 가을 무수하게 새끼를 친 것들을 떼어내 여기저기 많이 심었다. 딸기 농사는 무척 어렵다고 한다. 솔직히 작년에 하나도 따먹지 못했다. 올해는 '제철 딸기'를 먹게 되기 바라는 마음 간절하다.

(2014. 2. 두꺼비마을신문)

외투 벗은 우리 밭

처음 주말농장을 한 것은 검사 5년 차이던 2003년이다. 그땐 전주지검에 있었는데, 밭에 갈 때마다 끊임없이 변화하는 생명 들의 모습에 가슴 뭉클하던 기억이 새롭다. 일을 마치고 돌아올 때면, 자꾸만 뒤를 돌아보게 되었다. 내가 키우는 작물들과 헤어지기 아쉬웠기 때문이다. 농사는 자식을 키우는 것과 다를 것이 없다.

그 후 인천·서울로 옮겨 다니면서도 주말농장은 계속했다. 어느 순간 농사는 내 삶의 한 부분이 되었다. 서울에서 검사를 그만두기 직전에는 생태귀농학교에 다녔다. 훗날 제대로 된 농사꾼이 되기 위한 준비를 나름대로 꾸준히 했다. 생태귀농학교는 '어떻게 돈을 벌까'가 아니라 '어떻게 자연과 하나가 되는 농사를 지을까'를 가르쳤다. 농약과 화학비료는 물론 비닐과 석유 농기계를 쓰지 않는 농사, 똥·오줌을 퇴비로 만들어 쓰는 농사를 배웠다.

검사를 그만두고 청주로 내려온 후에 운 좋게 청주시 변두리에 있는 장인어른 땅을 조금 빌려 농사를 지을 수 있게 되었다. 전에 하던 주말농장은 해마다 땅이 바뀌어 내가 땅을 만들어 갈 수 없었는데, 이제는 뒷간과 비닐하우스까지 짓고 나만의 땅을 만들어가는 것이 너무나도 좋다. 가끔 주변 사람들에게 "아내와 결혼한 가장 큰 보람이 내 땅에서 농사짓게 된 것"이라고 농담을 할 정도이다.

겨울이 다 물러갔다. 밭에서 할 일이 부쩍 많아졌다. 장인어른께서 밭 울타리를 새로 치시면서(고라니 침입을 막기 위함) 밭 입구에 문을 하나 만들자고 하셨다. 당신이 하셔도 될 터인데, 내가 뒷간과 대나무 비닐하우스를 만드는 것을 보고는 내가 하는 것이 더 낫다고 판단하신 모양이다. 전에 뒷간을 지을 때 쓰고 남은 나무판자로 출입문을 만들었다. 경험이 쌓이다 보니, 전보다 더 멋있고 단단하게 만들 수 있었다. 이런 것들이 더 쌓여나가다 보면, 언젠가는 내가 살 집을 스스로 지을 수 있을 것이다. 내게 필요한 것을 스스로 만드는 즐거움이 얼마나 큰지를 도시의 '편안함'에 물든 사람들은 결코 모를 것이다.

마늘과 양파는 늦가을에 심어 겨울을 난다. 한겨울 추위를 견뎌야 하므로 왕겨(벼 껍질)를 덮었는데, 지난 주말 이것을 걷어 냈다. 싹이 올라온 상태에서 왕겨를 그냥 놔두면 비가 왔을 때 수분을 머금은 왕겨가 밤에는 얼어 싹이 죽을 수 있기 때문이다. 왕겨를 다 벗겨 내니 무척 시원해 보였다. 한겨울 외투를 벗은 느낌이었다.

봄 농사의 시작은 감자 심는 것이다. 퇴비를 뿌리고 손 쟁기를 써서 이랑과 고랑을 만들었다. 손쟁기는 소가 아니라 사람이 앞에서 끈다. 텃밭 농사에서는 매우 유용하다. 이것이 없으면 삽으로 일일이 흙을 파 엎어야 하지만 손 쟁기를 이용하면 시간과 노력을 몇 배 절약할 수 있다. 아내와 둘째 아이가 앞에서 줄 하나씩 잡고 끌었는데, 올해 중학교에 들어간 둘째의 힘이 많이 늘었다. 내년이면 혼자서도 충분히 끌 수 있을 것 같다. 어느새 반 농사꾼으로 큰 것이 신기하고 든든하다. 한 시간도 안 되어 감자 한 박스 심을 밭을 만들었다.

《두꺼비마을신문》 지난 1월호에 김장독을 땅에 묻는 이야기를 썼는데, 지난 주말 이 김장독을 파냈다. 작년 12월 1일 묻었으니 세 달 반 만에 꺼낸 것이다. 가족들과 함께 흙을 걷어내면서 김장독을 찾아가는데, 마치 숨겨놓은 보물이라도 찾는 기분이었다. 그런데 그것이 정말 보물이었다. 김치냉장고 작은 통 속에서 익은 김치와는 차원이 달랐다. 땅속 커다란 항아리 안에서 자연스럽게 익은 김치는 어릴 때 먹어보던 바로 그 김치였다. 항아리 아래쪽에는 김칫물이 고였는데, 시큼한 것이 국수를 말면 그만일 듯했다.

우리 밭은 이제 외투를 다 벗어 던지고 뭇 생명들의 다양한 몸짓을 맞을 준비를 마쳤다.

(2014. 3. 두꺼비마을신문)

철들지 못하는 현대인들

우리가 하는 말 중에 '철들다'가 있다. 아이들이 나이가 들어가면서 제 나이에 맞는 행동을 하는 것을 말하는 것일 테다. 철이 들었는지를 판단하는 하나의 기준은 계절에 맞게 제대로 옷을 입느냐이다. 추울 때는 옷을 껴입고 더울 때는 벗을 줄 알아야 한다. 사실 이처럼 철드는 것은 누가 가르치지 않아도 자연 속에 내버려 두면 스스로 다 익힌다.

그런데 우리 현대 '문명인들'은 어떤가. 이미 자연에서 멀어진 지 오래다. 한겨울에 한껏 난방을 하고는 반팔 옷을 입고 지낸다. 뜨거운 여름에는 전력공급량이 달리 정도로 에어컨을 틀고는 긴팔 옷을 입고, 그러다가 감기에 걸리기도 한다. 이 무슨 희귀한 짓인가. 이렇게 보면 스스로만 잘난 '도시 문명인들'은 철들려면 아직 한참 멀었다.

우리는 먹는 것을 통해서도 철이 들었는지를 알 수 있다. 이제 뜨거운 여름이 막 시작되려고 한다. 노지에서 자라는 상추 맛이 제대로 느껴지는 시기다. 난 일부 직원들과 함께 사무실 안에서 집에서 각자 가져온 반찬으로 점심을 먹는다. 지금부터는 내 인기가 올라가기 시작할 때다. 내 텃밭에서 나오는 상추, 깻잎, 풋고추 같은 것들이 더위에 지친 점심 동료들의 입맛을 돋우기 때문이다. 강렬한 햇볕과 가뭄, 비, 바람 따위를 다 겪은 노지 채소는, 이런 자연 조건들과는 무관한 비닐하우스 채소들과는 차원이 다르다. 생김새는 비슷해도, 내용은 전혀 다르다. 어느 것이 우리 몸에 정말로 도움이 될지는 너무나도 뻔하다. 이렇게 제철에 나는 것들을 찾아 먹을 줄 아는 사람이야말로 철이 든 사람이라고 할 수 있다.

딸기도 노지에서는 5월 중순경부터 익기 시작한다. 그런데 사람들은 이때면 이미 딸기에 대해 다 잊어버린다. 한겨울인 2월 이전부터 먹기 시작해 늦어도 4월이면 딸기 먹기가 끝나 버린다. 자연의 기운을 그대로 듬뿍 담은 노지 딸기는 그 후부터 나오는데도 말이다. 왜 이렇게 되었을까? 다 돈 때문이다. 돈을 조금이라도 더 벌려면 자연을 왜곡하여 남들보다 빨리 그럴듯한 상품을 만들어내야 하기 때문이다. 그것이 사람들에게 정말로 도움이 되는지는 고려할 사항이 아니다.

작년에 우리 밭에 처음으로 딸기를 몇 포기 심었다. 거의 수확을 못해 실망이 컸지만, 작년 늦가을 뻗어 나가 흙에 뿌리를 내린 새 딸기포기를 캐내 다른 곳에 옮겨 심었다. 그런데 뜻밖에도 올해 이것들이 빨간 딸기를 막 만들어 냈다. 얼마나 반가운지, 내가 키운 자식이 환하게 웃는 것과 다를 바 없었다. 노지서 제대로 햇볕과 바람과 비를 겪고 자란 딸기는 달콤하고 시큼한 것이 산딸기와 비슷하다. 이것을 먹으면 자연의 기운이 몸 안으로 그대로 들어오는 느낌이다.

텃밭 농사의 즐거움은 바로 여기에 있다. 자연에 조금씩 더 다가가는 것이다. 그러면서 정서는 더욱더 풍부해지고, 자연과 세상에 대한 관찰과 이해의 폭이 넓어져 간다. 그것을 아이들과 함께한다면 그 즐거움과 유익함은 아이들에게도 그대로 옮겨간다. 지금 고1, 중1인 우리 아이들은 밭에 가는 것을 즐긴다. 농사일을 거드는 것은 아니지만 밭에서 경험하는 흙, 바람, 햇볕, 비, 어둠 같은 것들을 좋아한다. 이런 것들을 느껴야 아이들은 온전한 생명으로 자랄 수 있다는 것을 오래전부터 굳게 믿고 있다.

요즘은 하얀 감자 꽃이 피기 시작한다. 두엄탕에 버려진 감자가 싹을 틔운 것에서 먼저 피더니, 그로부터 한참을 지나 내가 심은 감자밭에서도 피기 시작했다. 밭 빈 곳에 아내가 심은 분꽃, 채송화, 맨드라미, 봉숭아도 드문드문 싹을 틔워 자라나기 시작했다. 올해 제일 기대되는 것은 해바라기다. 가을철 파란 하늘을 배경으로 큰 키에 노란 꽃을 피운 해바라기를 상상하는 것만으로도 즐겁다. 제철을 느낄 줄 아는 사람만이 철들었다고 할 수 있다. 여러분들은 정말로 철이 들었는가? 여러분의 아이들은 철이 들도록 키우시는가?

(2014. 6. 두꺼비마을신문)

도시 삶의 숨통, 텃밭

지난 주말에도 밭에서 잤다. 밭에는 그냥 컨테이너가 하나 있을 뿐 수도나 화장실 등 편의시설은 전혀 없다. 지하수를 뽑는 시설은 있지만 수도꼭지는 없다. 이를 닦으려면 받아 놓은 물을 써야 한다. 오줌이나 똥을 누려면 열댓 발짝은 걸어가 생태뒷간을 이용해야 한다. 이런 '불편'을 감수하면서도 우린 작년부터 밭에 가서 자는 것을 즐긴다. 왜일까?

중학교 1학년인 아들 녀석은 아파트가 싫다고 한다. 구체적인 이유는 물어보지 않았지만, 엄청나게 큰 건물(아파트)에 살면서도 옆집 사람들조차도 알고 지내지 못하는 부자연이 녀석의 심성에 제대로 다가가지 못하는 것은 당연한 일이리라. 이런 삶이 진정 살아있는 삶인가? 이런 것들에 우린 엄청난 의심을 품고 주말이면 밭으로 간다. 술을 좋아하는 내가 운전을 할 수 없을 때는 대리운전을 하기도 하고, 택시를 타기도 하고, 어떤 때는 걸어서 가기도 한다.

우리 밭은 장인어른 것이다. 내가 5년 전 검사를 그만두고 왔을 때도 밭에는 컨테이너가 있었다. 그런데 그때는 컨테이너 문 바로 앞까지 농작물을 심었다. 밭에 가도 마음의 여유를 찾을 공간이 없었다. 다음 해 장인어른께 말씀드려 컨테이너 앞에 흙 마당을 만들었다. 온갖 작물들이 턱 밑까지 가득했던 밭에서 마당은 숨통 역할을 했다. 일하다가 호미를 던져 놓고 쉬기도 하고, 상추를 따서 고기를 구워 먹기도 하는 공간이 되었다. 때로는 마루에 걸터앉아 밤하늘 달을 바라보는 자리가 되기도 했다. 우리 삶에는 정말로 이런 공간이 있어야 한다. 장인어른도 지금은 이런 마당을 좋아하신다.

올해 우리 밭의 특징은 꽃을 심은 것이다. 이것은 마당의 연장이다. 마당에 닿은 마음이 자연스러움을 향해 더 나아간 모습이라고 할 수 있다. 난 파란 가을 하늘을 배경으로 핀 노란 해바라기가 좋아 그걸 심었고, 아내는 채송화·맨드라미·분꽃·봉숭아를 심었다. 생각보다 일찍 핀 해바라기에 마음이 급해지기도 했지만, 여러 꽃이 자리를 잡으며 자신들 모습을 드러내는 것을 바라보는 게 무척 즐거웠다. 분꽃과 뒷간 옆에 심은 박꽃은 밤에만 핀다. 우리 밭 주변에 다른 밭들도 있지만 우리 밭처럼 예쁜 밭은 없다. 위에서 말한 꽃 때문이기도 하고 비닐멀칭을 하지 않은 영향도 크다(장인어른은 일부 비닐멀칭을 하시는데 해가 갈수록 줄고 있다). 우리 밭을 지나는 사람들도 '틀림없이' 밭을 바라보는 마음이 즐거울 것이다.

밭이 여유로운 것만은 아니다. 바쁘게 변호사 일을 하다 보면 주말에도 밭일할 시간을 내기 어려울 때가 많다. 밭은 살아있는 곳이라 나를 기다리지 않는다. 때를 놓치면 밭이 그냥 놀고, 엄청난 풀이 나를 기다린다. 평일 새벽에라도 가서 살펴야 한다.

올핸 감자가 잘 되었다. 감자를 캐고 콩을 심어야 했다. 직파(자랄 곳에 씨를 직접 뿌리는 것)를 하는 것이 좋지만 새들이 파먹기 때문에 요즘은 대부분 모종을 키워 이식한다. 모종을 키울 여유가 없었다. 시골에 사시는 어머니가 콩

모종을 주셨다. 이것을 심을 시간도 없었다. 주말에 동문회 총무로 행사를 진행하느라 시간을 내기가 어려웠다. 정말로 새벽 시간까지 쪼개서 간신히 밭을 만들고 콩을 심었다. 이렇게 허둥지둥 심었어도 힘 있게 살아 있는 콩을 보노라면 미안한 마음과 함께 경외감이 생긴다.

농사는 키우는 것도 중요하지만 기른 것을 먹는 것도 중요하다. 요즘같이 무더운 날에는 풋고추가 제격이다. 비닐을 씌우지 않은 곳에서 키운 고추를 어머니가 만든 된장에 찍어 먹노라면 고추에 담긴 자연의 기운이 그대로 몸에 옮겨오는 느낌이 든다. 이렇게 제철 음식을 먹어야 건강해진다. 요즘은 작년에 키운 검은콩으로 콩국수를 해 먹는데, 얼마나 맛있는지 지난 주말에는 아침에도 해 먹었다. 0.3이던 눈이 0.7로 좋아졌다면 믿으실까?

아내는 전부터 농사에 대한 믿음과 이해가 있었는데, 몇 달 전 장모님이 돌아가시고 그 역할 일부를 하면서는 그 정도가 더 깊어졌다. 우리가 완전 귀농할 날이 성큼 다가온 느낌이다.

(2014. 7. 두꺼비마을신문)

삶은 예술이다

기말고사에서 고등학교 1학년에 다니는 해빈이 성적이 크게 올랐다. 학원에는 전혀 다니지 않는데, 스스로 열의를 갖고 인터넷 강의까지 듣더니 효과를 본 것 같다. 여름방학 전 학교에서 성적표가 왔다. 우리 부부의 관심은 성적보다는 선생님이 해빈이의 성품, 학교생활 등에 대해서 어떻게 느끼고 생각하는지를 알고 싶었던 것인데, 선생님은 그냥 두세 줄로 간단하게 쓰고 말았다. 조금은 실망이었다. 아이에게도 그렇게 말했다.

여름방학이 끝나갈 무렵 다시 성적표가 날아왔다. 이번에는 선생님이 열댓 줄 되도록 길게 글을 썼다. 거기에는 해빈이의 학교생활, 성적이 오른 것에 대한 선생님의 느낌 등이 자세하게 적혀 있었다. 해빈이 말로는, 방학 전에 선생님과 대화하는 시간이 있었는데, 그 자리에서 선생님이 해빈이 성적이 크게 오른 것을 염두에 두고 "부모님이 어떻게 반응하시더냐?"고 물었던 모양이다. 해빈이는 솔직하게 "부모님은 성적보다는 선생님 글이 너무 짧은 것을 아쉬워했다."고 말했다고 한다. 그 후 선생님이 반 아이들 전부에 대해 다시 자세하게 선생님의 의견을 적어 성적표를 보낸 것이다. 선생님에 대해 가졌던 다소간의 실망이 감동으로 바뀌는 순간이었다.

　봄에 심은 오이를 몇 차례 따먹어 더 달리지 않을 무렵 장인어른이 어디선가 '조선오이(토종오이)'라며 가져와 심으셨다.* 내가 지지대를 세웠다. 우리가 먹는 기다란 오이는 대부분 토종이 아니고 개량된 것들이다. 다른 농작물들과 마찬가지로 영양은 뒤로 제쳐놓고 눈에 보기 좋게, 잘 팔리게 상품화된 것이다. 이런 방식으로 우리 토종 씨앗들은 다 사라져가고 있다.

　조선오이가 어떤 모양일지, 어떤 맛을 낼지 무척 궁금했다. 우선 조선오이는 개량오이와 달리 줄기나 잎이 무척 무성하다. 내가 세운 지지대보다 더 크고 넓게 세워야 했다. 생김새는 참외와 길쭉한 오이의 중간 모습이다. 럭비공과 비슷하다. 입안에서 감도는 향이 무척 싱그러웠다. 그 오이에 있는 기운이 온몸과 마음에 전달되는 느낌이었다. 집에 가져와 채를 썰어 냉국을 만들고 내가 키운 양파, 고추와 함께 고추장에 버무려 먹으니 한여름에 지친 기운이 되살아나는 듯했다. 자본에 의해 농작물까지 획일화되어 가는 상황에서 개성 있는 토종 씨앗의 중요성을 새삼 깨달았다.

　작년에 이어 올해도 박 바가지 만드는 것에 마음이 부풀었는데, 어찌하다 보니 대박만 심고, 그중에서도 한 포기만 살아남았다. 박이 서너 개 달렸었는데 제때 지지대를 해 주지 않아 두 개는 무게를 견디지 못하고 땅으로 떨어지고 만 것이다. 마음이 어찌나 안 좋던지, 남은 한 개는 지지대를 하고 새끼줄로 잘 묶어 주었다. 그러던 어느 날 저녁, 박을 심은 곳 옆 이웃에서 만들어놓은 울타리를 타고 뻗어 나가던 박 줄기에서 하얀 꽃이 핀 것을 보다

---

*이때 심은 조선오이는 10년 가까이 지난 지금까지 씨를 받아 명맥을 이어오고 있다.

가(박꽃은 밤에만 핀다), 장인어른이 그 울타리에 박이 달린 것 같다고 하셨다. 가보니 거기 두 개가 덩그러니 매달려 있었다. 어찌나 반갑던지, 바로 지지대를 하고 새끼줄로 묶어주었다. 이렇게 해서 올해는 대박 바가지 여섯 개는 만들 수 있게 되었다.

고추는 탄저병이 늦게 왔어도 빨간 고추를 꽤 수확하기는 하였는데, 비닐하우스 안에서 말리는 것이 더디고 시원찮아서 집으로 갖고 와 일일이 실에 꿰어 베란다에 걸었다. 여러 개가 그렇게 걸려있는 모습이 보기 좋았다. 앞서 말한 해빈이 이야기나 조선오이, 박과 마찬가지로 주변에서 일어나는 것들에서 아름다움과 감동을 느끼노라면 '삶이 예술이다'라는 말에 전적으로 공감하게 된다.

(2014. 8. 두꺼비마을신문)

단풍 든 텃밭

늦가을 단풍은 산이나 도로가 가로수에만 있는 것은 아니다. 처해 있는 곳이 어디든 그것(단풍, 물들기)은 여름을 정리하고 겨울을 준비하는 모든 생명에게 다 다가온다. 우리 텃밭도 그렇게 물들고 있다. 올해 처음 심은 마는 여러 색깔로 물들면서 이파리를 하나둘 떨군다. 올해는 좀 게을러 김매는 것을 소홀히 하였는데, 내가 키우지 않은 풀들도 무성한 채 색깔을 무겁게 바꾸고 있다. 이미 한참 철이 지났지만 그대로 세워 놓은 키 큰 옥수수도 말라가는 모습이 다른 것들과 어울려 나름대로 조화를 이루고 있다.

이렇게 우리 밭에는 한 해의 삶을 차분하게 마감하는 것들이 있는가 하면 배추나 무처럼 늦게 심어져 한창 자라는 것들도 있다. 이것들은 추위가 밀려오기 전에 조금이라도 더 빨리 자라기 위해 서두른다. 장인어른이 어디선가 얻어 밭 한가운데 심은 국화는 제 꽃 무게도 감당하지 못할 정도로 엄청난 크기로 자라 두꺼운 철사로 지지를 해 주어야 했다.

밭은 하루도 같은 날이 없다. 갈 때마다 다른 모습을 보여준다. 그것은 살아 있음이다. 난 그것을 바라보고 같이 어울리면서 더불어 살아 있다. 변화해야 하는 줄 알면서도 고정적이고 획일적인 도시 문명에서 아직 벗어나지 못하고 있는 나는, 그나마 밭에 가는 것에서 조금이나마 살아 있음을 느낀다. 이것마저 없다면 내 몸과 마음은 견딜 수 없을 정도로 병들어갈 것이다.

늦가을에도 새로 심어야 하는 것이 있지만, 그래도 가을은 수확의 계절이다. 지난 토요일 고구마를 캤다. 아이들도 같이 했다. 녀석들도 평소 밭에 가는 것을 즐기면서도 농사일에는 거의 손을 대지 않았는데, 고구마 캐는 것을 시키니 뜻밖에도 끝까지 같이 했다. 땅속에서 무더기로 박혀 있는 고구마를 하나하나 캐내는 것을 재미있어했다. 누가 제일 큰 것을 캐나 시합을 했는데, 작은 녀석이 어른 팔뚝만한 것을 캐 1등을 했다. 중학교 1학년인 녀석은 고구마를 다 캔 다음 박스에 담아 옮길 때도 한 박스를 가뿐하게 들고 갔다. 거기서 녀석이 큰 것을 새삼 느꼈다. 내년에는 농사일에 여러모로 쓰일 데가 많을 것 같다는 기대감이 생겼다.

일요일에는 파란 고추를 땄다. 내가 심은 고추는 농약을 하지 않는 탓에 이미 오래전에 탄저병으로 망해 다 뽑아버렸고, 장인어른이 심은 고추를 땄다. 이것도 탄저병이 들긴 했어도 막상 따고 보니 양이 무척 많았다. 초고추를 담기 위해 작은 단지 하나를 갖고 갔는데 어림도 없었다. 생각을 바꿔 작년 김장김치를 넣어 땅에 묻었던 커다란 항아리에 담기로 했다. 먼저 고추 꼭지를 적당히 자르고, 몸통에 이쑤시개로 구멍을 내 항아리 안에 재운 다음, 그 위에 옥수수 대 여러 개를 얼기설기 놓고, 그 위를 개울에서 주워온 돌로 눌렀다. 다음으로 식초, 간장, 설탕, 소주를 각각 같은 양으로 섞은 물을 끓여 식힌 다음 고추를 재워놓은 항아리 안에 부었다. 앞으로 두 번 더 항아리 물을 끓여야 한다. 그래야 곰팡이가 생기지 않는다고 한다. 이렇게 많은 양은 처음 해보는 것이라 과연 잘될까 하고 조금 의심은 들었지만 직접 해보는 뿌듯함이 컸다.

초고추를 담고도 고추가 많이 남았다. 이번에는 동치미에 넣을 고추를 만들었다. 커다란 항아리를 사서 그 안에 고추를 넣고 소금물을 끓여 넣었다. 나중에 다 큰 무를 그 안에 넣으면 동치미가 되는 것이다. 한겨울 따뜻한 방 안에서 스스로 담근 차가운 동치미를 꺼내 먹는 상상만으로도 벌써 마음이 흐뭇하다.

살면서 내가 필요한 것을 스스로 만들어 쓰는 것만큼 즐거운 일은 없다. 불행하게도 돈에 매몰된 도시 삶은 이것을 가로막고 있다. 거의 모든 것을 돈이 대신한다. 도시 삶에서 우리 몸과 마음이 진짜 즐겁고 행복할 일은, 감히 말하건대 '하나도' 없다. 흙을 떠난 생명은 살아 있어도 살아 있는 것이 아니다.

동치미 단지에 넣고도 남은 고추는 밀가루에 무쳐 삶은 다음 양념에 버무려 먹었다. 하루종일 고추 속에서 살았다. 고추는 소화에 좋다. 우리가 자주 먹는 소화제인 '활명수'의 주성분인 캡사이신이 고추의 매운맛에서 추출한 것이다. 객지 생활을 하다 청주로 돌아온 지 5년째인데, 내 시력이 0.3에서 1.0으로 좋아졌다. 주된 이유는 텃밭 농사에 있다고 믿고 있다.

(2014. 10. 두꺼비마을신문)

이불 덮은 마늘밭

며칠 전 새벽 일찍 일어나 명상을 한 다음 무심천으로 운동하러 갔다. 날이 짧아져 아직 어둑한데 동쪽 하늘에서 붉은 기운이 조금씩 올라오고 있었다. 그 기운을 배경으로 개울가 곳곳에 가지를 늘어뜨리고 서 있는 버드나무가 운치 있었다. 무심천 하상을 가득 채운, 이젠 철이 지난 갈대와 물억새도 동쪽의 여명 앞에서 존재감을 과시하였다. 그 숲속에서는 새 소리, 벌레 소리가 요란하게 퍼져 나왔다. 그 너머로 개울물 흐르는 소리, 오리 노는 소리도 들리는 듯했다. 그것들을 느끼면서 걷노라니 저절로 황홀감에 빠졌다. 그런 그 자리에서 만일 둑에 설치한 스피커에서 인공의 음악 소리가 나왔다면 어땠을까?

불과 작년만 하더라도 그랬다. 청주시는 2005년 11월과 2007년 2회에 걸쳐 흥덕대교에서 장평교까지 약 6.5km 구간 둑에 스피커 90여개를 설치하고 매일 새벽 6시부터 밤 10시까지 16시간 동안 음악과 라디오 방송을 해왔다. 난 2012년 3월, 이 방송이 시민들의 개성 추구를 무시하는 것이라며 청주시장에게 방송을 중단시켜 달라는 청원서를 냈는데, 이것이 받아들여

지지 않았지만, 그즈음 방송시간이 하루 12시간으로 줄었다.

올 초 헌법재판소에 낸 헌법소원은 각하되었지만, 그 직후 청주지방법원에 낸 위자료(정신적 손해배상) 청구 소송 사건에서 법원의 강제조정으로 하루 6시간만 방송하는 것으로 결론이 났다. 나의 바람은 방송을 전혀 하지 않고 스피커까지 다 철거하는 것이었지만, 나와 입장을 달리하는 분들도 있을 것이므로 나름 괜찮은 결론이다. 장평교 부근에 이런 현수막이 붙어 있다.

'음악방송은 민원인의 민사소송에 의한 청주지방법원 판결에 의거 1일 6시간 이내로 하고 있습니다.'

인공의 음악 소음 없이 새벽 산책을 할 수 있게 된 것이 너무나도 다행스럽다.

내가 텃밭 농사를 짓노라니, 주변 사람들이 가끔 내게 농사에 대해 묻는다. 특히 늦가을에는 '농사 마무리 잘했는가'라고 많이 묻는다. 이 질문에 금방 답을 못 한다. 사람들은 늦가을이면 농사가 끝나는 것으로 생각하지만 새로 시작하는 농사도 있다. 마늘과 양파를 심는 것이다. 이 이야기를 하면 의외로 마늘과 양파를 지금 심어 한겨울을 나게 하는 것을 모르는 사람이 많다. 겨우내 차가운 흙 속에서 잔뜩 웅크린 채 견디었다가 새봄 힘차게 싹을 내미는 마늘과 양파가 얼마나 강인한가. 이 때문에 마늘과 양파가 사람 몸에 좋은 것이다.

그러나 마늘·양파를 맨땅에 심어 놓기만 하면 얼어 죽는다. 보온을 위해 그 위에 '뭔가'를 덮어주어야 한다. 요즘은 이 '뭔가'가 다 비닐이다. 비닐로 덮어 주면 보온효과가 그만이다. 그러나 비닐은 안과 밖의 공기 소통을 막는다. 대기의 기운이 땅속까지 가지 못한다. 이렇게 키운 마늘·양파는 크고 모양도 '예쁘게'(정말 예쁜가?) 나오지만, 자연의 온전한 기운을 다 담은 것은 아니어서 몸에는 그리 좋지 않을 것이다.

올해 우리 밭의 마늘·양파는 짚으로 덮었다. 작년에는 왕겨를 사용했다. 시골 논에서 농사지은 짚을 형 트럭으로 가져와 썼다. 짚으로 덮는 일을 아내가 하였는데, 다 마치고 나서는 이불을 덮어주는 것 같아 무척 기분이 좋았다고 했다. 그러면서 비닐을 덮어주는 것은 끔찍하다고 했다. 우리가 키운 마늘·양파는 몸집이 작고 들쭉날쭉 생겼어도 맛은 최고다. 아직 농사기술이 부족해 고자리파리 피해를 보는 것은 극복해야 할 과제다.

밭에는 아직도 할 일이 남아 있다. 콩 터는 것이다. 서리태는 해걸이를 한다. 작년에는 좋았는데 올해는 빈 쭉정이투성이다. 줄기와 잎이 엄청 무성해 기대했는데 열매를 맺지 못한 것이 태반이다. 역시 농사는 욕심대로 되는 것은 아닌가 보다. 올봄 고자리파리 애벌레 때문에 속절없이 죽어가는 마늘을 보면서 얼마나 마음이 아팠던가? 내년에는 아내가 덮어준 이불 덕분에 잘 되기를 빌어본다.

(2014. 11. 두꺼비마을신문)

땅속에서 익은 동치미 맛에 반함

CJB 청주방송의 '굿모닝 충북세종'이라는 프로그램에서 2주에 한 번씩 월요일에 '오원근의 시사펀치'라는 코너로 생방송을 하고 있다. 어느덧 1년 반 정도 지나 지난주에 55회 방송을 했다. 지난주 주제는 '과학기술의 발달과 인간소외'였다.

자동차나 컴퓨터 같은 것을 보면 과학기술의 발달이 우리 인간의 자유를 크게 넓힌 것처럼 보인다. 그러나 자세히 들여다보면 꼭 그렇지는 않다. 우리 인간 자체의 능력이 늘어난 것이 아니라 우리의 몸과 마음이 해야 할 일을 기계가 대신하고 있기 때문이다.

아주 가까운 거리도 자동차를 이용하면서 우리 다리는 따로 시간을 내어 헬스장이나 산에 가야만 힘이 생겨난다. 컴퓨터 자판을 두들겨 글을 쓰면서 우리의 손글씨는 엉망이 되어버렸다. 펜과 종이의 질감을 느끼며 손글씨를 쓰는 것은 오감을 자극하면서 우리의 정서가 되는데, 컴퓨터 자판 글쓰기는 너무나도 단순하고 획일적이다. 사람들이 스마트폰에 몰두하면서 대화가 끊기고 세상에 대한 이해도 크게 떨어질 수밖에 없다. 아이들을 조용히 시키기 위해 스마트폰을 보여주는 부모들을 보노라면 가슴 한쪽이 무너지는 느낌이 든다. 그렇게 자라는 아이들이 어떻게 자연과 세상을 제대로 느끼고 표현할 수 있겠는가.

과학기술의 발달이 우리의 신체와 사고 능력을 대신하면서 그에 의존하지 않고 우리가 할 수 있는 능력은 크게 위축되었다. 기계가 아니고서는 온전히 살아갈 수 없는 불완전한 인간이 되어버렸다. 과학기술에 의존하면서 우리는 진정한 자유에서 점점 멀어져가는 것이다.

프란치스코 교황은 작년 8월 청년들에게 중요한 메시지를 던졌다. 교황은 "많은 젊은이가 인터넷과 스마트폰 채팅, TV 드라마 시청, 첨단 제품 이용 등 '쓸데없는 일'에 너무나 많은 시간을 빼앗긴다."라고 하면서, "이런 활동들이 삶의 질을 단순화하고 개선하기도 하지만 무엇이 정말 중요한 것인지에 대한 관심을 빼앗아간다."라고 지적했다.

한 생명체로서 온전한 삶을 살기 위해서는, 과학기술이 만들어낸 것들에 대한 의존에서 벗어나 우리의 손발과 머리를 자주 그리고 잘 놀리는 것이 필요하다. 이런 입장에서 보면 도시에서 텃밭 농사를 짓는 것은 상당히 중요한 의미를 갖는다.

이번 겨울을 맞으면서 우리 부부는 밭에 항아리를 세 개나 묻었다. 두 개는 배추김치이고 한 개는 동치미다. 동치미는 이번이 처음이다. 주변 사람들 말과 인터넷을 뒤져 정보를 얻었다. 동치미의 기본은 소금물과 무, 풋고추이지만 사과, 배, 생강, 마늘, 쪽파 등 다른 것들도 들어가야 맛이 제대로 난다. 풋고추는 무가 다 자라기 전에 이미 소금물에 담가 삭혀 놓았다.

땅을 파고 새로 산 항아리를 앉혔다. 그 안에 사과, 배 등을 천으로 만든 주머니에 담아 꼭 묶어서 넣고, 쪽파 등 푸성귀도 묶어서 넣고, 삭힌 고추와

무를 넣고 소금물을 부었다. 추운 날에 하느라 조급한 마음에 소금이 다 녹지 않은 상태에서 물을 부었다. 소금간이 별로 느껴지지 않았지만 그냥 들어간 소금이 다 녹으면 괜찮을 것이라 여겼다. 며칠 뒤에는 항아리 뒤쪽으로 햇볕을 막아주는 그늘 벽까지 만들었다. 나름대로는 어린 시절 기억을 최대한 더듬은 것이다.

  1주일 정도 지나 가보니 여전히 소금간이 부족했다. 처음에는 조심스럽게, 나중에는 대담하게 다시 소금을 듬뿍 넣었다. 다시 시간이 지나고 가보니 이제는 너무 짜고, 고추를 너무 많이 넣은 탓에 고추 맛만 났다. 고추와 소금물을 잔뜩 덜어내고 다시 맹물을 부었다. 또다시 시간이 흘렀다. 이제는 정말로 기대했던 칼칼한 동치미 맛이 제대로 우러나왔다. 바라던 맛을 만들어낸 기쁨이 얼마나 크던지, 요즘은 이 동치미 맛에 푹 빠져 있다. 내 손발을 놀려 만들어 낸 소중한 행복이다. 돈이나 과학기술이 결코 대신할 수 없는 일이다. 이럴 때면 한없는 자유를 느낀다.

(2015. 1. 두꺼비마을신문)

겨울 밭을 서성거리는 사람들

6년 전 검사 생활을 하면서 서울생태귀농학교에 다녔다. 전국귀농운동본부라는 단체에서 운영하였는데, 두 달간 매주 화요일과 목요일 야간수업을 하고, 주말에는 농사현장으로 실습 갔다. 우리 기수에는 모두 70여 명이 들어왔다. 남녀노소 다양했다. 첫날 강의를 마치고, 학생들을 몇 개의 작목반으로 나누었다. 1년 안에 귀농할 사람들(구두미마을, 본디반), 3년 안에 귀농할 사람들(딴살림), 5년 안에 귀농할 사람들(귀사모), 10년 안에 귀농할 사람들(언가반), 전원생활을 할 사람들(전원반)로 나뉘어 만들어졌다.

고민 끝에 어정쩡하게 10년을 택했다. 우리 작목반 이름인 '언가반'은 '언젠가 가겠지' 또는 '언능 가자'라는 뜻이다. 첫날 학교 부근 골목 허름한 막걸릿집에서 뒤풀이를 하면서 서로의 얼굴을 익히는 시간을 가졌다. 정용수 전국귀농운동본부 상임대표가 전원반을 선택한 사람들에게 한마디 하였다. 귀농은 생태농이어야 한다고 했다. 그런데 보통 도시인들이 꿈꾸는 전원생활은 도시적 삶을 그대로 시골에 옮겨 놓고 그저 자그마한 텃밭이나 가꾸는 것이어서 생태농과는 거리가 멀다는 것이다. 귀농학교를 마치면 생각이 바뀔 것이라고 하였다.

 나의 오래된 꿈은 '소박한 집 짓고 미개한 방식으로 농사짓는 것'이다. 소박한 집은 흙집을 말하고, 미개한 방식은 가능한 한 석유를 원료로 하는 자재나 기계를 쓰지 않는 것이다. 최대한 생태적 농사에 가까워지고자 함이다. 텃밭에 뒷간을 지어 똥오줌을 퇴비화하고, 비닐하우스를 대나무로 만들고, 손쟁기로 밭을 갈고, 비닐을 씌우지 않고, 음식물 찌꺼기를 밭 두엄탕에서 똥오줌과 함께 퇴비화 하는 것들이 지금 단계에서 내 노력이다. 귀농학교에서 '어정쩡하게' 다짐한 10년에, 어느새 4년밖에 남지 않았다. 4년 후에는 정말로 지금과 같은 텃밭 농사가 아니라 완전 귀농의 다짐을 실천할 수 있을까? 그 순간은 갑자기 오는 것이 아니라 끊임없는 성찰과 준비 끝에 자연스럽게 오리라.

 한 달 전쯤 스마트폰을 끊고 다시 3G 핸드폰으로 돌아갔다. 2012년 가을에 스마트폰을 살 때부터 마음이 내키지 않았다. 그럼에도 스마트폰을 산 유일한 이유는, 당시 대선을 앞두고 스마트폰을 이용해 특정 후보에 대한 지지를 호소하여 정권교체를 이루고자 함이었다. 나름대로 꽤 노력하였지만 실패하였다. 이후 이왕 산 스마트폰이니 계속 쓰자는 마음이었는데, 어느 때부터는 도저히 견디기 어렵게 되었다. 언젠가 술 마시고 스마트폰을 잃어버린 다음 날 아침 참 다행이라고 생각했는데, 웬일인지 그날 스마트폰은 길을 찾아 다시 내게 돌아왔다.

 그로부터 얼마 지나지 않아 아내와 둘이서 무작정 가게에 들어갔다. 매장 직원에게 스마트폰 2개를 내밀고 옛날 핸드폰으로 바꿔 달라고 하자 직원이 놀란 표정을 지었다. 그 반대의 일은 있어도 우리 같은 경우는 무척 드물다고 했다. 3G로 바꾼 후 얼마간은 불안했다. 2년간 함께했던 스마트폰 세상과 단절하는 것이니 당연히 금단현상이 있을 수밖에 없다. 가장 큰 불편은 카톡과 밴드를 하지 못하는 것이었으나, 원래부터 그에 대한 의존도가 높지 않았기 때문에 금방 해소되었다. 지금은 금단현상이 거의 없다. 있는 듯 없는 듯한 구식 핸드폰이 성가시게 하지 않으니 바꾸기를 참 잘했다는 생각뿐이다.

전업농이 아니다 보니 지금과 같은 겨울철엔 농사일이 별로 없다. 음식물 찌꺼기를 버리거나 밭에 묻어놓은 동치미를 꺼내러 가는 것 말고는 밭에 갈 이유도 없다. 얼마 전 날 좋은 때에는 밭에서 한참 동안 새끼를 꼬았다. 다는 아니라도 오이 지지대를 엮는 끈만큼은 '생태적인' 새끼로 하고 싶은 마음에서다. 한번은 아파트 쓰레기 버리는 곳에서 누군가 내놓은 나무 의자 3개를 주워 밭으로 가져갔다. 나사가 빠지거나 한 곳을 손보면 밭에서 훌륭하게 쓸 수 있을 것 같아서다. 그렇게라도 밭에 가면 굳었던 마음이 풀어진다. 장인어른이나 부근 다른 밭의 사람들도 마땅히 할 일은 없어도 가끔 밭에 가서 서성거린다. 마음은 훨씬 더 서성댈 것이다. 우리는 이렇게 서성거리는 마음으로 잔뜩 봄을 기다리고 있다.

(2015. 2. 두꺼비마을신문)

점점 섬이 되어가는 우리 밭

봄볕이 점점 좋아지고 있다. 볕 좋은 봄 주말, 우리 가족은 너무나도 자연스럽게 밭으로 간다. 바람이 아직 차기는 해도 따스한 봄볕에 찬 기운이 옅어져 가는 것을 분명하게 느낄 수 있다. 신발을 신었어도 발을 타고 전해오는 흙의 부드러운 감촉은 겨우내 움츠렸던 마음의 긴장을 풀어준다.

이날은 할 일이 많았다. 먼저 땅속에 묻어 두었던 김장독을 열었다. 본래 두 개를 묻었는데, 하나는 2주 전에 캐 냈다. 지난주에는 동치미 항아리도 꺼냈다. 이번에 마지막 독을 여는 것인데, 흙을 조금씩 덜어내는 마음은 마치 보물이라도 캐 내는 듯싶다. 아이들을 불러 그 과정을 보게 했다.

뚜껑을 열자 싱싱하게 잘 익은 김치가 맛있게 눈에 들어왔다. 무 조각을 집어 아이들에게 주었더니 먹어 보고는 계속 달려들어 또 먹는다. 땅속 항아리 속에서 잘 익은 김치 맛을 아이들도 아는 것이다. 아무리 좋은 김치냉장고가 나온다 한들 땅속에서 익은 김치 맛보다 결코 나을 수는 없다. 항아리 바닥에 남은 국물은 그냥 마셔도 좋았다.

오랫동안 땅속에 있었던 항아리 세 개를 깨끗이 씻어 마당에 놓고 일광욕을 시켰다. 투박하게 생겨 나란히 줄을 서 있는 모습이 재미있었다. 이렇게 김치 하나만 보더라도, 직접 김치를 담그고 항아리를 땅에 묻고 캐고 씻고 말리는 과정에서 우리의 정서는 온갖 경험을 한다. 오래전부터 이렇게 다양하게 경험하는 정서 속에서 인간과 자연에 대한 참다운 사랑이 나올 수 있다고 믿고 있다.

아내가 땅에서 꺼낸 김치로 부침개를 하는 사이 난 둘째 아이를 데리고 마늘과 양파밭에 덮어 놓았던 비닐을 거두었다. 평소 비닐을 쓰지 않는다고 자랑하던 오 변호사가 비닐을 덮었다니 의아해할 분들도 있을 것 같다. 원래는 짚을 덮어 겨울을 났다. 이제는 더 추워질 일을 없을 것이라 여기고 지난 주말에 짚을 거두어 태웠다. 그런데 며칠 후 강추위가 몰려온다는 예보가 나왔다. 너무 놀라 평일 근무시간에 잠시 시간을 내 밭으로 가 비닐을 덮었던 것이다.

짚을 태울 때는 짚을 대여섯 무덤으로 나누어 놓고 한꺼번에 불을 놓았다. 여기저기서 동시에 타오르는 불꽃이 장관이었다. 그러나 한편으로는 무서웠다. 바람이 좀 불었는데, 불길이 포도와 딸기 심어놓은 곳으로 옮겨붙고 밭둑으로까지 타고 갔다. 부리나케 달려가 장화 신은 발로 밟고 긴 막대기로 때려서 간신히 불을 잡았다. 산에서는 한참 떨어져 있어 산불까지는 나지 않을 것 같았으나 밭둑에 심어 놓은 대추나무, 두릅나무 같은 것들이 죽을 뻔했다.

나중에 밭에 온 장인어른께 불 놓다가 혼난 이야기를 하니, 불은 바람불지 않는 오전에, 조금씩 통제가 가능한 범위에서 놓아가는 것이라고 하셨다. 장인어른은 놀라지 않았냐면서 청심환이라도 사 먹으라고 하셨다.

비닐을 다 걷은 다음에는 감자 심을 밭에 똥거름을 폈다. 똥거름은 2~3년간 밭에서 우리가 눈 똥과 오줌, 밭에서 나온 풀, 집에서 나온 음식물 찌꺼기로 만든 것이다. 그동안 두엄탕에 쌓아 놓기만 했는데, 오래 묵은 거름을 이 날 처음으로 두엄탕 속에서 꺼내 밭에 뿌렸다. 이 똥거름만으로는 부족해서 사 온 퇴비도 뿌렸는데, 앞으로 어느 쪽이 더 잘 될지 궁금하다.

밭은 우리 가족의 정서를 풍요롭게 하는 너무나도 소중한 곳인데, 얼마나 더 그곳에서 농사를 지을 수 있을지 걱정이다. 주변 밭들이 팔리고 그곳에 공장이나 사무실이 들어서고 있기 때문이다. 얼마 전에는 바로 옆 밭이 팔리더니 요란스러운 소리를 내며 공사가 한창이다. 거기서 농사짓던 아저씨도 떠나갔다. 점점 우리 밭은 섬으로 고립되어 가고 있다. 불량하게 변해가는 주변 환경 때문에 요즘은 밭에 가는 마음이 가볍지만은 않다.

(2015. 3. 두꺼비마을신문)

나물 노다지

비 내리는 일요일 오전, 느지막하게 아침을 먹고 우리 가족은 짐을 꾸려 텃밭에 갔다. 짐은 밭에서 점심을 해 먹을 준비물이다. 밭에서 비가 맨흙 바닥에 떨어지는 소리를 듣는 것은 운치가 있다. 비도 아스팔트나 콘크리트 바닥이 아닌 흙바닥을 만나야만 자연스럽다. 비는 흙 속으로 스며들어 땅을 촉촉하게 적시고 땅에 사는 생명에게 마실 것을 제공한다. 이렇게 자연의 다른 생명과 조화를 이루는 것을 봐야만 우리 정서도 안정이 된다. 도시 삶은 이런 정서적 안정과는 상당한 거리가 있다.

비가 오락가락했다. 비가 그치거나 내리는 양이 적은 틈을 타 아내와 밭에 있는 온갖 나물을 뜯었다. 먼저 두릅이다. 두릅나무에는 가시가 촘촘했다. 가시를 막을 장갑을 끼고 줄기나 가지 끝에 나온 두릅 순을 똑똑 땄다. 두릅나무 바로 옆에서는 양봉하는데, 벌이 두릅나무를 지나다가 가시에 박혀 죽은 것이 여럿 보였다. 두릅나무 아래에 있는 머위도 뜯었다.

다음에는 가시오가피 순을 땄다. 긴 겨울을 견뎌내고 껍질을 뚫고 터져 나오는 생명(순)을 따는 것이 나무에 미안한 마음이 들기도 했다. 가시오가피는 두릅보다 양이 훨씬 더 많아 순을 따는 데 오랜 시간이 걸렸다. 느긋한 마음으로, 마치 도를 닦기라도 하는 것처럼 하나하나 의식을 하면서 천천히 따갔다. 밭둑에 있는 것을 다 따니 커다란 소쿠리로 가득 나왔다. 이렇게 따낸 순은 다시 나무와 붙어 있던 쪽의 끝부분을 다듬어야 한다. 먹을 것이 입으로 들어가기 전까지 아주 많은 손이 간다. 농사를 지어보지 않은 사람들은 이것을 모른다. 비가 내릴 때는 창이 넓은 밀짚모자를 썼다.

밭둑에 있는 민들레와 고들빼기도 캤다. 막 싹이 나오기 시작한 취나물도 좀 뜯었다. 밭 한쪽에 심은 부추도 뜯고, 김치를 담을 쪽파도 캤다. 쪽파도 다듬는데 손이 많이 간다. 한참을 하다가 허리를 펴고, 한두 번은 일어나 몸을 풀어야 할 정도로 시간이 걸렸다.

나물과 채소를 다 다듬고, 딸기밭을 정리했다. 노지 딸기는 이제 꽃이 피었다. 지난달 불을 잘못 놓아 타버린 곳에 다른 곳에 있는 딸기를 캐내어 옮겨 심었다. 비를 맞아 촉촉해진 흙의 감촉이 좋았다. 내가 딸기밭을 정리하는 사이 아내는 두릅을 끓는 물에 데쳐 초고추장과 함께 내놓았다. 막걸리 한 잔 마시고 갓 딴 두릅을 먹으니 몸에 신선한 기운이 생기는 것 같았다. 아내는 쪽파와 부추로 부침개까지 만들었다.

막걸리와 부침개로 점심을 먹고, 솥에 물을 붓고 불을 지폈다. 나물을 삶기 위해서다. 민들레, 취나물, 오가피, 머위, 고들빼기 순으로 삶았다. 갈수록 끓는 물의 색깔이 짙어져 갔다. 집에 와 밭에서 삶은 다섯 가지 나물을 조금씩 떼 내어 한꺼번에 섞어 참기름, 고추장을 넣고 무쳤다. 이렇게 나물을 무칠 때는 일회용 비닐장갑이 아닌 맨손으로 해야 제맛이 난다. 사람들 대부분은 손에 뭔가를 묻히는 것을 싫어한다. 한 번 쓰고 버리는 일회용 비닐장갑을 끼고 요리를 하고(텔레비전 요리 프로그램도 대부분 그렇다), 흙도 장갑을 끼어야만 만진다. 이렇게 차단막을 치면 밖의 세상과 어떻게 제대로 교감할 수 있겠는가. 이것은 은연중에 사람과 사람 사이에도 눈에 보이지 않는 차단막을 만들게 한다.

저녁은 된장을 끓이고, 커다란 양푼에 내가 무친 나물과 밥을 넣고 비벼 먹었다. 싱싱한 데다가 스스로 정성껏 준비한 음식이니 얼마나 맛이 있겠는가. 그런데 아이들 표정이 별로다. 나물 대부분에서 쓴맛이 나기 때문이다. 그래도 녀석들이 우리와 같이 나물을 뜯고 다듬는 공을 기울였다면 맛나게 먹었을 것이다. 녀석들은 요즘은 전처럼 밭에 가는 것을 즐기지 않는다. 가더라도 자꾸 집에 가려고 한다. 밭이 싫어서라기보다는 밭에 가면 심심해서 그런 것 같다. 그러나 언젠가는 농사짓는 맛, 나물 노다지가 쏟아지는 밭의 무궁무진한 변화를 즐기게 될 것이다.

(2015. 4. 두꺼비마을신문)

너무나도 반가운 감자꽃

 살아 있는 것의 특징은 무엇일까? 변화다. 안에서 터져 나오는 생명의 요구에 따라 스스로 바꾸어 가는 것이 바로 살아 있는 것이다. 이런 살아 있음(변화)의 극치는 자연에 있다. 사람의 손이 닿지 않은 자연에서 우리는 생명의 꿈틀거림(변화)을 있는 그대로 경험할 수 있다. 이렇게 자연스러운 생명이어야만 삶의 가치(태어난 이유)를 다 누린다고 할 수 있다.
 반면 자연을 거스르는 우리의 도시 삶은 어떠한가. 자연스러움을 가장한 인공이 얼마나 판치는가. 가게 안에 놓는 조화造花는 1년 내내 스스로 변화가 없다. 먼지가 내려앉아 때가 낄 뿐이다. 사람들은 그런 조화를 요즘은 공동묘지에도 꽂는다. 돌아가신 분은 땅속에서 썩어 자연으로 돌아가는데, 무덤 바깥에 썩지 않는 조화를 놓는 것이 과연 어울리는가? 이것은 돌아가신 분이 자연으로 돌아가는 것을 막는 일이다.
 또 프랜차이즈 영업점은 어떤가? 전국 어디서나 같은 계열의 가맹점이면 파는 음식이나 물건, 내부 인테리어, 직원들의 영업 방식 따위가 거의 같다. 나름대로는 고품격의 물건이나 서비스를 제공하는 것처럼 광고하지만, 실제는 모든 사람을 하나의 소비패턴으로 획일화시키는 것이다. 소비자들의 개성을 완전히 무시하는 것이다. 축사에서 키우는 돼지, 닭, 소 등에게 획일적인 사료를 주는 것과 무엇이 다른가.

위와 같이 고정되고 획일화되어 변화하지 않는 환경에 익숙하다 보면 나 자신도 그렇게 고정되고 획일화되어 나만의 개성이 없어진다. 나 자신만의 참된 욕망이 없어지고 그냥 주어진 것에 순응하게 된다. 이런 삶이 행복하지 못한 것은 필연적인 결과다. 여기서 여러 부작용이 나온다. 우리나라 자살률이 OECD 국가 중 10년 이상 가장 높은 것도 이런 부작용과 연결되어 있다.

농사는, 그것도 사람 손이 작용하는 것이라 자연과 같을 수는 없다. 그러나 고정되고 획일화된 도시 삶에 지친 사람들에게는 커다란 휴식처가 될 수 있다. 제한적이나마 그곳에서 생명의 자연스러운 변화를 아주 다양하게 경험할 수 있기 때문이다. 농약, 화학비료, 제초제, 비닐까지 쓰지 않는다면 거기서 나오는 온갖 먹을 것은 몸에도 아주 유익하다. 이런 믿음을 갖고 오래 전부터 텃밭 농사를 지어 왔다.

오늘(5월 23일) 밭에 가서 가장 반가운 것은 감자 꽃이었다. 우리 밭은 몇 년 전 흙을 채워 높이를 올린 것이라 땅이 기름지지 않고 지렁이도 없다. 그런 이유로 아직 작물이 썩 잘되지는 않는다. 작년까지만 해도 감자꽃이 제대로 피지 않았다. 그러니 수확한 감자도 부실했다. 그런데 올해는 꽃이 여기저기 환하게 잔뜩 피었다. 감자의 줄기와 잎도 무성하다. 잡초가 땅 위로 머리를 내밀 때마다 호미로 긁어주어 비닐 없는 밭이 깔끔하고 아름답다. 이제는 감자 줄기와 잎이 무성해져서 그 그늘 때문에 잡초가 크게 자랄 일은 없다. 사람으로 치자면 대학교까지 다 보낸 셈이다. 감자꽃을 보면서 흐뭇한 마음을 감출 수 없었다.

  딸기는 제때 거름을 하지 않아 부실하다. 그런데 밭둑에서 아주 실한 놈을 두 개 만났다. 작년 밭둑에 몇 포기 옮겨 심고는 잊고 있었는데, 오늘 보니 제대로 열매를 맺었다. 온몸에 스며든 빨간색이 그동안 햇볕과 바람과 비를 온전히 제것으로 만들었다. 이렇게 건강한 딸기는 근래 처음 본다. 비닐하우스에 차단되어 햇볕과 바람과 비를 제대로 맞지 못하는 딸기와 어떻게 비교하랴. 마음에 쏙 드는 딸기가 비록 단 두 개지만 그것이 내게 가져다주는 즐거움은 그 무엇으로 표현해도 부족하다.

  두엄탕은 거기 버린 감자, 박 등에서 생명이 터져 나와 무성하기 그지없다. 지난 어린이날 심은 고추·오이·토마토·참외·수박도 새로운 땅에 완전히 정착한 모습이고, 5월 6일 심은 조선오이 싹도 잘 나왔다. 오늘은 검은깨를 심었다. 이렇게 우리 밭은 온갖 생명으로 가득 차 있다. 비록 김을 매주기는 하지만, 잡초들도 우리에게 생명의 소중함과 함께 서로 어울려 살아야 함을 일깨워주는 중요한 공부 거리가 된다.

(2015. 5. 두꺼비마을신문)

제5부

수행

꾸준함의 위력

요즘 계단 타는 재미에 빠져 있다. 내 사무실은 7층이다. 주차장이 있는 지하 2층부터 따지면 9층이다. 계단 수는 186개. 계단을 타고 올라가면 3~4분 정도 걸린다. 계단을 올라갈 때는 서두르지 않는다. 서두르면 호흡이 가빠지고, 그만큼 재미없어진다. 천천히 발 앞부분만으로 계단을 딛고 그 발을 통해 전달되어 오는 근육의 긴장을 느끼면서 올라간다. 몸에서 일어나는 호흡도 차분하게 살핀다. 마음속에 떠오르는 여러 느낌과 생각들도 바라본다. 이렇게 되면 계단 타기는 운동의 차원을 넘어서 명상이 된다. 재미있다. 최근에는 아침 출근 때 말고도 웬만하면 엘리베이터를 타지 않는다. 재판을 위해 법정 건물에 오를 때에도 엘리베이터를 멀리한다.

이처럼 열심히 계단을 타게 된 것은 일이 바빠 운동을 제대로 하지 못하면서 몸에서 이상을 느꼈기 때문이다. 지난 1월 변호사 개업을 한 후로는 바쁘게 지내면서 몸과 마음을 제대로 추스르지 못했다. 변호사 영업을 위해서는 사람들을 많이 만나야 한다는 강박에 시달렸다. 본디 술을 좋아하던 터에 검사로 있을 때보다 훨씬 더 많은 사람을 나의 필요(변호사 영업)에 의해서 만나다 보니 음주의 횟수와 양이 크게 늘었다. 새로 시작하는 변호사 업무 자체도 만만치 않았다. 속된 말로 검사 때는 '갑'의 위치에 있었지만 변호사가 되니 언제나 '을'의 입장이다. 의뢰인, 검사, 판사는 물론 만나는 사람들 모두가 조심스럽다. 변호사는 사건의 수임과 결과에 따라 먹고살기 때문이다. 사정이 이렇다 보니 운동할 시간이 나지 않았다. 주말에 시간이 나도 기력이 달려 자꾸만 누우려고 하였다.

그러던 어느 순간부터 몸에 이상이 생기기 시작했다. 과음한 다음 날의 두통과 속 불편은 흔히 있었던 일이다. 문제는 목 뒤와 어깨에서 일어났다. 뻐근함과 뻑뻑함이 3주 넘게 갔다. 늦은 오후가 되면 목 뒤의 뻐근함으로 다른 사람들과 대화조차 쉽지 않았다. 일자목, 디스크, 고혈압 같은 것들이 떠올랐다. 병원에 갔다. 엑스레이를 찍었는데 사진상으로는 드러나는 것이 없는 모양이었다. 의사는 3일 정도 약 먹으면서 물리치료를 받고, 그러고도 호전되지 않으면 정밀검사를 해보자고 하였다. 병원은 그날만 갔다. 시간이 없을뿐더러 내가 보기에 나의 증상은 과음, 스트레스, 운동 부족 같은 나쁜 습관 때문이었다.

아침 출근 계단 타기를 하루도 빠지지 않고 하기 시작했다. 아무리 힘들어도, 손에 무거운 물건을 들고 있어도 계단 옆 엘리베이터의 유혹을 뿌리치고 발걸음을 계단 쪽으로 옮겼다. 음주량을 줄이고, 호흡을 의식하면서 스트레스를 받지 않으려고 노력했다. 가끔 빼먹던 아침 108배도, 일어나면 그냥 무조건 하였다. 좋은 노력이 쌓여가다 보니 목과 어깨의 긴장이 풀리기 시작했다. 이 과정을 겪으면서, 꾸준함은 꼭 필요하고 그 위력은 참 대단하다는 생각이 들었다.

정토회라는 단체가 있다. 수행, 보시, 봉사로 나를 바꾸고, 세상을 바꾸려고 한다. 이런 염원으로 18년 전쯤 만일결사를 시작하여 얼마 전에 제6차 1,000일 결사를 회향했다. 회향식에서 수행을 꾸준히 한 30여 명에게 상을 주었다. 이들은 1,000일 동안 매일 새벽 5시에 일어나 수행문 낭독과 참회, 108배, 명상을 단 한 번도 빼먹지 않은 사람들이다. 1,000일간의 꾸준한 수행이라니! 이들 가운데는 그 전부터 해서 2,000일, 3,000일, 그 이상의 기간 동안 빠지지 않고 수행한 사람들도 있을 것이다.

  쉼 없이 떨어지는 물이 바위를 뚫는다고 했다. 꾸준함의 위력을 믿고 스스로 새롭게 다져보고자 한다.

(2010. 12. 28. 충북일보)

나를 사랑하고 다스리기

 연말이라 술자리가 잦다. 어제는 고등학교 동문회를 했는데, 몇몇이 3차까지 갔다. 그 전날도 과음한 터라 어제 모임에서는 최대한 자제하자 하였는데, 생각뿐이었다. 오랜만에 보는 친구들과의 자리가 흥에 겨웠는지 술 마시는 속도가 빨라졌고, 나중에는 그야말로 술이 술을 먹었다. 밤 12시 훨씬 지나 집에 돌아왔다.
 세상의 인과법因果法은 어김없다. 지은 업은 에누리 없이 치러야 한다. 아침에 일어났는데 숙취에다가 턱없이 부족한 잠 때문에 몸과 마음이 다 어수선했다. 속이 불편하여 토하려고 하였으나 나오는 것이 없었다. 아침은 그런대로 먹고 출근하였으나 아무래도 평소보다 집중력이 떨어졌다. '강한 집중력을 갖고 일해도 경쟁 사회에서 살아남는 게 쉽지 않은데, 이렇게 해도 과연 살아남을 수 있을까' 하는 생각이 떠오르면서 스스로 들볶기 시작했다.
 바보같이 옆에 있는 친구들이 술을 빨리 마신다고 왜 덩달아 마셨을까?, 주량도 안 세면서 3차는 왜 가?, 매일 술을 절제하자고 하면서도 제대로 지키지 못하는 나는 구제불능 아닌가? 등등의 후회와 함께 자신을 꾸짖었다. 그렇게 하면 할수록 불쾌함은 더 커지는 것 같았다. 만만한 것이 '과거의 나'다. 과거(어젯밤)의 나에게는 그렇게 엄하게 굴면서 '지금의 나'에게는 관대하기 이를 데 없다. 전날 술을 마셔 힘들다는 핑계로 마땅히 해야 할 일을 자꾸만 미루려고 하지 않는가.

커다란 사찰에 들어갈 때 첫 번째로 만나는 문이 일주문一柱門이다. 기둥이 일직선 한 줄로 되어 있어 그렇게 부르는 것인데, '모든 것은 하나다(둘이 아니다)'라는 심오한 철학을 담고 있기도 하다. 그 다음에 만나는 것이 천왕문天王門이다. 눈을 부릅뜬, 무시무시한 얼굴의 사대천왕四大天王이 칼 같은 것을 들고 있다. 작년 백일 출가하여 행자 생활 때 법사님으로부터 천왕문과 관련한 가르침을 들었다.

사대천왕은 나름대로 다 의미가 있다. 사대천왕 가운데 비파를 든 천왕이 다문천왕多聞天王이다. 부드럽게 비파를 타듯이 마음에 들지 않는 '과거의 나'를 어루만져주라고 하였다. '그때는 그럴 수밖에 없었지, 다 이해해, 고생 많았다' 하면서 토닥거려 주라고 하였다. 칼을 든 천왕은 지국천왕持國天王인데, '지금의 나'를 칼처럼 엄하게 다스리라는 의미란다. 나를 대함에 있어서 지극히 현실적이고 지혜로운 태도라고 하지 않을 수 없다.

과거의 나를 사랑하고 지금의 나를 엄하게 다스린다는 것이 말이 쉽지, 참으로 어려운 일이다. 백일 출가 때 이야기를 좀 더 하겠다. 우리 행자들은 '예, 하고 합니다.'를 명심문銘心文으로 삼아 일을 시작하거나 마무리할 때마다 큰소리로 암송했다. 행자 반장이나 법사님이 시키는 일은 무조건 한다. 똥을 치라면 치고, 밥을 하라면 하고, 밭을 매라면 맸다. 행자 생활 처음에 3일간 만 배를 하고, 나머지 기간에는 매일 500배씩 했다. 때가 아닌 때 먹지 않고 눕지 않았다(가끔 어길 때가 있긴 했다). 세속에서 언뜻 보면 안 될 것 같은 일들이 다 된다. 주저하는 마음이 없는 것은 아니지만, 예 하고 방긋 웃으며 하면 된다. 하려는 마음만 내면 세상에는 되지 않을 일이 없다. 우린 당시 '지금의 나'를 그렇게 엄하게 다스렸다.

저녁에는 둥그렇게 둘러앉아 나누기를 했다. 자신의 느낌이나 생각을 남들 앞에 드러내 놓는다. 그것이 절절할 때면 눈물이 나기도 한다. '과거의 나'를 어루만지는 시간이었다.

그렇다면 어젯밤 술을 많이 마셔 괴로운 지금의 나는 무엇을 하여야 할까? 내일이 마감인 이 원고를 더 미루지 말고, 지금, 기꺼운 마음으로 마무리하는 것이 할 일일 것이다. 새해에는 모든 이들이 현명하게 스스로 사랑하고 다스렸으면 하는 마음이다.

(2011. 1. 1. 충청투데이)

마음에서 힘 빼기

지난주 목요일 저녁, 국립청주박물관에서 봉은사 주지였던 명진 스님의 강연이 있었다. '성찰하는 삶 속에 행복이 있다'가 주제였다. 스님은 다른 종교가 신에 대한 절대적 믿음을 강조하는 것과 달리, 불교의 핵심은 끊임없는 의심에 있다고 하였다. 나는 누구인가, 비 오는 날 땅바닥 위에서 꿈틀거리는 지렁이는 무엇을 동력으로 하여 그렇게 움직이는가, 이 세상은 언제 어떻게 시작되었는가, 하는 의심을 계속해 나가야 한다고 했다.

이런 근원적인 물음에 철저하려면 기존의 고정관념(알음알이)으로부터 벗어나야 한다. 고정관념은 오랜 기간 동안의 행위와 생각이 쌓여 만들어진 업業이다. 나의 욕심, 내가 옳다는 생각 같은 것이 그 업이다. 우리는 이 업을 통해 세상을 본다. 나의 주관적인 경험과 판단이 굳어서 형성된 업을 통해 세상을 보기 때문에 세상을 있는 그대로 볼 수 없다. 그러면서도 우리는 세상을 다 아는 양, 내가 절대적으로 옳은 양 말하고 행동한다. 여기서 괴로움이 생기고 주변에도 고통을 준다. 이것이 중생 세계다. 여기에서 벗어나려면 '내가 알 수 없음(모른다는 것)'을 알아야 한다. 단지불회但知不會: 다만 알지 못함을 알 뿐이라는 뜻, 명진 스님과 함께 하는 수행모임의 이름이다.

스님은 '알지 못함'을 알기 위해서는 마음에서 힘을 빼야 한다고 했다. 우리 마음속에 잘못 자리 잡아 마음을 무겁게 누르고 있는 고정관념을 내려놔야 한다는 것이다. 이처럼 마음에서 힘을 빼는 것이 불교 수행의 핵심이라고 하였다. 이처럼 세상을 열린 마음으로 바라보는 태도는 불교 수행뿐만 아니라 다른 인간사에도 그대로 적용된다.

난 성장기에 스스로 많이 억압하였다. 안에서 일어나는 여러 감정과 생각들을 억누르면서 내가 바라는 쪽으로만 몰고 가려고 하였다. 마음에 잔뜩 힘이 들어갔던 것이다. 그렇게 스스로 억압하다 보니 정서적으로 무척 힘들었다. 대인관계도 원만하지 못하였다. 그러나 다행스럽게도 언젠가부터 위와 같은 감정과 생각들을 그대로 인정하고 받아들이는 것이 중요하다는 것을 깨닫게 되었다. 마음에서 힘을 뺌으로써 세상을 더 잘 보고, 그로 인해 나 자신이 행복해지는 묘한 이치를 조금은 터득하였다.

마음이 무거운 사람은 독재의 경향이 있다. 그런 사람은 가정에서 배우자를 들볶고 아이들도 자기가 원하는 쪽으로만 키우려고 한다. 그러나 모든 생명은 스스로 자라고자 하는 본원적인 힘이 있다. 이 힘은 기본적으로 억압될 성질의 것이 아니므로 억압되는 동안 생명은 고통스럽다. 마음의 힘을 빼고 가족들의 자연스러운 힘을 잘 살려주는 것이 진정한 가정의 평화다.

마음이 무거운 사람은 정치에서도 민주주의를 모른다. 과거 군사 독재정권이나 지금 정권에서 이것을 분명하게 확인할 수 있다. 이들에게 시민은 그저 그들의 명령에 무조건 따라야 할 대상일 뿐이다. 시민의 고유한 힘과 가치를 인정하지 않는다. 지금 지배세력은 그와 같이 굳은 가치관 아래에서 정치보복 수사를 하고, 4대강 사업을 일방적으로 밀어붙였다. 시민이나 자연에 대한 이해나 배려는 거의 없다. 마음이 무거워도 보통 무거운 것이 아니다.

　마음이 밝은 사람은 주변도 그렇게 만든다. 마음이 어두운 사람은 주변을 고통스럽게 만든다. 마음을 밝게 하는 방법은, 명진 스님이 말씀하신 대로, 마음에서 힘을 빼는 것이다. 내가 옳다는 생각을 내려놓고 세상을 있는 그대로 바라보려고 노력하는 것이다. 그것이 내 안과 밖의 민주주의를 실현하는 참된 방법이다. 우리 시민들도 스스로 돌아보아 마음의 무게를 재 볼 필요가 있다.

(2011. 11. 충북자치참여연대)

나누기와 소통

지난 주말 시골에 가 김장을 했다. 형제들이 다 모였다. 남자들도 소매를 걷고 나섰다. 난 파를 다듬고, 마늘을 찧고, 절인 배추를 씻고, 양념을 배추 안에 넣는 등 거의 모든 일에 참여했다. 아버지도 그 전에 이틀간 마늘을 까셨다고 한다. 가족들이 다 함께 오순도순 모여 일을 나누어서 하니 즐겁고 일의 속도도 났다. 다 끝내고 난 뒤의 느낌이 좋았다. 역시 뭔가를 나눈다는 것은 의미가 있다.

토요일 밤 시골에서 돌아와 우리 가족끼리 마음 나누기를 하였다. 아내, 두 아이와 둘러앉아 한 사람씩 돌아가며 마음을 내놓는 것이다. 마음 나누기는 원래 나누기를 하는 그 순간 떠오르는 느낌이나 감정을 내어놓는 것인데, 아내가 이날은 '자자自恣'의 형식으로 하자고 하였다. '자자'는 '포살布薩'과 대비되는 불교 용어로, '포살'이 자신의 허물을 대중 앞에 드러내어 참회하는 것이라면 '자자'는 다른 사람의 허물을 지적해주는 것이다.

맨 먼저 초등학교 4학년인 막내가 가족들에 대해 한 사람씩 돌아가며 허물을 지적하고 불만을 말했다. 녀석은 내게 술 좀 적게 마시라는 것을 주로 충고하고, 제 엄마와 누나에게도 나름대로 지적을 했다. 내 차례가 되었다. 난 먼저 막내에게 아침에 깨면 바로 일어나고, 밥상에 앉으면 밥을 다 먹을 때까지 자리를 옮기지 말라고 했다. 그런데 어느 순간부터 막내의 얼굴이 심각해지기 시작했다. 나이가 아직 어린 탓에 자신에 대한 비난을 받아들일 준비가 되어 있지 않았던 것이다. 금방이라도 울 듯한 녀석의 표정이 얼마나 우스운지 눈물이 다 날 정도로 한참을 웃었다.

순서가 흘러 중학교 1학년인 큰애 차례가 되었다. 녀석은 내게 자신과 막내를 차별하지 않았으면 좋겠다고 하였다. 아내나 나나 둘째를 더 귀여워한 것은 사실이다. 부인할 수가 없어 앞으로는 조심하겠다고 하니 녀석은 "그것 봐, 아빠도 차별하는 것을 인정하잖아."라며 차별에 대한 나의 자백을 확실하게 붙들어 잡았다. 녀석의 재치가 재미있으면서도 한편으로는 녀석이 동생과의 차별에 대해 어떤 감정을 느끼고 있다는 것을 구체적으로 확인하게 된 것이 고마웠다.

우리들의 마음 나누기는 그렇게 30분 정도 진행되었다. 가족들 사이의 소통과 유대가 한층 깊어진 느낌이었다. 다들 마음이 가벼워졌다. 마음 나누기는 이렇게 사람들을 가볍게 만드는 긍정적인 효과가 있다.

사람들은 대체로 폭탄주 '문화'를 비판하지만 이것도 잘 활용하면 유용한 나누기가 될 수 있다. 모임의 분위기가 어느 정도 무르익었을 때 한 사람이 폭탄주를 한 잔 만들고는 모임 전체를 상대로 한마디 한 다음 마신다. 그때 떠오르는 생각이나 느낌을 말하면 될 것이다(이것을 '폭탄사'라고 함). 그렇게 한 사람씩 돌아가며 폭탄사를 하고 폭탄주를 마신다. 술이 약하거나 마시지 못하는 사람은 술 대신 물 같은 음료(물폭탄)를 마시면 된다. 이런 자리에서 중요한 것은 술을 마시는 것보다는 '모임 속에서 나의 존재를 드러내고, 그런 소통을 통해서 소속감과 유대가 깊어진다'는 것이다. 물론 폭탄의 횟수가 늘어나면 주객이 전도될 위험이 크기는 하다.

나누기는 인간의 모든 관계에서 다 필요하다. 그것은 사회 속에 나의 드러냄이요, 다른 사람들과의 의미 있는 관계 맺음의 중요한 요소다. 이런 나누기 원리는 당연히 집권자와 시민들 사이에서도 적용된다. 최근 안철수 현상이나 '나꼼수' 열풍은 무엇을 말하는가? 그것은 집권세력 등 기성 정치권과 시민들(특히 젊은 세대) 사이의 불통 속에서 나름대로 소통을 하기 위해 불거져 나온 것이다. 이런 불통의 현실에서는 언론의 역할이 중요한데, 그동안 대다수 언론은 '자신의 안위를 위해' 불통을 없애기보다는 기성 정치권의 이익을 대변하는 데만 주력했다.

나누기의 기본은 상대방에 대한 이해와 배려다. 기성 정치권과 언론이 이런 나누기의 중요성을 깨닫지 못하고 낡은 행태에 머문다면 그들은 새로운 흐름에 의해 밀려나고 말 것이다.

(2011. 11. 29. 충북일보)

봉사는 자기 수행

지난 토요일 오전, 충북참여연대에서 주관하는 사랑의 내복 보내기 행사에 참여했다. 독거노인 100여 분에게 내복을 전달하는 행사였다. 난 고등학교 1학년 아이들 2명과 팀을 이루어 가덕면에 사시는 어르신 네 분께 전달했다. 집 주소가 생소하고 눈까지 내려 찾아가는 길이 쉽지 않았지만, 내복을 받으시고 좋아하시는 어르신들을 보면서 마음이 따뜻해졌다. 일을 같이 한 고등학생 친구들에게도 나름대로 의미가 있었을 것이다.

저녁에는 충북대 중문 부근에서 제이티에스JTS, 주로 북한, 인도, 필리핀 등지의 굶주리고, 아프고, 배우지 못하는 아이들을 위해 활동하는 국제빈민구호단체가 주관하는 모금행사에 참여했다. 이 행사는 매년 어린이날과 크리스마스를 전후해 이루어진다. 난 전과 마찬가지로 초등학교 4학년인 둘째를 데리고 나갔다. 아내는 중학교 1학년인 큰애를 데리고 성안길로 갔다. 행사는 두 곳에서 이루어졌다.

행사에 참여한 사람들과 일 나누기를 한 다음, 어깨띠를 두르고 둘째와 짝을 이루어 모금에 나섰다. 날이 꽤 추웠다. 아이의 목도리와 모자를 단단히 챙겨 주었다.

"국제빈민구호단체 제이티에슙니다. 북한과 제3세계 굶주리는 아이들을 위해 모금하고 있습니다. 1,000원짜리 한 장이면 굶주리는 아이들 몇 끼 식사가 됩니다. 마음을 내 주십시오."

지나가는 사람들에게 따라붙어 자그마한 전단지를 건네주며 기부를 부탁하였다. 처음에는 말이 잘 나오지 않았지만 시간이 지나면서 익숙해졌다.

사람들 반응은 다양했다. 내 말을 집중하여 듣고는 말이 끝나자마자 돈을 내는 사람, 듣기는 하지만 웃으면서 그냥 가는 사람, 바쁘다며 아예 들으려고도 하지 않는 사람 등등. 그런 사람들의 반응을 보면서, 전에 그들과 같은 입장에서 내가 보였던 반응이 떠올랐다. 난 그런 모금에 꽤 부정적이고 소극적이었다.

2005년경 정토회(불교 수행 단체)가 주관하는 '깨달음의 장'이라는 단기 수련 프로그램에 참여한 적이 있다. 나를 내려놓고, 내 것을 내려놓은 공부를 하는 것이다. 그 프로그램 마지막 날 새벽에 북한의 굶주리는 아이들 영상을 보여주었다. 먹지 못해 바싹 마른 몸, 그 조그마한 몸뚱이에서 물기가 다 빠져버린 듯했다. 눈물이 나왔다. 한때 북한에서는 200만 명이나 되는 사람들(주로 아이들)이 굶어 죽었다고 한다. 그런 비참한 현실은 지금도 크게 나아지지 않고 있다. 인도나 캄보디아, 필리핀 등 제3세계 빈민들도 마찬가지라고 한다.

모금하면서 물러서고 싶은 마음이 들 때마다 먹을 것이 없어 굶주리는 아이들을 떠올리면 용기가 났다. 그런 간절함이 전달되었음일까. 우리를 지켜보던 학생 몇이 자기들끼리 모은 돈을 가져와 모금통에 넣었다. 모금통은 천 원짜리가 대부분이었는데, 그들이 가져온 것에는 만 원짜리도 있었다.

어떤 친구들은 따뜻한 음료수를 가져다주기도 했다. 덕분에 1시간 동안의 모금 활동을 재미있고 힘있게 할 수 있었다. 모아진 돈은 제이티에스 본부로 보내져 북한과 제3세계의 굶주리고 아프고 배우지 못하는 사람들을 위해 쓰일 것이다.

사실 봉사는 남을 위한 것 같지만 가만히 살펴보면 자기 수행의 측면이 강하다. 먼저, 처음에 봉사하려면 주저하는 마음이 생긴다. 쑥스러운 마음과 함께 '그것이 내게 무슨 도움이 될까' 하는 이해득실을 따지기 때문이다. 그러나 자꾸 하다 보면 익숙해지고, '주저하는 마음'이 '그래도 한번 해보는 마음'으로 바뀌는 것을 알 수 있다. 이런 마음의 변화는 삶의 다른 영역에서도 그대로 응용될 수 있다.

다음으로, 모금할 때 미리부터 돈을 낼 것 같은 사람과 그렇지 않은 사람을 구별하여 돈을 낼 것 같은 사람에게만 가고자 하는 마음이 생기는데, 이런 마음이 생겨도 그냥 가리지 않고 차례로 다가가면 예상과 달리 선뜻 돈을 내는 분들도 있다. 이런 과정에서 자신의 편견을 확인할 수 있다.

지난 토요일 모금에서는 가리지 않고 사람들에게 다가갔다. 그러면서 내 마음을 살폈다. 봉사는 자기 수행이다. 남과 내가 서로 연관된 하나임을 아는 공부다.

(2011. 12. 27. 충북일보)

구두 아저씨가 써준 '無有定法'

1992년 8개월여간 속리산 봉곡암에서 여든이 넘은 노스님과 단둘이 지내며 사법시험 공부를 했다. 그때는 불교에 막 빠져들기 시작할 무렵이었는데, 새벽에 일어나 법당 청수淸水*를 갈고 참배하는 것이 조금도 귀찮지 않고, 그렇게 수행할 수 있는 게 행복했다. 아침마다 무비 스님이 번역하고 해설을 붙인『금강경오가해』를 읽는 것도 빼놓지 않았다. 그렇게 혼자서 금강경을 공부할 때 내 마음을 사로잡은 문구는 '무유정법無有定法'이었다. '이것이 법이라고 정해진 것이 없다'는 뜻이다. 그 후 시험 준비를 하고, 검사와 변호사 일을 하면서 부딪치는 경계를 이 문구를 갖고 헤쳐 나왔다.

변호사를 찾아오는 사람들은 자신의 법적인 고민거리를 변호사에게 말하면 바로 정답이 나올 것으로 기대한다. 그러나 만물이 그러하듯 법적인 사건도 끊임없이 변화한다. 객관적인 진실이야 하나이겠지만, 그 진실에 다

---

*부처님을 모신 법대에 올리는 맑은 물.

가가는 각도, 수집된 증거의 정도, 사건을 맡은 변호사, 검사 및 판사의 가치관 등에 따라 그 결과는 아주 다양하게 나올 수 있다. 그래서 법조인들은 법률 사건을 '살아있는 생명'이라고 표현한다.

변호사 개업을 한 지 얼마 지나지 않아 한 젊은이가 찾아왔다. 얼굴에 근심이 가득했다. 처와 이혼하려고 한다고 했다. 결혼할 때는 잘 몰랐는데 처가 정신적 어려움이 있어 계속 약을 먹고, 가정에서 일어나는 일을 스스로 판단하지 못하고 늘 장인·장모에게 물어서 처리한다고 했다. 그는 독립된 인격체가 아닌 장인·장모가 달라붙은 불완전한 인격체와 사는 것 같다고 했다.

그는 말이 무척 많았다. 핵심만 말하라고 해도 자꾸만 말이 장황해졌다. 변호사로서 이런 사람을 만나면 참 힘들다. 그 후 그와 몇 번 더 이혼상담을 하던 중 그로부터 경찰 조사를 받게 되었다는 이야기를 들었다. 처가 폭행·상해 혐의로 그를 고소한 것이다. 단순한 부부간 싸움이라고 여기고 형사사건에 대해서는 별다른 신경을 쓰지 않았는데, 구속영장이 청구된 것이다.

형사사건을 수임한 후 청구서에 있는 범죄사실을 보니 수년간에 걸쳐 처를 폭행한 것으로 되어 있었다. 머리채를 잡아 흔들고 침대 위로 내던져 기절끼지 하게 하는 등 폭행의 정도가 아주 심한 것으로 기술되어 있었다. 그는 범행을 부인하였지만 구속영장이 발부되었다. 교도소로 몇 번 접견 가면서 있는 그대로 말해 달라고 하였는데, 그는 단호하게 결백하다고 했다. 그 과정에서 그의 진심을 읽을 수 있었다. 다른 사건보다 더 심혈을 기울여 변호했다.

주된 객관적 증거는 처가 폭행당하였다는 날 가정폭력상담소를 찾아가 상담한 일지와 진단서, 그리고 딸로부터 폭행을 당한 내용을 듣고 장인이

써 왔다는 일기였다. 증인신문 등을 통해 처가 내 의뢰인을 만나기 전 다른 남자와 혼인신고까지 하였다가 그 남자가 많은 재산을 요구하는 바람에 이혼한 사실을 알게 되었다. 여기서 의뢰인의 처나 장인이 그때의 일을 경험 삼아 나중에 이혼할 것에 대비하여 의도적으로 증거를 만들어 오지 않았나 하는 의심이 들었다. 또 처는 피고인으로부터 기절까지 할 정도로 무차별적으로 폭행을 당하였다고 주장하나 진단서에는 약간의 멍만 있는 것으로 되어 있었다. 그런 정도의 멍은 가구 등에 가볍게 부딪히더라도 얼마든지 생겨날 수 있는 것이다. 이런 점들을 강력하게 말하면서, 오히려 피고인도 장인·장모에 종속된 처와 힘겹게 살아야만 했던 피해자라고 주장했다.

1심 재판장은 결심하는 날 자신도 누구의 말이 맞는지 모르겠다고 했다. 무죄를 기대했는데, 재판부는 선고기일에 유죄를 선고하면서 형의 집행을 유예했다. 유죄라면 합의가 되지 않았으니 실형이 선고되어야 하는데, 재판부가 타협적인 판결을 한 게 아닌가 하는 생각이 들었다. 어쨌든 피고인이 석방되었으니 절반은 성공한 셈이었다. 항소심에서는 내가 1심에서 주장했던 내용들이 받아들여져 무죄가 선고되었다.

나와 처음 만났을 때 말을 장황스럽게 하던 의뢰인은 항소심에서 무죄가 선고될 즈음에는 전보다 당당하게 핵심을 말할 수 있는 사람이 되어 있었다. 교도소로 접견 갈 때마다 장광설이나 애원 조로 흐르려는 그의 말을 막고, 본질을 살피고 자신이나 주변에 대해 더 분명한 태도를 가지라고 강조하였다.

위에서 본 것처럼 우리는 하나의 사건에서도 많은 변화를 볼 수 있다. 사건이 진행되면서 내용이 더 구체화 되고, 재판부 판단이 달라지며, 의뢰인의 성격까지도 바뀐다. 이처럼 우리가 대하는 일들은 '딱 이것이다'라고 정해져 있지 않고 계속 변화한다. 그러니 당연히 우리도 선입견이나 고정관념 없이 열린 마음으로 만사에 대응하여야 한결 더 자연스럽고 여법하게 살아갈 수 있을 것이다.

　작년 우연한 기회에 우리 사무실 건물에서 구두를 닦는 아저씨와 막걸리를 마시게 되었다. 그는 충북대 평생교육원에 다니며 꾸준히 서예를 하고 있었는데, 대회에 나가 입선을 하기도 하였다. 그에게 부탁하여 한 달만에 '無有定法'이라는 글씨를 받았다. 가끔 사무실 벽에 걸려 있는 '無有定法'을 바라보며 스스로 점검하곤 한다.

(2012. 5. 월간정토)

끊임없는 공부를 위해

변호사는 바쁘다. 수임한 사건이 많으면 당연히 바쁠 것이고, 그렇지 않은 경우도 바쁘다. 아니 바빠야 한다. 만나는 사람들 누구나 잠재적인 의뢰인이기 때문에 사람 만나는 것을 게을리할 수 없다. 동문회를 빼고도 내가 지금 관여하고 있는 단체나 모임의 숫자가 10개 정도 된다. 이 모든 것에 다 충실할 수는 없어도 나름대로 적절히 안배하여 참여하고 있다.

없는 글재주지만 여성 월간지, 지역 신문 등에 고정적으로 칼럼도 쓰고 있다. 마감에 쫓겨 한꺼번에 3~4편의 글을 몰아서 써야 할 때가 많다. 심리적으로 압박을 받는다. 그나마 작년 말 지방 라디오방송 고정 출연과 2주마다 한 번씩 지역 일간지에 칼럼 쓰는 것을 그만둔 것이 그나마 숨통을 틔워주고 있다.

나를 바쁘게 하는 또 다른 일거리는 텃밭 농사다. 올해는 규모가 작년보다 늘어 100평이 넘는다. 얼마 전에 작업공간으로 쓰기 위해 대나무로 비닐하우스를 만들고, 생태뒷간까지 지었다. 비닐 멀칭을 하지 않기 때문에 손으로 일일이 풀을 뽑아주어야 한다. 주말엔 아주 특별한 일이 없으면 밭에 가서 살다시피 한다.

아무리 바쁘더라도 정신을 똑바로 차리면 중심을 잡고 대하는 일 모두에 여법할 수 있을 터인데, 난 항상 술이라는 마군魔軍과 싸움에서 지면서 허우적거릴 때가 많다. '가끔'은 정신을 잃어버릴 때도 있다.

얼마 전 초등학교 동기 모임을 했는데, 이제 막 법륜 스님과 정토회에 대해 관심을 갖기 시작한 한 여자 동창이 술잔을 들이키는 내게 말했다. 난 이미 얼근하게 취한 상태였다.

"법륜 스님은 오계를 말씀하시면서 술에 취하지 말라 하셨는데, 법륜 스님 말씀을 전하고 다니는 너는 왜 그렇게 술을 많이 마시니?"

동창은 가볍게 던진 것 같은데 그것을 받는 나는 뜨끔했다. 평소 수행을 아무리 열심히 하더라도 한번 오지게 술을 마시고 나면 그때까지 한 공부의 공덕이 다 날아가 버리는 것 같다. 난 지금까지 오랜 기간 그렇게 끊기고 또 끊기는 공부를 해왔다.

그래도 백일 출가를 마치고 청주에서 법당에 다니면서 끊이지 않는 뭔가를 하기 시작했다. 불교대학이다. 작년 불교대학을 개근으로 졸업했다. 재판 때문에 한 번 지각한 것을 빼고는 지각이나 조퇴가 없는 완벽한 개근이 있다. 그것이 가능했던 것은 집전을 맡았기 때문이다. 그 전에 수행 법회에 나갈 때는 몸이 피곤하거나 다른 일거리 핑계가 있으면 빠지기 일쑤였는데, 집전 소임은 그것을 허용하지 않았다. 급한 일이 있으면 법회가 끝난 후 밤중에 사무실에 가 일을 보았다. 그것이 쌓이면서 언젠가부터 불교대학에 나가는 것이 아주 당연하고 자연스러워졌다. 또 그것은 자꾸만 흐트러지려고 하는 일상을 붙잡아주는 원천이 되었다. 꾸준함의 위력을 확실하게 경험하였다.

올핸 경전반에 들어가면서 야간 담당을 맡았다. 아직 개근이다. 아무리 마음이 바쁘고 쫓기더라도 일단 법당에 나가 스님의 법문을 들으면서 스스로 돌아보면 슬며시 평화가 찾아든다. 나뿐만 아니라 집전과 사회를 맡은 법우님들도 개근이다. 두 분의 얼굴에서도 어느새 '끊이지 않는 공부'가 가져다준 여유로움을 느낄 수 있다. 집전을 맡은 법우는 어제 스님의 금강경 강의가 마지막 10분 동안, 끝날 듯하면서 길어질 때 마음속에서 불편한 감정이 올라왔다고 했다. 그런데 그 불편한 감정에 대해 시비하는 마음은 없고 그냥 바라볼 수 있었다고 한다. 그러면서 그날 스님이 하신 "모든 법에는 본래 옳고 그름이 없다"는 말씀이 떠올랐다고 했다.

작년 10월말 『검사 그만뒀습니다』라는 책을 낸 이후 아침 기도에도 정성을 기울이고 있다. 책에 아침마다 기도한다는 내용을 썼으니 그것을 거짓말로 만들 수는 없었다. 과음한 다음 날은 새벽 5시에 일어나지 못해도, 일어나자마자 약식으로 삼귀의, 108배, 경전독송, 사홍서원을 한다. 이것도 쌓이다 보니 아무리 많이 술을 마신 다음 날이라도 그리 어렵지 않게 해내고 있다. 아주 오래도록 괴롭혀 온 술의 문제를 단박에 해결하지 못하고 술기운에 휘청거리면서도 나름대로 중심을 잡으려고 애쓰는 모습이 가상하기는 하다.

1992년쯤 당시 송광사 방장이시던 회광 승찬 스님이 청주에서 설법을 하셨다. 그분은 인상이 어린아이처럼 천진난만하셨다. 그때까지 그렇게 환한 얼굴을 보지 못했다. 스님은 오계의 중요성을 엄청 강조하셨다. 당신이 직접 만드신 「오계의 노래」를 어머니 합창단이 불렀다. 불음주와 관련된 노래 가사를 지금도 기억하고 있다.

"술에 취한 그 눈동자 쓸모가 없네."

아직도 눈동자에 자신이 없는 탓에 위 가사가 생생하게 남아 있는지도 모르겠다. 눈 푸른 납자衲子의 꿈은 언제나 이룰까? 술에서 깨어 있을 때만이라도 수행에 철저하다 보면 어느 순간 그 꿈은 자연스럽게 다가오지 않을까?

오늘 오전에는 살인 사건 법정에 다녀오면서 마음속에서 일어나는 여러 변화를 열심히 살피고자 했다. 피고인은 아직도 자신이 저지른 사건의 무거움을 제대로 깨닫지 못했고, 재판장은 그것을 간파했다. 길지 않은 시간이지만 변론이 힘들었다. 의뢰인과 소통이 되지 않아서다.

(2012. 6. 월간 정토)

참다운 삶

사법시험에 합격하여 검사 10년을 하고 전업하여 변호사 3년째다. 최근엔 그런 적이 없는데, 전에는 가끔 사법시험에 합격한 것이 잘못되었다는 꿈을 꾸곤 했다. 꿈속에서 다시 사법시험 공부를 하는데 어찌나 막막하던지. 듣자 하니 다른 법조인들도 그런 꿈을 꾼다. 그만큼 사법시험 합격은 엄청난 기득권이다. 판검사가 갖고 있는 권한이 얼마나 막강한가. 변호사도 얼마 전까지 적은 숫자를 유지하며 서민들이 쉽게 상상할 수 없는 돈을 벌었다(최근에는 변호사업계의 사정이 옛날과 많이 다르다).

최근 한 검찰 간부가 업자로부터 수억 원의 금품을 받은 것과 관련하여 검찰과 경찰이 이중 수사를 하고 있는 것이 큰 논란이 되고 있다. 검찰에서 수사를 담당하는 특임검사는 기자회견에서 "수사는 검사가 경찰보다 낫다." "의학적 지식은 의사가 간호사보다 낫지 않은가?" "사시(사법시험)를 왜 보고, 검사를 왜 뽑나?"는 등의 말로 검사가 수사해야 하는 이유를 늘어놓았다. 엘리트의식과 기득권의식에 얼마나 철저하게 물들어 있는지 잘 알 수 있다.

법조 13년의 내 경험에 비추어보면 위와 같은 선민의식은 법조계에 보편적으로 퍼져 있다. 이런 이유로, 전보다 나아지고 있기는 하지만, 아직도 머리(성적) 좋은 사람들이 법조인이 되려고 한다.

그런데 무언가를 갖고 있다는 것은 삶에서 자연스러움을 빼앗고 삶을 고달프게 만든다. 돈 많은 사람이 그것을 지키려고 전전긍긍하듯, 명예나 권력을 가진 사람들도 이를 놓지 않기 위해 노심초사한다. 검사로 있으면서 지켜본 검찰 간부들은 소신보다는 승진을 위해 상급 간부에게 잘 보이려고 애쓰는 것이 태반이었다. 그러나 그들에게는 그들만의 자유롭고 개성 있는 삶이 없었다. 이것이 참다운 삶은 아닐 것이다.

난 그런 검찰 조직이 싫었다. 노무현 대통령의 서거를 계기로 옷을 벗었다. 바로 변호사 개업을 하지 않고, 전북 부안에 있는 변산공동체에 가 농사를 짓고, 경북 문경에 있는 정토수련원으로 100일간 출가하여 행자 생활을 하면서 자신을 돌아보는 시간을 가졌다. 생업 활동에서 벗어나는 두려움이 있었지만, 오롯이 나와 세상을 있는 그대로 살펴볼 수 있는 소중한 시간이었다.

변호사 개업 후 많은 사람을 만났다. 검사 때는 상상할 수 없을 정도로 다양한 분야에 있는 분들을 만났다. 검사가 아니다 보니 사람들과의 관계가 한결 더 부드럽고 자연스러워졌다. 그동안 움츠렸던 삶이 막 팽창되는 느낌이었다.

그러한 만남들 가운데 내게 의미 있게 다가온 것은 청주노동인권센터다. 지난 2월 충청리뷰 권혁상 대표님 소개로 센터 운영위원이 되었다. 노동이나 노동운동을 한 것도 아니고, 노동자의 삶에 대한 고민도 진지하게 해보지 않은 나는 사실 자격이 없다. 그 때문인지 지난 2월 센터 총회에 참석했을 때 처음엔 내가 올 수 없는 곳에 온 것은 아닌가 하는 생각이 들기도 했다. 그러나 시간이 흐르면서 행사에 집중하고 분위기에 조금씩 적응해 갔다.

   회의 진행이 깔끔했다. 참석자 모두 돌아가면서 한마디씩 할 때, 정직한 노동에 바탕을 두고 있는 때문인지 말이 다 자연스럽고 건강하고 진실되게 느껴졌다. 이것이 정말 사람다운 삶, 참된 삶이라는 생각이 들었다. 나의 삶도 그러해야 한다고 생각했다. 이날 노동자들의 글을 담은 잡지인 《작은책》도 소개받아 정기구독하고 있다. 솔직하고 절절하게 쓰인 글들이라 다 살아 있다. 아주 열심히 읽고 있는데, 한번은 스무 권을 사 주변에 돌리기도 하였다. 노동인권센터와의 만남은 내게 참다운 삶이 무엇인지에 대해 끊임없이 고민하게 만들고 있다.

(2012. 12. 해밀)

한 뼘 책 읽기의 위력

'뼘'은 엄지손가락과 다른 손가락들을 완전히 펴서 벌렸을 때 두 끝 사이의 거리로, 아주 짧다는 뜻으로 쓰일 때가 많다. 오래전부터 일찍 출근하여 5~10분 정도 책을 읽고 있는데, 무척 짧은 시간이라 그게 무슨 책 읽기가 되겠나 싶겠지만, 꾸준히 이어지면 위력이 있다. 이것을 '한 뼘 책 읽기'라고 부르고 싶다.

사실 난 책 읽기에 회의적이었고 지금도 꽤 그렇다. 삶의 주요한 의미는 자연의 이치를 깨닫는 것인데, 이 깨달음은 스스로 현실 경계에 부딪히며 고민해야만 얻을 수 있으며 책을 통한 간접 경험으로는 불가능하다고 생각하기 때문이다. 책에 잘못된 내용이 있다면 오히려 해를 입을 수 있지 않은가. 지금 우리나라 다수 언론처럼 말이다.

군복무를 마치고 대학 3학년에 복학한 겨울, 산속에 있는 고시원에 들어가 사법시험을 준비했는데, 그동안 자라며 억눌렸던 정서가 크게 흔들려 힘들었다. 고시원에서 왕복 50분 거리에 절이 있어서 4개월여간 하루도 빠지지 않고 오후 5시에 산책을 다녀왔다. 눈을 머리에 소복이 이고 온 날도 있었다. 나무와 풀, 바람, 햇빛 같은 자연을 꾸준히 살피고 느끼면서 꼬였던 정서가 풀리는 놀라운 경험을 하였다. 그 무렵 불교를 접했다. 불교의 핵심은 '제행무상諸行無常'이다. 모든 것은 변한다. 변하는 것만이 살아 있다. 변화를 가장 뚜렷하게 보여주는 것이 자연이다. 자연을 가까이하면서 내가 살아갈 수 있다는 것을 깨달았다.

언젠가부터 아침 시험공부를 하기에 앞서 5분 정도 불교책을 소리 내어 읽는 것이 습관이 되었다. 이렇게 읽으면 두꺼운 책 하나 마치는 데 1년이 더 걸릴 때도 있었다. 느린 것 같아도 책장은 넘어가고, 넘어간 종이의 두께가 깊어가는 것에서 재미를 느꼈다. 이렇게 『금강경오가해』, 『선문단련설』, 『죽창수필』 같은 책들을 읽어 냈을 때의 기쁨은 컸다. 좋아서 두 번 읽은 것도 있다.

이런 습관은 검사가 되어서도 이어졌다. 헤르만 헤세의 『유리알 유희』를 감명 깊게 읽은 적이 있어 영국에 1년간 연수 갔을 때 영역본을 사 왔다. 원어인 독일어를 모르니 영어로 된 것이라도 읽고 싶었기 때문이었다. 다 읽는데 1년 반 정도 걸렸다. 변호사가 된 후에 이 책을 1년 걸려 한 번 더 읽었다.

한 3년 전부터는 시를 읽고 있다. 전에는 시 읽는 게 무척 힘들었는데, 언젠가부터 하루에 2~3편의 시를 소리 내어 읽는 게 엄청 재미있다. 운율이 있어서 천천히 리듬감을 따라 읽고 나면 멋지게 노래라도 한 것처럼 감흥이 남는다. 이렇게 시 몇 편 근사하게 읊고 차 한 잔 마시면 온 세상이 다 내 것이다. 이 시간이 언제나 기다려진다.

이처럼 소리 내어 읽으며 다져진 내공은 현실 삶에도 긍정적으로 작용하고 있다. 변호사로서 법정에서 변론하거나 증인신문 할 때 당당하고 자신감이 생겼다. 오랜 기간 다양하게 해 온 방송 활동이나 몇 번의 대중연설에서도 마찬가지였다. 중학교 국어 수업시간에 선생님이 전날 본 '전설의 고향' 줄거리를 말해보라 하였는데, 너무 소심해 한마디 말도 꺼내지 못하고 고개만 숙이고 있었다. 그런 치욕을 겪었던 소년이 이젠 경계에 부딪혀 생기는 불안을 이겨 내고, 어느 정도는 자연스럽게 스스로 표현할 수 있는 사람이 되었다. 20년도 더 넘게 해 온, 아침 '한 뼘 책 읽기'의 위력이다.

(2021. 4. 28. 충청매일)

종살이로 뒤틀린 우리 삶

　삶을 스스로 꾸려가지 못하고 남 눈치 보고 사는 것이 종살이다. 내가 자랄 때 그랬다. 나를 존중하고 아끼는 마음이 없어 당당하지 못하고, 남 눈치를 보며 스스로 잘 드러내지 못했다. 좋아서 하기보다 잘 보이려고 했다. 스스로 주인이 되지 못하는 종살이 삶이었으니 무슨 재미가 있었겠는가. 우울하고 앞날이 보이지 않았다. 피똥 싸며 애쓴 덕분에 종살이 태도가 조금은 바뀌었다.

　지난 주말, 한 공동체에서 진행된 '알기 쉬운 멧나물 들나물' 프로그램에 두 밤 세 낮 일정으로 다녀왔다. 나물 익히고 뜯는 것 못지않게, 같이 진행된 겨레말(한글) 바로 쓰기를 배우는 것도 뜻깊었다. 프로그램 이름에서 '산나물'이 아니라 '멧나물'이라고 쓴 데서 벌써 남다른 색깔을 느낄 수 있다.

　프로그램을 이끈 최한실 선생은 "우리 겨레가 마땅히 우리말로 말글살이를 해가야겠지만, 억눌리고 뒤틀리고 구부러진 겨레 삶을 살아오는 사이에 우리말에 섞여 들어온 한글왜말, 한글되말, 한글하늬말(서양말)이 오히려 우리 말글살이 줄기를 차지하고, 우리말은 갈수록 줄어들어 잔가지에 지나지 않게 되었다."며 가슴 아파하셨다.

우리가 많이 쓰는 '감사하다'는 말은 왜말이고 '고맙다'가 우리말이다. '주방'은 왜말이고 '부엌'이 우리말이고, '출발하다'는 왜말, '떠나다' 혹은 '(집)나서다'가 우리말이다. '산야초'나 '채소'는 다 왜말이고 '멧나물', '남새'가 우리말이다. 선생은 우리가 나날살이(일상)에서 입 열어 내뱉는 거의 모든 말마디가 한글왜말이라고 하였다. 요즘은 왜말뿐만 아니라 아파트 이름 따위에서 보듯 서양말로 인한 오염도 심각하다.

우리말글이 이렇게 한글왜말 따위에 더럽혀진 까닭은 무엇일까? 우리말 좋은 것을 모르고 남 말 좋다고 눈감고 따라간 결과다. 말글살이에서 주인이 되지 못하고 종살이하고 있는 것이다. 말글살이에서 종이 되면 어김없이 삶에서도 종이 된다. 우리 언론이 바깥 나라의 작은 본보기와 견주며 우리 정부의 코로나 19 대응능력을 끊임없이 깎아내리는 것도 그릇된 종살이 태도에서 비롯된 것이다.

우리말글은 돈에도 굽신거린다. 얼마 전 편의점에서 물건을 골라 계산대에 갔더니 "만구천사백원이세요."라고 했다. "돈한테 왜 존대를 하세요?"라고 물었더니 "높이면 좋은 거 아니에요?"라고 대답했다. 지금 세상은 돈이 최고, 그래서 돈에도 존댓말을 한다. 사람도 돈이 안 되면 존대의 대상이 아니다. 말글이 오염되면서 인간의 존엄성도 무너지고 있다.

교통 습관에서도 종살이를 볼 수 있다. 한 언론사가 "횡단보도를 건너기 위해 대기 중인 보행자가 있을 때 횡단보도 앞에서 일시정지한 운전자는 100명 중 1명에 그쳤다."는 실태조사 결과를 보도했다. 교통법규로는 당연히 걷는 이가 먼저인데, 걷는 이가 차가 다 가기를 기다리는 불법 상황이 당연시되고 있다. 걷는 이 스스로 내가 주인임을 모르고 차의 종이 되어 행동하는 것이다. 누군가는 이것이 옛날 백성들이 가마 탄 양반에게 길을 양보한 것에서 비롯된 것이라고 한다.

 이렇게 종살이는 우리 삶 곳곳에 박혀 있다. 종살이에서 벗어나는 것이 참된 민주주의다. 이젠 '감사합니다'가 아니라 '고맙습니다'라고 하자. 횡단보도에서 손을 들어 차를 세우고 당당하게 걸어가자. 그렇게 하나하나 종살이로 억눌리고 뒤틀린 삶을 바로잡아 나가자.

(2021. 5. 13. 충청매일)

칼로 연필을 깎는 이유

오랜만에 사무실 책상 여기저기에 있는 연필 10여 자루를 모아 칼로 깎았다. 베어낸 조각이 구부러질 정도로 나무 끝을 얇게 저미고, 심을 뾰족하게 다듬었다. 하나하나 깎는 데 시간과 집중이 필요하다. 서너 자루 깎을 때쯤 되면 언제 다 깎나 하는 조바심이 생긴다. 그래도 호흡에 집중하며 깎아 나간다. 다 깎고 나면 큰 숙제라도 한 듯 홀가분하다. 그런데 굳이 칼로 연필을 깎는 이유는 무엇일까?

22년 전, 검사로 첫 발령을 받았을 때 부장님이 칼로 연필 깎는 것을 보았다. 보통은 부속실 여직원이 연필깎이로 여러 자루 깎아 놓는데, 스스로 깎는 모습이 도라도 닦는 듯했다. 그 모습에 반해 나도 지금껏 따라 하고 있다.

연필깎이나 샤프 연필은 엄청난 기술 발전이다. 연필 깎는데 아주 짧은 시간이 걸리거나 아예 깎을 필요조차 없다. 연필 깎는 수고로움(고통)에서 사람을 해방시켰다. 이제 사람들은 더 편해지고, 연필 깎는 시간에 더 유익한 것을 할 수 있게 되었다고 생각한다. 그러니 연필 깎는 수고로움은 다시 돌아보지 않는다. 그런데 연필 깎는 수고로움에서 벗어나 사람들은 더 행복하게 되었을까?

　오늘날 사람들은 몸과 마음을 덜 쓰는 데서 행복을 찾는다. 자동차를 타서 걷지 않게 되어, 계산기로 계산을 해 머리를 쓰지 않게 되어, 세탁기 덕분에 손빨래를 하지 않게 되어, 밭에 비닐을 씌우고 제초제를 쳐 풀을 뽑지 않아도 되어, 아이를 학원에 맡겨 신경을 쓰지 않아도 되어 행복하다고 생각하는 것 같다. 열에 아홉은 그렇다. 그런데 왜 열에 아홉은 행복해 보이지 않는 걸까? 편안한 것은 행복을 다 지나쳐 버리기 때문이다.

　걸으면 하늘이 보이고, 바람을 느끼고, 나무와 풀이 바뀌는 모습을 보며, 기운이 돈다. 복잡한 계산을 종이에 적으며 하면 스스로 대견스러울 수 있다. 손빨래를 하면 때가 빠져 깨끗해지는 것을 보면서 쾌감을 느낄 수 있다. 거침없이 자라나는 밭 풀이 무서울 수 있지만, 같이 하면 다양한 생명력을 느끼고, 더불어 사는 것의 중요함을 깨닫는다. 아이들과 대화하고, 운동하고, 일을 같이하다 보면 서로 친구가 되고 믿음이 생긴다.

　사람은 자기 손발을 놀리고, 머리를 쓸 때만 행복할 수 있다. 문명의 이기利器를 다 포기하자는 말은 아니다. 그것은 불가능한 일이다. 그러나 행복은 멀리 편안한 것을 쫓는 데서 찾을 수 있는 게 아니라 맨날 부딪치는 작은 삶 속에 있다는 것을 깨달아야 한다.

　밥 먹고, 똥 누고, 맨날 가는 길 걸어가고, 또 맨날 보는 사람 보고, 그런 것들. 우리가 사소하다고 치부하는 그런 것들. 그것들이 우리 삶의 중요한 일부분임에도 '덜 중요하다'는 이유로 무시해 왔다. 그러면서 달리 뭐 대단한 걸 하겠다고 나름대로 의식·무의식으로 다짐을 한 것 같은데, 마땅히 이루었다고 내세울 만한 것은 없다.

　현재에, '지금, 여기'라는 순간으로 존재하고 머무는 것, 글을 쓰는 이 순간, 칼로 한 결씩 연필 끝을 깎아내는 그 순간이 양보할 수 없는 내 삶이다. 그 순간에서 재미를 느낀다면 삶은 다 행복하다. 칼로 연필을 깎는 이유가 여기에 있다. 그런데 깎을 때 느끼는 조바심은 아직 편안한 것에 병들어 있기 때문이다.

(2021. 5. 27. 충청매일)

강제 휴식과 직시直視

먼 도시에 버스 타고 재판에 갈 때면 설렌다. '원정 경기'의 긴장도 있을 테지만, 차를 운전해 갈 때는 느끼지 못하는 설렘이니 '원정'과는 무관한 마음 상태다. 설레는 이유는 오직 하나, 버스로 가는 동안 휴대폰을 끄고 눈을 붙이거나 책을 볼 수 있다는 것. 그것은 '강제휴식'이다.

검사로 일할 때는 가진 권력 때문인지 바쁘다는 핑계를 대면 '일단은' 다 이해해 주니 전화가 와도 받기 싫으면 안 받으면 그만이었다. 권력 집단에서 빠져나와 변호사가 되니 사람들은 내게 아쉬울 것이 없어졌다. 권력이 아닌 순전히 내 힘으로 살아야 하니 오히려 내가 아쉬워졌다. 오는 전화 다 받아야 하고, 부재중 전화도 무시해서는 안 된다. 재판이나 상담이 없어도 마음은 한가하지 않다. 늘 뭔가 해야 한다고 스스로 몰아가고 쫓기며 불안하다.

장거리 버스 재판 여행은 이런 불안에서 '완전히' 해방시켜 준다. 재판하러 가는 것이니 노는 게 아니고, 조용한 버스 안이니 전화를 받을 수도 없다. 전화를 받지 '못하는(않는)' 너무나도 확실한 이유가 있다. 거부할 수 없는 휴식이니 '강제휴식'이라고 하는 것이다.

그런데 왜 '강제로밖에' 쉬지 못하는 것일까? 무엇이 쉬지도 못하고 계속 뭔가를 하도록 밀어붙이는 것일까? 왜 멈추어 나나 주변을 살펴보지 못하는 것일까? 바로 보는 것直視이 무서워 피하고 싶기 때문이다.

20대 후반쯤부터 명상을 해보겠다고 했다. 달리 배우지는 않고 그냥 앉아보았는데, 불안과 어수선함이 가라앉는 효과를 간간이 맛보기는 했으나 깊이나 지속성은 없었다. 그래도 그 맛이 좋아 끊어지고 이어지기를 되풀이하면서도 명상에 대한 의지는 죽지 않았다.

3년 전쯤부터는 새벽 명상을 거의 빼먹지 않고 있다. 숙취 등으로 앉아 있기 힘들면 걸으면서 '명상의 시간' 만큼은 깨어 있으려고 애를 쓰고 있다.

명상을 위해 자리에 앉으면 온갖 생각과 감정이 올라온다. 편안한 것보다는 두렵고 걱정스러운 게 더 많이 올라온다. 두렵고 걱정스러운 마음은 보고 싶지 않다.

그러나 보고 싶지 않다고 올라오지 않는 게 아니다. 거부하면 더 올라온다. '그동안 쌓은 업 때문에 올라오는구나.' 하고 가만히 바라보며 견뎌야 한다. 그 두려움과 걱정에는 옳고 그른 것이 없다. 그래도 두려움과 걱정은 끊임없이 올라온다. '인연 따라 또 올라오는구나.' 하고 바라볼 뿐이다.

피하지 말고 바로 보아야直視 한다. 이게 두려움과 걱정을 대하는 가장 좋은 방법이다. 이렇게 하다 보면 두려움과 걱정을 '이기지는' 못하더라도 '견뎌 내는' 힘은 얻을 수 있다.

누구나 치과에 가기 싫어한다. 치과 치료를 받는 게 무척 불편하고 고통스럽기 때문이다. 그래서 이가 아파도 미루고 미루다가 더 어찌할 수 없을 때가 되어서야 치과에 간다. 그러나 그때는 이미 잇몸뼈가 녹아내려 손을 쓸 수 없게 된 경우가 많다.

  모든 일이 그렇다. 두렵고 귀찮아 피하고 미루는 경우가 많은데, 그렇게 피하고 미루는 시간 동안 마음은 불편하고, 이것을 달래려고 술을 마시거나 장거리 재판을 핑계 삼아 '강제휴식'을 하는 것이다.

  바로 보고直視 견디면서 지금 해야 할 일을 하는 것, 이것이야말로 일상에서 '자연스럽게 쉴 수 있는' 유일한 방법이다.

(2023. 6. 15. 충청매일)

자연스러움이 정의다

2024년 2월 28일 초판 1쇄 발행

지은이   오원근
펴낸이   유정환
펴낸곳   도서출판 고두미
　　　　 등록 2001년 5월 22일(제2001-000011호)
　　　　 충북 청주시 상당구 꽃산서로8번길 90
　　　　 Tel. 043-257-2224 / Fax. 070-7016-0823
　　　　 E-mail. godumi@naver.com

ⓒ오원근, 2024
ISBN 979-11-91306-57-6 03330

※ 책값은 뒤표지에 표시하였습니다.
※ 잘못 된 책은 구입한 곳에서 바꾸어 드립니다.